lonely planet

Francés

para el viajero

geoPlaneta
Av. Diagonal 662-664. 08034 Barcelona
viajeros@lonelyplanet.es
www.geoplaneta.com - www.lonelyplanet.es

Lonely Planet Global Limited
Lonely Planet Global Limited, Digital Depot, The Digital Hub,
Dublín D08 TCV4, Irlanda
www.lonelyplanet.com
Contacta con Lonely Planet en: lonelyplanet.com/contact

Francés para el viajero
6ª edición en español – septiembre del 2024
Traducción de *French Phrasebook & Dictionary*, 8ª edición – agosto del 2023
© Lonely Planet Global Limited
1ª edición en español - junio del 2006

Editorial Planeta, S.A.
Con la autorización para la edición en español de Lonely Planet Global Limited
A.B.N. 36 005 607 983, Lonely Planet Global Limited, Digital Depot, The Digital Hub, Dublín D08 TCV4, Irlanda

Fotografía de cubierta Tomas Marek / Shutterstock

ISBN: 978-84-08-29201-2
Depósito legal: B. 10.177-2024

Asesoramiento lingüístico: Mireille Bloyet
Traducción y transliteración: Mireille Bloyet, Pilar Menéndez

Agradecimientos
David Gorvett, James Hardy, Angela Tinson, Juan Winata

Impresión y encuadernación: Gráficas Estella
Printed in Spain – Impreso en España

Atención a los siguientes iconos:

Frase corta
Atajos para decir lo mismo con menos palabras

Preguntas y respuestas
Se plantean preguntas y, a continuación, las posibles respuestas

Se buscará
Frases habituales en señales, menús, etc.

Se oirá
Frases con las que se pueden dirigir al viajero

SOBRE EL IDIOMA **Sobre el idioma**
Una mirada a los entresijos de la lengua

SOBRE LA CULTURA **Sobre la cultura**
Una mirada a la cultura local

Cómo leer las frases:

- Las palabras y frases en color son transcripciones fonéticas para que la pronunciación sea lo más precisa posible.
- Las listas de expresiones de los recuadros en color ofrecen opciones para completar la frase inmediatamente anterior.

Abreviaturas para escoger las palabras o frases correctas en cada caso:

f	femenino	lit	literal	sg	singular
for	formal	m	masculino		
inf	informal	pl	plural		

SOBRE ESTE LIBRO

Sumario

PÁGINA 6

Sobre el francés

Nociones para familiarizarse con la gramática y la pronunciación del francés.

PÁGINA 27

Frases para el viaje

Una frase para cada situación: comprar billetes, reservar hoteles y mucho más.

INTRODUCCIÓN

Francés

français fran·sɛ

¿Quien habla francés?

Idioma oficial

CARIBE
GUAYANA FRANCESA · GUADALUPE · MARTINICA · HAITÍ

EUROPA
FRANCIA · SUIZA · LUXEMBURGO · BÉLGICA · MÓNACO

ÁFRICA
REPÚBLICA DEMOCRÁTICA DEL CONGO · GABÓN · REPÚBLICA CENTROAFRICANA · CHAD · NÍGER · MALI · BURKINA FASO · COSTA DE MARFIL · TOGO · BENÍN · CAMERÚN · CONGO · RUANDA · BORUNDI · SENEGAL · GUINEA · COMORAS · MAYOTTE · MADAGASCAR · REUNIÓN · SEYCHELLES · DJIBOUTI · GABÓN

PACÍFICO SUR
POLINESIA FRANCESA · NUEVA CALEDONIA · WALLIS Y FUTUNA · VANUATU

CANADÁ (QUEBEC)

Ampliamente entendido Argelia – Andorra – Egipto Líbano – Mauritania – Mauricio – Marruecos – Túnez

Para qué molestarse

Si el viajero habla francés, quizás descubra un viñedo precioso alejado de las rutas turísticas o que el estereotipo del francés maleducado no tiene ningún sentido.

Sonidos característicos

La r gutural, la h muda y las vocales nasales, pronunciadas como intentando sacar el sonido por la nariz.

El francés en el mundo

Es el idioma oficial de un buen número de organizaciones internacionales, como la ONU y el Comité Olímpico Internacional, las películas francesas

80 MILLONES hablan francés como primera lengua

50 MILLONES hablan francés como segunda lengua

son reconocidas mundialmente y Francia ha ganado el Nobel de Literatura más veces que ningún otro país.

El francés en Francia

Para los franceses, hablar en otra lengua que no sea la suya es una cuestión emocional, como demuestra la web Musée des Horreurs ("museo de los horrores") de la asociación parisina Défense de la Langue Française (DLF; Defensa de la Lengua Francesa; www.langue-francaise.org, en francés).

Falsos amigos

Atención: muchas palabras francesas se parecen a algunas españolas pero tienen un significado completamente distinto, como *espérer* es·pe·re, que significa 'anhelar'. El 'esperar' del castellano en francés es *attendre* a·tandr.

Familia lingüística

Romance: lengua derivada del latín hablado por los romanos durante las conquistas del s. I a.C. Entre sus parientes cercanos están el italiano, el español, el portugués y el rumano.

Gramática básica

En francés, al igual que en español, se habla de 'tú' (*tu* tü) en las situaciones informales y de 'usted' (*vous* vu) en las formales, y se distingue entre las formas masculina y femenina de las palabras, como en el caso de *beau/belle* bo/bɛl m/f (hermoso/a).

5 frases que hay que aprender

1 ¿Cuál es el horario de apertura?

Quelles sont les heures d'ouverture?

kɛl son lɛs œr du·vɛr·tür

Los horarios de apertura de los establecimientos franceses están fijados por muchas reglas; conviene informarse antes.

2 Quisiera el menú de precio fijo, por favor.

Je voudrais le menu, s'il vous plait.

jœ vu·drɛ le mœ·nü sil vu plɛ

Para comer bien y a buen precio, lo mejor es pedir el menú de precio fijo. Muchos restaurantes lo anuncian en una pizarra.

3 ¿Qué vino recomienda?

Quel vin vous conseillez?

kɛl vɛn vu kon·sɛ·ye

¿A quién mejor que a un francés para pedir consejo sobre vinos?

4 ¿Puedo tutearle?

Est-ce que je peux vous tutoyer?

ɛs ke je pœ vu tü·tua·ye

Antes de empezar a tratar a alguien de 'tú', es de educación pedirle permiso.

5 ¿Tenéis planes para esta noche/mañana?

Vous avez prévu quelque chose ce soir/demain?

vu za·ve pre·vü kɛlk shoz se sua/dœ·mɛn

Para quedar con los amigos sin parecer avasallador, conviene preguntarles antes si tienen planes en vez de invitarles directamente.

10 expresiones muy francesas

¡Bien!	**Génial!**	je·nial
No pasa nada.	**Pas de soucis.**	pa de su·si
Claro.	**D'accord.**	da·kor
¡Ni hablar!	**Pas question!**	pa kes·tion
¡Es broma!	**Je plaisante!**	jœ plɛ·son
Qué se le va a hacer.	**Tant pis.**	tan pi
Qué pena.	**Quel dommage.**	kɛl do·maj
¿Qué tal?	**Qu'est-ce qu'il y a?**	kɛs ki·li·ya
¡Bien hecho!	**Bien joué!**	byɛn ju·e
No está mal.	**Pas mal.**	pa mal

SOBRE El francés

Pronunciación

Casi todos los sonidos del francés se encuentran en el español, aunque hay algunas excepciones: las vocales nasales, el característico sonido de la u y la r, que sale del fondo de la garganta. No obstante, perder la vergüenza e imitar los diferentes acentos que uno va escuchando puede resultar sorprendentemente eficaz.

Sonidos vocálicos

El francés tiene muchas más vocales que el español, concretamente 16, pues posee vocales abiertas, cerradas y nasales. También cuenta con la ü, un sonido intermedio entre 'i' y 'u' que se realiza colocando los labios como si se fuera a pronunciar una 'u' pero se dice una 'i'. Lo mismo sucede con el sonido œ, intermedio entre 'o' y 'e', que se obtiene colocando los labios como si se fuera a pronunciar una 'o' pero se dice una 'e'. La 'a', 'i', 'o' y 'u' son similares al español y no presentan mayor problema en su pronunciación.

SÍMBOLO	EQUIVALENTE ESPAÑOL	EJEMPLO FRANCÉS
a	cama	tasse
ɛ	verbo (e abierta)	faire
e	televisión (e cerrada)	musée
i	dormir	lit
œ	inexistente, poner los labios como para pronunciar una 'o' pero decir una 'e'	deux
ü	inexistente, poner los labios como para pronunciar una 'u' pero decir una 'i'	tu
o	toro	pomme
u	luz	chou

Sonidos vocálicos nasales

Se pronuncia como si uno estuviese intentando expulsar el aire por la nariz en vez de por la boca. Es más fácil de lo que parece. El español, hasta cierto punto, también tiene sonidos nasales; por ejemplo, cuando se dice 'lengua', la 'e' se contagia de nasalidad por efecto de la 'n'. En francés, sin embargo, los sonidos vocálicos nasales tienen tanta fuerza que hacen que los sonidos consonánticos que los siguen se omitan, aunque a veces se 'intuya' el sonido de la consonante. Por eso, para producir estos sonidos, el hablante de español debe exagerar mucho la nasalidad de la vocal. Una buena guía es poner, al principio, un dedo bajo la nariz y sentir que el aire sale por esta. En esta guía se utilizarán sonidos consonánticos nasales (m, n) con la vocal nasal para ayudar a producir el sonido con más confianza.

SÍMBOLO	EQUIVALENTE ESPAÑOL	EJEMPLO FRANCÉS
an	sangre (exagerando la nasalidad)	trante
ɛn	sentir (exagerando la nasalidad)	magasɛn
on	son (exagerando la nasalidad)	mouon

Sonidos consonánticos

Hay que respirar profundamente y prepararse para afrontar la principal dificultad que conlleva la pronunciación de las consonantes: el sonido de la r. Esta se forma al fondo de la garganta y suena un poco como cuando se hacen gárgaras. Se puede salir del paso utilizando la 'r' española, pero es uno de los sonidos que realmente ayudarán a que el idioma suene natural, por ello merece la pena practicarlo. Otro sonido que crea problemas por su inexistencia en castellano es la j francesa, pero para reproducirlo se puede intentar pronunciar un sonido parecido al de la 'll' argentina.

SÍMBOLO	EQUIVALENTE EN ESPAÑOL	EJEMPLO EN FRANCÉS
b	balón	billet
d	dos	date
f	fé	femme
g j	gato inexistente; se pronuncia como la ll argentina en calle	grand je
k	casa	carte
l	luz	livre
m	manta	merci
n	no	non
ñ	señal	signe
p	pie	parc
r	inexistente; se forma al fondo de la garganta, muy parecido a las gárgaras	rue
s	sí	si
sh	show	changer
t	tomate	tout
v	inexistente; sonido intermedio entre b y f; apoyando los dientes superiores en el labio inferior y dejando salir el aire	verre
w x	semivocálica exceso	oui exces
y	semivocálica	payer, billet
z	es una s sonora, similar al sonido de un moscardón	poison

Acentuación y ritmo

Las palabras francesas tienen, por lo general, el acento en la última sílaba, lo que convierte el francés en una lengua de palabras agudas. Los hispanohablantes tienden a poner más énfasis en la segunda sílaba. Esto resulta bastante raro en francés, de modo que, para compensar, se debería intentar añadir un ligero acento a la última sílaba.

El ritmo del francés se basa en la división de la frase en unidades con significado y en la acentuación de la última sílaba de cada una de estas unidades. En cada uno de estos puntos, el tono se caracteriza por una leve ascensión. El ritmo de la frase es bastante regular gracias a estas sílabas sobreacentuadas.

La pronunciación del francés, como la del español, es muy fácil.

La prononciation du français, comme celle de l'espagnol, est assez facile.
la pro·non·sia·sion dü fran·sɛ kom sɛl dœ lɛs·pa·*ñol* ɛ a·se fa·*sil*

Entonación

En francés, cuando se hace una pregunta, se usa un tono ascendente. También se sube el tono cuando se enumeran cosas; la voz sube después de decir cada una de ellas hasta acabar la lista.

Escritura

Escribir en francés resulta más complicado que hablarlo:. A veces una terminación puede tener hasta cinco letras y sonar igual que otra terminación que solo tenga dos (-aient y -ai: ambas suenan como ɛ).

Si se intenta comparar el francés escrito con la guía de pronunciación, uno empezará a notar algunas de las relaciones entre sonido y escritura.

ALFABETO FRANCÉS

A a a	**B b** bé	**C c** sé
D d dé	**E e** œ	**F f** ef
G g jé	**H h** ash	**I i** i
J j ji	**K k** ka	**L l** ɛl
M m em	**N n** en	**O o** o
P p pé	**Q q** kü	**R r** ɛr
S s es	**T t** té	**U u** ü
V v ve	**W w** dubl ve	**X x** iks
Y y i·grek	**Z z** zed	

SOBRE El francés

Gramática

En este capítulo se explican las principales estructuras gramaticales que el viajero precisa para poder construir sus propias frases. Debajo de cada encabezamiento -ordenados alfabéticamente- se incluye información sobre las funciones que estas categorías gramaticales desempeñan en la frase. Por ejemplo, los demostrativos se emplean para dar indicaciones, por lo que se necesitan para decirle al taxista dónde está el hotel. Al final del capítulo se incluye un práctico glosario de términos gramaticales.

Adjetivos y adverbios

Describir personas/cosas • Describir acciones

Por norma, los adjetivos en francés van detrás del sustantivo, pero hay excepciones, como *grand* gran (grande) y *petit* pœ·ti (pequeño), que se sitúan delante.

un hotel caro	un hôtel cher (lit.: un hotel caro -m-sg) ɛn o·tɛl shɛr

En francés los adjetivos concuerdan en género con el sustantivo (véase también **Género**) al que acompañan. En general, para formar el femenino de un adjetivo basta con añadir una *-e* al final. Hay que tener en cuenta que esta terminación suele obligar a pronunciar la consonante que va delante o a cambiar el sonido de la vocal final o el de la consonante que la precede.

	MASCULINO		FEMENINO	
pequeño/a	petit	pœ·ti	petite	pœ·tit
siguiente	prochain	pro·shɛn	prochaine	pro·shɛnn
blanco/a	blanc	blan	blanche	blansh

Los adjetivos cuya forma masculina acaba en *-e* no cambian en femenino, p. ej. *jeune* jœn (joven) o *riche* rish (rico/a). Las formas masculina y femenina de algunos adjetivos difieren bastante, p. ej. *beau/belle* m/f bo/bɛl (hermoso/hermosa).

Los adjetivos también concuerdan con el sustantivo en número. En general, para cambiar al plural un adjetivo solo hay que añadir *-s* al final (véase también **Plural**).

local gay	boîte gaie	buat gɛ
locales gays	boîtes gaies	buat gɛ

Son muchos los adverbios del francés que se forman añadiendo *-ment* man (el '-mente' del español) al femenino singular del adjetivo, o al masculino singular en caso de que acabe en vocal. Los adverbios se colocan detrás del verbo al que acompañan (véase también **Verbos**).

lento/a	lent(e) m/f	lan(t)
hablar lentamente	parler lentement	par·le lant·man

Artículos

Designar personas/cosas

Hay tres artículos determinados ('el', 'la', 'los' 'las') que concuerdan en género y número con el sustantivo (véase **Género** y **Plural**). Tanto *le* como *la* se transforman en *l'* antes de una palabra que comience por vocal o *h*, como p. ej. *l'hôtel* lo·tɛl (hotel) o *l'eau* lo (agua).

ARTÍCULOS DETERMINADOS					
m sg	le	lœ	**el bistec**	le biftek	lœ bif·tɛk
f sg	la	la	**la tarta**	la tarte	la tart
pl	les	lɛs	**los caracoles**	les escargots	lɛ·zɛs·kar·go

Del mismo modo, hay tres artículos indefinidos ('un', 'una', 'unos', 'unas' en español) que concuerdan en género y número con el nombre.

~ ARTÍCULOS INDEFINIDOS ~

m	un	ɛn	**un billete**	un ticket	ɛn ti·kɛ
f	une	ün	**una postal**	une carte postale	ün kart pos·tal
pl	des	dɛ	**unas manzanas**	des pommes	dɛ pom

Ser/estar

Describir personas/cosas • Realizar enunciados

El verbo *être* ɛ·tr (ser/estar) cambia de forma dependiendo del sujeto, al igual que en español. Para información sobre formas negativas, véase **Negación.**

~ ÊTRE (ESTAR/ESTAR) – PRESENTE INDICATIVO ~

yo soy/estoy	je suis	jœ süi
tú eres/estás sg inf	tu es	tü ɛ
usted es/está sg for	vous êtes	vu zɛt
él/ella es/está	il/elle est	il/ɛl ɛ
nosotros somos/estamos	nous sommes	nu som
vosotros sois/estáis pl	vous êtes	vu zɛt
ellos/ellas son/están	ils/elles sont **m/f**	il/ɛl son **m/f**

Demostrativos

Dar indicaciones • Indicar ubicación • Señalar cosas

Para indicar algo en francés, lo más fácil es usar la construcción *c'est* sɛ (lit.: ello-es).

Ese es el tren correcto.	C'est le bon train. (lit.: ello-es el-m-sg correcto -m-sg tren) sɛ lœ bon trɛn

Para los adjetivos demostrativos 'este', 'ese' y 'aquel', el francés utiliza la misma palabra, *ce* sœ para los sustantivos en masculino singular y *cette* sɛt para los sustantivos en femenino singular. La forma plural de ambos es *ces* sɛ (estos/esos/aquellos). Véase también **Género** y **Plural.**

este/ese/aquel grupo	ce groupe	sœ grup
esta/esa/aquella mujer	cette femme	sɛt fam
estas/esas/aquellas personas	ces gens	sɛ jan

Género

Designar personas/cosas

En francés, todos los sustantivos (palabras para indicar una cosa, persona o idea) son de género masculino o femenino. Se puede reconocer el género del sustantivo por el artículo, el demostrativo, el posesivo o cualquier otro adjetivo que lo acompañe, ya que todos cambiarán su forma para concordar con el género del sustantivo (véase **Adjetivos y adverbios, Artículos, Demostrativos** y **Posesivos**). El género de las palabras también aparece indicado en el diccionario, pero hay algunas reglas generales:

» Una palabra es masculina/femenina si se refiere a un hombre/mujer.

» Las palabras que acaban en consonante, *-acle, -age, -ème* o *-isme* son generalmente masculinas.

» Las palabras que acaban en *-e, -ion* o *-aison* generalmente son femeninas.

Tener

Posesión

En francés, la posesión puede indicarse de varias maneras (véase también **Posesivos**). Una de ellas es mediante el uso del verbo *avoir* a·vuar (tener). Para información sobre las formas negativas, véase **Negación.**

~ AVOIR (TENER) – PRESENTE ~

yo tengo	j'ai	jɛ
tú tienes sg inf	tu as	tü a
usted tiene sg for	vous avez	vu za·ve
él/ella tiene	il/elle a	il/ɛl a
nosotros tenemos	nous avons	nu za·von
vosotros tenéis pl	vous avez	vu za·ve
ellos/ellas tienen	ils/elles ont **m/f**	il/ɛl zon **m/f**

Negación

Negar

Para construir una frase negativa, el francés emplea dos palabras, *ne* nœ y *pas* pa, cuyo significado es 'no', cerca del verbo:

No lo sé.	Je ne sais pas. (lit.: yo no sé no) jœ nœ sɛ pa

Si hay dos verbos o dos palabras que componen el verbo, el *ne* ... *pas* rodea el primer verbo o la primera parte del verbo:

No quiero ir.	Je ne veux pas aller. (lit.: yo no quiero no ir) jœ nœ vœ pa a·le

Si la frase contiene otra palabra negativa, se omite *pas*:

No tengo nada que declarar.	Je n'ai rien à déclarer. (lit.: yo no-tengo nada que declarar) jœ nɛ ryɛn a de·kla·re

La palabra *pas* pa (no) va sola cuando no hay verbo:

Aún no.	Pas encore.	pa zan·kor
No está mal.	Pas mal.	pa mal

Pronombres personales

Realizar enunciados • Señalar personas/cosas

Los pronombres personales ('yo', 'tú', etc.) del francés cambian de forma dependiendo de si tienen función de sujeto o de objeto dentro de la frase, de la misma forma que en español 'yo' y 'me' son pronombres con función de sujeto y de objeto respectivamente ("yo la veo" y "ella me ve"). El pronombre personal tónico *on* on (se) a menudo se emplea para referirse a un sujeto no específico:

Aquí se habla francés. On parle français ici. (lit.: se habla francés aquí)
on parl fran·sɛ i·si

PRONOMBRES PERSONALES TÓNICOS (FUNCIÓN DE SUJETO)

yo	je	zher	**nosotros**	nous	nu
tú sg inf	tu	tew	**vosotros** pl	vous	vu
usted sg for	vous	voo			
él/ello	il	eel	**ellos**	ils m	il m
ella/ello	elle	el	**ellas**	elles f	ɛl f

Cuando se habla con conocidos o personas más jóvenes, se usa la forma coloquial 'tú', *tu* tü, en vez de la de respeto 'usted', *vous* vu. Las frases de esta guía emplean la forma que sea apropiada para la situación con la que es más habitual que se encuentre el viajero. Cuando se utilicen ambas formas, se indicarán mediante las abreviaturas inf y for. Véase también el recuadro en p. 99.

PRONOMBRES PERSONALES ÁTONOS (FUNCIÓN DE OBJETO)

me	me	mœ	**nos**	nous	nu
te sg inf	te	te	**os** pl	vous	vu
le sg for	vous	vu			
lo/le	le/lui	lœ/lui	**los/les/las**	les/leur	lɛ/lœr
la/le	la/lui	la/lui			

En la tabla de abajo, las formas separadas por una barra oblicua son pronombres de objeto directo/indirecto.

Los pronombres de objeto directo e indirecto solo varían para la tercera persona ('él', 'ella', 'ello', 'ellos', 'ellas').

Lo veo.	Je le vois. (lit.: yo lo veo) jœ lœ vua
Le di el billete.	Je lui ai donné le billet. (lit.: yo le he dado el -m-sg billete) jœ lui ɛ do·ne lœ bi·y ɛ

Los pronombres personales con función de objeto generalmente van antes del verbo. El pronombre con función de objeto directo precede al pronombre de objeto indirecto.

Se lo di a él.	Je le lui ai donné. (lit.: yo lo -m-sg a él he dado) jœ lœ lui ɛ do·ne

Plural

Señalar personas/cosas

Para formar el plural de un sustantivo francés se le añade una -*s* al final (aunque hay excepciones), pero normalmente no se pronuncia. En el lenguaje hablado, la manera más fácil de indicar el plural es usando palabras como *beaucoup de* bo·ku dœ (mucho/a), números o los artículos plurales *les* lɛs y *des* dɛs (véase **Artículos**).

Quisiera dos entradas.	Je voudrais deux billets. (lit.: yo quisiera dos entradas) jœ vu·drɛ dœ bi·yɛ

Posesivos

Posesión

Una forma común de indicar posesión es utilizar adjetivos posesivos antes del sustantivo al que se refieren. Al igual que sucede con otros adjetivos, concuerdan en número y, a veces, también en género (véase también **Género** y **Plural**).

~ ADJETIVOS POSESIVOS ~

mi/mis mi/mis	mon/ mes m ma/mes f	mon/ mɛ m ma/mɛ f	**nuestro/ nuestros**	notre/ nos	notr/no
tu/tus tu/tus sg inf	ton/tes m ta/tes f	ton/tɛ m ta/tɛ f	**vuestro/ vuestros** pl	votre/ vos	votr/vo
su/sus sg for	votre/vos	votr/vo			
su/sus su/sus	son/ses m sa/ses f	son/sɛ m sa/sɛ f	**su/sus**	leur/ leurs	lœr/ lœr

En la tabla de arriba, las formas separadas por una barra oblicua se usan con un sustantivo singular/plural.

Cuando un sustantivo singular comienza por 'h' o vocal se emplean *mon*, *ton* y *son*, independientemente del género del sustantivo:

mi equipo — mon équipe (lit.: mi equipo -f-sg)
mon e·kip

Otra manera de indicar posesión es utilizando los pronombres posesivos, que también concuerdan en número y, a veces, en género con el sustantivo. El correspondiente artículo determinado precede al pronombre posesivo (véase **Artículos**).

Ese bolso es mío. — Ce sac est le mien. (lit.: ese -m-sg bolso es el -m-sg mío -m-sg)
sœ sak ɛ lœ mian

~ PRONOMBRES POSESIVOS ~

mío/míos mía/mías	mien/miens m mienne/ miennes f	mian/ miɛn m mien/ mien f	**nuestro/ nuestros**	nôtre/ nôtres	notr/ notr
suyo/suyos suya/suyas sg inf	tien/tiens m tienne/tien-nes f	tiɛn/tiɛn m tien/tien f	**vuestro/ vuestros** pl	vôtre/ vôtres	votr/ votr
suyo/suyos sg for	vôtre/vôtres	votr/votr			
suyo/suyos suya/suyas	sien/siens m sienne/ siennes f	siɛn/siɛn m sien/sien f	**suyo/ suyos**	leur/ leurs	lœr/ lœr

En la tabla de arriba, las formas separadas por una barra oblicua se usan con un sustantivo singular/plural.

También se puede indicar posesión mediante el verbo *avoir* a·vuar (véase **tener**) o con *"de* dœ (de) + sustantivo", al igual que en español:

el bolso de Marie	le sac de Marie (lit.: el -m-sg bolso de Marie) lœ sak dœ ma·ri

Preposiciones

Dar indicaciones • Indicar ubicación • Señalar cosas

Al igual que el español, el francés emplea preposiciones para explicar la situación en el tiempo y el espacio de las cosas. En la siguiente página figura una lista de las preposiciones más comunes; el **Diccionario** incluye más.

~ PREPOSICIONES ~

después	après	a·prɛ	**de/desde**	de	dœ
a (tiempo)	à	a	**en (lugar)**	dans	dan
antes	avant	a·van	**a**	à	a

Preguntas

Formular preguntas • Negar

En francés, la manera más fácil de hacer una pregunta cuya respuesta sea 'sí' o 'no' es realizar un enunciado e ir elevando el tono de voz mientras se habla. Otra opción es utilizar *est-ce que* ɛs kœ (lit.: es-lo que) delante de la frase.

¿Es ese el tren correcto?	Est-ce que c'est le bon train? (lit.: es-lo que lo-es el -m-sg correcto -m-sg tren) ɛs kœ sɛ lœ bon trɛn

También se puede construir una pregunta de 'sí' o 'no' poniendo el verbo antes del sujeto de la frase y uniéndolos con un guión.

¿Tienes coche?	As-tu une voiture? (lit.: tienes-tú -sg-inf un -f-sg coche) a·tü ün vua·tür

Al igual que en español, también hay partículas interrogativas para formular preguntas más específicas. Estas palabras se sitúan al inicio de la frase.

~ PARTÍCULAS INTERROGATIVAS ~

cómo	comment	ko·man	**dónde**	où	u
qué	qu'est-ce que	kɛs kœ	**quién**	qui	ki
cuándo	quand	kan	**por qué**	pourquoi	pur·kua

Para responder 'sí' a una pregunta afirmativa se usa *oui* ui, y para hacer lo propio después de una frase interrogativa negativa se emplea *si* si. La respuesta negativa es *non* non (no).

Verbos

Describir acciones

En francés hay tres tipos de conjugaciones verbales según la terminación del infinitivo (la forma que figura en el diccionario): en *-ir, -er* o *–re,* p. ej., *finir* fi·nir (acabar), *parler* par·le (hablar) y *vendre* van·dr (vender). Los tiempos verbales se forman añadiendo a la raíz del verbo (la parte que queda después de quitarle *-ir, -er* o *-re*) las diferentes desinencias personales. En la mayor parte de los casos, estas terminaciones siguen un modelo regular de acuerdo con la conjugación a la que pertenecen. En las siguientes tablas se presentan las terminaciones verbales para los tiempos del presente y el futuro de indicativo. Para las formas negativas, véase **Negación.**

~ PRESENTE DE INDICATIVO ~

		finir	parler	vendre
yo	je	finis	parle	vends
tú sg inf	tu	finis	parles	vends
usted sg for	vous	finissez	parlez	vendez
él/ella	il/elle	finit	parle	vend
nosotros	nous	finissons	parlons	vendons
vosotros pl	vous	finissez	parlez	vendez
ellos/ellas	ils/elles m/f	finissent	parlent	vendent

El tiempo pasado (el que se usa para acciones finalizadas) más utilizado en francés es compuesto, lo que significa que está formado por un verbo auxiliar *–être* ɛtr (ser/estar) o *avoir* a·vuar (haber/tener)– en presente, más una forma del verbo principal llamada "participio pasado" (véase también **ser/ estar** y **haber/tener**). El participio pasado se forma sustituyendo las terminaciones del infinitivo *-ir, -er* o *-re* por *-i, -é* o *-u* respectivamente (algunos participios pasados son irregulares). Los participios pasados de los verbos que van con *être* deben concordar con el sujeto en género y número, mientras que los de los verbos que van con *avoir* no cambian de forma.

Llegamos.	Nous sommes arrivées. (lit.: nosotras somos llegadas -f-pl) nu som a·rri·ves
Vieron.	Elles ont vu. (lit.: ellas -f han visto) ɛls on vü

	~ INFINITIVO ~	~ PARTICIPIO PASADO ~	
acabar	finir	fi·ni	fi·ni
hablar	parler	par·le	par·le
vender	vendre	van·dr	van·du

En el tiempo futuro, las terminaciones son las mismas para las tres conjugaciones y solo hay que añadirlas al infinitivo (la forma del verbo que figura en el diccionario), no a la raíz. En el caso de los verbos que acaban en *–re*, la *e* final cae antes de añadir las nuevas terminaciones.

~ FUTURO DE INDICATIVO ~

		finir	**parler**	**vendre**
yo	je	finirai	parlerai	vendrai
tú sg inf	tu	finiras	parleras	vendras
usted sg for	vous	finirez	parlerez	vendrez
él/ella	il/elle	finira	parlera	vendra
nosotros	nous	finirons	parlerons	vendrons
vosotros pl	vous	finirez	parlerez	vendrez
ellos/ellas	ils/elles m/f	finiront	parleront	vendront

Orden de las palabras

Construir frases

El orden básico de las palabras en francés es sujeto-verbo-complementos, al igual que en español. Véase también **Negación** y **Preguntas**.

Hablo francés. Je parle français. (lit.: yo hablo francés)
jœ parl fran·sɛ

~ GLOSARIO DE GRAMÁTICA ~

adjetivo	una palabra que describe algo: "hay cinco tipos **básicos** de queso en Francia"
adverbio	una palabra que explica cómo se hace una acción: "esos **normalmente** se venden en tiendas de queso"
artículo	palabras como 'un', 'el' o 'las'
demostrativo	palabras como 'este' o 'aquel'
objeto (complemento) directo	el objeto o la persona sobre el que recae la acción de la frase: "puedes probar**los**"
género	clasificación de los nombres basada en la distinción entre masculino o femenino, y que requiere que las palabras que los acompañan pertenezcan a la misma clase
objeto (complemento) indirecto	la persona o el objeto destinatario de la acción de la frase: "los mercaderes a menudo **te** darán consejos"
infinitivo	la forma verbal que figura en el diccionario: "se puede **escoger**"
nombre (sustantivo)	un objeto, persona o idea: "es **cuestión** de **gustos**"
número	categoría que clasifica las palabras en singular o plural: "hay tantas **posibilidades** que puede resultar agobiante"
pronombre personal	palabras como 'yo', 'tú', etc.
adjetivo posesivo	palabras como 'mi', 'su', etc.
pronombre posesivo	palabras como 'mío', 'tuyo', etc.
preposición	palabras como 'con' o 'ante'
sujeto	el objeto o la persona que realiza la acción en la frase: "**tú** deberías tenerlo en cuenta"
tiempo verbal	la forma del verbo que indica si la acción está en presente, pasado o futuro, como 'bebo' (presente), 'bebí' (pasado) o 'beberé' (futuro)
verbo	la palabra que indica qué acción está sucediendo: "qué vino **va** mejor con cada tipo de queso"
raíz verbal	la parte de un verbo que no cambia, como '**prob**' en '**prob** ando' y '**prob** amos'

Lo básico

Hacerse entender

FRASES ÚTILES

¿Habla español?	Parlez-vous espagnol?	par·le vu ɛs·pa·ñol
(Yo) No entiendo.	Je ne comprends pas.	jœ nœ kon·pran pa
¿Qué significa ...?	Que veut dire ...?	kœ vœ dir ...

P	**¿Habla español?**	Parlez-vous espagnol? par·le vu ɛs·pa·ñol
R	**Hablo un poco.**	Je parle un peu. jœ parl ɛⁿ pjœ
P	**¿Entiende?**	Comprenez-vous? Koⁿ·prœ·ne vu
R	**Entiendo.**	Je comprends. jœ koⁿ·praⁿ
R	**No entiendo.**	Je ne comprends pas. jœ nœ koⁿ·praⁿ pa
	Necesito un intérprete que hable español.	J'ai besoin d'un interprète de langue espagnole. jœ ba·suaⁿ dɛⁿ nɛⁿ·tar·pret dɛ lang ɛs·pa·ñol
	Me gustaría hablar en francés.	Je voudrais parler en français. jœ vu·drœ par·lœ oⁿ froⁿ·sœ
	¿Qué significa ...?	Que veut dire ...? kœ vœ dir ...
	¿Cómo se pronuncia esto?	Comment le prononcez-vous? ko·maⁿn lœ pro·noⁿ·se vu

SOBRE EL IDIOMA

Falsos amigos

Algunas palabras francesas son similares a palabras españolas, pero tienen un significado completamente distinto. Estas son algunas de ellas:

constipé ko^{n}s·ti·pe
estreñido (no 'constipado', que se dice *enrhumé* a^{n}·rü·me)

espérer es·pe·re
anhelar (no 'esperar', que se dice *attendre* a·ta^{n}dr)

salir sa·lir
ensuciar (no 'salir', que se dice *sortir* sor·tir)

roman ro·ma^{n}
novela (no 'romano', que se dice *romain* ro·mɛ^{n})

entendre a^{n}·ta^{n}ndr
oír (no 'entender', que se dice *comprendre* ko^{n}·pra^{n}dr)

demander dœ·m a^{n}·de
preguntar (no 'demandar', que se dice *porter plainte* por·te plɛ^{n}t)

attendre a·ta^{n}dr
esperar (no 'atender', que se dice *s'occuper de* so·kü·pe de)

¿Cómo se escribe ...?	Comment est-ce qu'on écrit ...? ko·ma^{n}n ɛs kon e·kri...
¿Podría repetirlo, por favor?	Pourriez-vous répéter, s'il vous plaît? pu·ri·e vu re·pe·te sil vu plɛ
¿Podría escribirlo, por favor?	Pourriez-vous l'écrire, s'il vous plaît? pu·ri·e vu le·krir sil vu plɛ

SOBRE EL IDIOMA

Leer en francés

En francés se verá a menudo una *l'* delante de una palabra que empiece por vocal o por *h* muda. Esta *l'* sustituye al artículo *le* o *la* y se pronuncia como si la palabra empezara por una *l*, por ejemplo *l'orange*, lo·ra^{n}j.

Por regla general, si una consonante aparece al final de una palabra, no se pronuncia, por ejemplo *faux*, fo. La excepción es la letra 'c', que sí se pronuncia a final de palabra, por ejemplo *sec*, sek. También se pronuncia la consonante final cuando la siguiente palabra empieza por una vocal o por *h*, por ejemplo *faux amis*, fo zami.

¿Podría hablar más despacio, por favor?	Pourriez-vous parler plus lentement, s'il vous plaît?	pu·ri·e vu par·le plü la^{n}t·ma^{n} sil vu plɛ
¡Despacio, por favor!	Lentement, s'il vous plaît!	la^{n}t·ma^{n} sil vu plɛ

Números y cantidades

FRASES ÚTILES

¿Cuánto/s?	Combien?	ko^n·byɛ^n
unos/algunos	quelques	kɛlk
mucho	beaucoup de	bo·ku dœ

Números cardinales

0	zéro	ze·ro
1	un	ɛ^n
2	deux	dœ
3	trois	trua
4	quatre	katr
5	cinq	sɛ^{n}k
6	six	sis
7	sept	sɛt
8	huit	uit
9	neuf	nœf
10	dix	dis
11	onze	o^{n}z
12	douze	duz
13	treize	trɛz
14	quatorze	ka·torz
15	quinze	kɛ^{n}z
16	seize	sɛz
17	dix-sept	di·zɛt
18	dix-huit	diz·üit

19	dix-neuf	diz·nœf
20	vingt	vɛ^{n}
21	vingt et un	vɛ^{n}·teɛ^{n}
22	vingt-deux	vɛ^{n}·dœ
30	trente	tra^{n}t
40	quarante	ka·ra^{n}t
50	cinquante	si^{n}·ka^{n}t
60	soixante	sua·za^{n}t
70	soixante-dix	sua·za^{n}·dis
80	quatre-vingts	katr-vɛ^{n}
90	quatre-vingt-dix	katr-vɛ^{n}-dis
100	cent	sa^{n}
1000	mille	mil
1 000 000	un million	ɛ^{n}·mi·lio^{n}

Números ordinales

1º	premier/première **m/f**	prœ·mie/prœ·miɛr
2º	deuxième	dœ·ziɛm
3º	troisième	trua·ziɛm

Cantidades

¿Cuánto/s?	Combien?	ko^{n}·byɛ^{n}
un cuarto	un quart	ɛ^{n} kar
un tercio	un tiers	ɛ^{n} tiɛr
la mitad	un demi	ɛ^{n} dœ·mi
todo	tout	tu
nada	rien	ryɛ^{n}

Para más información, véase **Comprar y cocinar** (p. 169).

Horas y fechas

FRASES ÚTILES

¿Qué hora es?	Quelle heure est-il?	kɛl œr ɛ·til
¿A qué hora?	À quelle heure?	a kɛl œr
¿Qué fecha?	Quelle date?	kɛl dat

La hora

Para decir la hora, se suelen utilizar los números del 1 al 24. Como en español, cuando pasa de la media, se toma la siguiente hora menos *(moins)* los minutos que falten hasta la hora en punto.

P **¿Qué hora es?**	Quelle heure est-il? kɛl œr ɛ·til
R **Es la una.**	Il est une heure. il ɛ (ün) œr
R **Son las (10).**	Il est (dix) heures. il ɛ (diz) œr
La (una) y cuarto.	Il est (une) heure et quart. il ɛ ün œr e kar
La (una) y veinte.	Il est (une) heure vingt. il ɛ ün œr vɛn
La (una) y media.	Il est (une) heure et demie. il ɛ ün œr e doe·mi
La (una) menos veinte.	Il est (une) heure moins vingt. il ɛ ün œr moɛn vɛn
La (una) menos cuarto.	Il est (une) heure moins le quart. il ɛ ün œr moɛn loe kar

¿A qué hora? (P)	À quelle heure? a kɛl œr	
A ... (R)	À ... a ...	
mañana	matin **m**	ma·tɛ^n
día	jour **m**	jur
mediodía	midi **m**	mi·di
tarde	après-midi **m**	a·pre·mi·di
tarde/noche	soir **m**	suar
noche	nuit **f**	nüi
medianoche	minuit **m**	mi·nüi

El calendario

lunes	lundi **m**	lɛ^n·di
martes	mardi **m**	mar·di
miércoles	mercredi **m**	mɛr·krœ·di
jueves	jeudi **m**	jœ·di
viernes	vendredi **m**	van·drœ·di
sábado	samedi **m**	sam·di
domingo	dimanche **m**	di·ma^{n}sh

enero	janvier **m**	jan·vie
febrero	février **m**	fe·vrie
marzo	mars **m**	mars
abril	avril **m**	a·vril
mayo	mai **m**	mɛ
junio	juin **m**	jüɛ^n
julio	juillet **m**	jüi·yɛ
agosto	août **m**	ut
septiembre	septembre **m**	sɛp·ta^{n}br
octubre	octobre **m**	ok·tobr

noviembre	novembre m	no·va^{n}br
diciembre	décembre m	de·sa^{n}br

verano	été m	e·te
otoño	automne m	o·ton
invierno	hiver m	i·vɛr
primavera	printemps m	prɛ^{n}·ta^{n}

¿Qué fecha?	Quelle date? kɛl dat
P **¿Qué día es hoy?**	C'est quel jour aujourd'hui? sɛ kel jur o·jur·düi
R **Es (18 de octubre).**	C'est le (dix-huit octobre). sɛ loe (di·zui·tok·tobr)

Presente

hoy	aujourd'hui	o·jur·düi
esta mañana	ce matin	soe ma·tɛ^{n}
esta tarde	cet après-midi	sɛ ta·prɛ-mi·di
esta noche	ce soir	sœ zuar
esta semana	cette semaine	sɛt sœ·mɛn
este mes	ce mois	sœ mua
este año	cette année	sɛt a·ne

Pasado

hace media hora	une demi-heure avant ün doe·mi-oer a·va^{n}
hace (tres) días	il y a (trois) jours il·i·ya (trua) jur
hace (cinco) años	il y a (cinq) ans il·i·ya (sɛ^{n}k) a^{n}
antes de ayer	avant-hier a·va^{n}·tiɛr

ayer por la mañana	hier matin i·ɛr ma·tɛ^n
ayer por la tarde	hier après-midi i·ɛr a·prɛ-mi·di
ayer por la noche	hier soir i·ɛr suar
la semana pasada	la semaine dernière la sœ·mɛn dɛr·niɛr
el mes pasado	le mois dernier lœ mua dɛr·nie
el año pasado	l'année dernière la·ne dɛr·niɛr

Futuro

en (cinco) minutos	dans (cinq) minutes da^n (sɛ^{n}k) mi·nüt
dentro de una hora	d'ici une heure di·si ün œr
en (seis) días	dans (six) jours da^n (si) jur
mañana por la mañana	demain matin dœ·mɛ^n ma·tɛ^n
mañana por la tarde	demain après-midi dœ·mɛ^n a·prɛ-mi·di
mañana por la noche	demain soir dœ·mɛ^n suar
pasado mañana	après-demain a·prɛ-dœ·mɛ^n
la semana que viene	la semaine prochaine la sœ·mɛn pro·shɛn
el mes que viene	le mois prochain lœ mua pro·shɛ^n
el año que viene	l'année prochaine la·ne pro·shɛn

En práctica

Transporte

FRASES ÚTILES

¿A qué hora pasa el próximo autobús?	Le prochain bus passe à quelle heure?	lœ pro·shɛ^n büs pas a kɛl œr
Un billete a ..., por favor.	Un billet pour ..., s'il vous plaît.	ɛn bi·yɛ pur ... sil vu plɛ
¿Me puede decir cuándo llegamos a ...?	Pouvez-vous me dire quand nous arrivons à ...?	pu·ve-vu mœ dir ka^n nu·za·rri·vo^n a ...
Por favor, lléveme a esta dirección.	Conduisez-moi à cette adresse, s'il vous plaît.	ko^n·düi·se mua a sɛt a·drɛs sil vu plɛ
Querría alquilar un coche.	Je voudrais louer une voiture.	jœ vu·drɛ lu·e ün vua·tür

Desplazarse

¿A qué hora sale el ...?
À quelle heure part ...?
a kɛl œr par ...

barco	le bateau	lœ ba·to
autobús	le bus	lœ büs
avión	l'avion	la·vio^n
tren	le train	lœ trɛn
tranvía	le tramway	lœ tram·way

¿A qué hora pasa el primer autobús?
Le premier bus passe à quelle heure?
lœ prœ·mie büs pas a kɛl œr

¿A qué hora pasa el último autobús?	Le dernier bus passe à quelle heure? lœ der·nie büs pas a kεl œr
¿A qué hora pasa el próximo autobús?	Le prochain bus passe à quelle heure? lœ pro·shε^{n} büs pas a kεl œr
¿A qué hora llega?	À quelle heure est-ce qu'il arrive? a kεl œr es kil a·rri·f
¿De qué andén sale?	Il part de quel quai? il par dœ kεl kε
¿Qué autobús va a (Burdeos)?	Quel bus va à (Bordeaux)? kεl büs va a (bor·do)
Ese es mi sitio.	C'est ma place. sε ma plas
¿Está ocupado este sitio?	Est-ce que cette place est occupée? εs·kœ sεt plas ε o·kü·pe

¿Está ocupado?	C'est occupée?	sε o·kü·pe

Para los números de autobuses, véase **Números y cantidades** (p. 31).

¿Podemos llegar en transporte público?	Peux-t-on s'y rendre en transport publique? pœ·ton si ron·dre on trans·por pü·blik
Prefiero ir a pie.	Je préfère y marcher. jœ pre·fer i mar·shε
¿Puedo transportar mi automóvil en este barco?	Je peux transporter ma voiture sur ce bateau? jœ pœ trans·por·tε ma vua·tür sür se ba·to
¿Puedo llevar mi bicicleta?	Je peux amener mon vélo? jœ pœ am·ne mon vε·lo

¿Me puede decir cuándo llegamos a (Niza)?	Pouvez-vous me dire quand nous arrivons à (Nice)? pu·ve-vu mœ dir ka^n nu·za·rri·vo^n a (nis)
Me quiero bajar en (Nantes).	Je veux descendre à (Nantes). jœ vœ dɛ·sa^{n}dr a (na^{n}t)
Me quiero bajar aquí.	Je veux descendre ici. jœ vœ dɛ·sa^{n}dr i·si

Para más frases útiles relacionadas con la aduana, véase **Cruce de fronteras** (p. 50). Para frases sobre accesos para discapacitados, véase **Mayores y discapacitados** (p. 93).

Comprar billetes

¿Dónde se puede comprar un billete?	Où peut-on acheter un billet? u pœ·to^n ash·te ɛ^n bi·yɛ
¿Hace falta reservar?	Est-ce qu'il faut réserver une place? ɛs kil fo re·sɛr·ve ün plas
Querría ... mi billete, por favor.	Je voudrais ... mon billet, s'il vous plaît. je vu·dre ... mo^n bi·yɛ sil vu plɛ

cancelar	annuler	a·nü·le
cambiar	changer	sha^n·je
recoger	retirer	re·ti·re
confirmar	confirmer	ko^n·fi r·me

¿Cuánto es?	C'est combien? sɛ ko^n·byɛ^n
Está lleno.	C'est complet. sɛ ko^n·plɛ

Comprar un billete

¿A qué hora sale el próximo ...?

À quelle heure part le prochain ...?

a kɛl œr par lœ pro·shɛ^{n} ...

barco
bateau
ba·to

bus
bus
büs

tren
train
trɛ^{n}

Un billete ..., por favor.

Un billet ..., s'il vous plaît.

ɛ^{n} bi·yɛ ... sil vu plɛ

de ida
simple
sɛ^{n}pl

de ida y vuelta
aller et retour
a·le re·tur

Querría un asiento ...

Je voudrais une place ...

jœ vu·drɛ ün plas ...

de pasillo
côté couloir
ko·te ku·luar

de ventana
côté fenêtre
ko·te fœ·nɛtr

¿De qué andén sale?

Il part de quel quai?

il par dœ kɛl kɛ

Un billete ... (a París), por favor.	Un billet ... (pour Paris), s'il vous plaît.	εn bi·yε ... (pur pa·ri) sil vu plε

en 1ª clase	de première classe	dœ prœ·miεr klas
en 2ª clase	de seconde classe	dœ se·goⁿd klas
de niño	au tarif enfant	o ta·rif aⁿ·faⁿ
de ida	simple	sεⁿpl
de ida y vuelta	aller et retour	a·le re·tur
de estudiante	au tarif étudiant	o ta·rif e·tü·diaⁿ

Querría un asiento ...	Je voudrais une place ...	jœ vu·drε ün plas ...

de pasillo	côté couloir	ko·te ku·luar
de no fumador	non-fumeur	noⁿ fü·mœr
de fumador	fumeur	fü·mœr
de ventana	côté fenêtre	ko·te fœ·nεtr

¿Hay aire acondicionado?	Est-qu'il y a la climatisation?	εs ki·li·ya la kli·ma·ti·za·sioⁿ
¿Hay un aseo?	Est-qu'il y a des toilettes?	εs ki·li·ya dε tua·lεt
¿Cuánto dura el viaje?	Le trajet dure combien de temps?	le tra·jε dür koⁿ·biεⁿ dœ taⁿ
¿Es directo?	Est-ce que c'est direct?	εs kœ sε di·rεkt

Equipaje

¿Dónde está la recogida de equipaje?	Où est la livraison des bagages? u ɛ la li·vrɛ·zo^n dɛ ba·gaj
Mi equipaje ha sido dañado/robado.	Mes bagages ont été endommagés/volés. mɛ ba·gaj o^n te·te a^n·do·ma·je/vo·le
Mi equipaje no ha llegado.	Mes bagages ne sont pas arrivés. mɛ ba·gaj ne so^n pa·za·rri·ve
Querría una consigna de equipaje.	Je voudrais une consigne automatique. jœ vu·drɛ ün kon·siñ o·to·ma·tik

Tren

¿Qué estación es esta?	C'est quelle gare? sε kεl gar
¿Cuál es la siguiente estación?	Quelle est la prochaine gare? kεl ε la pro·shεn gar
¿Este tren para en (Amboise)?	Est-ce que ce train s'arrête à (Amboise)? εs ke sœ trε^{n} sa·rrεt a (a^{n}·buas)
¿Tengo que cambiar de tren?	Est-ce qu'il faut changer de train? εs kil fo shan·je dœ trεn
¿Qué vagón va a (Burdeos)?	C'est quelle voiture pour (Bordeaux)? sε kεl vua·tür pur (bor·do)
¿Dónde está el vagón restaurante?	Où est le wagon-restaurant? u ε lœ va·go^{n} res·to·ra^{n}

Barco

¿Hay chalecos salvavidas?	Est-ce qu'il y a des gilets de sauvetage? εs ki·li·ya dε ji·lε de sov·taj
¿Cómo está hoy el mar?	L'état de la mer est bon? le·ta dœ la mεr ε bo^{n}
Estoy mareado.	J'ai le mal de mer. jε lœ mal dœ mεr

Taxi

Querría un taxi (a las nueve).	Je voudrais un taxi (à neuf heures). jœ vu·drε εn tak·si (a nœf œr)

Querría un taxi mañana.	Je voudrais un taxi demain. jœ vu·drɛ ɛ^{n} tak·si dœ·mɛ^{n}
¿Dónde está la parada de taxis?	Où est la station de taxis? u ɛ la sta·sion dœ tak·si
¿Está libre este taxi?	Vous êtes libre? vu·zɛt libr
Por favor, ponga el taxímetro.	Mettez le compteur, s'il vous plaît. me·te lœ ko^{n}·tœr sil vu plɛ
¿Cuánto cuesta ir a (la Torre Eiffel)?	C'est combien pour aller à (la Tour Eiffel)? sɛ ko^{n}·byɛ^{n} pur a·le a (la tur ɛ·fɛl)
Por favor, lléveme a (esta dirección).	Conduisez-moi à (cette adresse), s'il vous plaît. ko^{n}·düi·se mua a (sɛt a·drɛs) sil vu plɛ

A ...	À ...	a ...

¿Cuánto cuesta el trayecto?	C'est combien en tout? sɛ ko^{n}·byɛ^{n} an tu
Por favor, vaya más despacio.	Roulez plus lentement, s'il vous plaît. ru·le plü la^{n}t·ma^{n} sil vu plɛ
Por favor, espere aquí.	Attendez ici, s'il vous plaît. a·ta^{n}·de i·si sil vu plɛ
Pare en la esquina.	Arrêtez-vous au coin de la rue. a·rrɛ·te vu o kuɛ^{n} dœ la rü
Pare aquí.	Arrêtez-vous ici. a·rrɛ·te vu i·si

Para más frases útiles, véase **Direcciones** (p. 52), y **Dinero y bancos** (p. 83).

Automóvil y motocicleta

Querría alquilar un/una ...	Je voudrais louer ... jœ vu·drɛ lu·e ...

todoterreno	un quatre-quatre	ɛⁿ katr katr
coche automático	une voiture automatique	ün o·to·ma·tik
automóvil (pequeño/ grande)	une (petite/ grosse) voiture	ün (pe·tit/ gros) vua·tür
coche manual	une voiture manuel	ün ma·nü·ɛl
motocicleta	une moto	ün mo·to

¿Cuánto es la tarifa por día?	Quel est le tarif par jour? kɛl ɛ lœ ta·rif par jur
¿Cuánto es la tarifa por semana?	Quel est le tarif par semaine? kɛl ɛ lœ ta·rif par sœ·men
¿Incluye el kilometraje?	Est-ce que le kilométrage est compris? ɛs·kœ lœ ki·lo·me·traj ɛ koⁿ·pri

SE BUSCARÁ

Cédez la Priorité	se·de la pri·o·ri·te	Ceda el paso
Entrée	aⁿ·tre	Entrada
Péage	pɛ·aj	Peaje
Sens Interdit	saⁿ·zɛⁿ·ter·di	Dirección prohibida
Sens Unique	saⁿ·zü·nik	Sentido único
Sortie	sor·ti	Salida
Stop	stop	Stop

¿Incluye seguro?	Est-ce que l'assurance est comprise? ɛs·kœ la·sü·rans ɛ ko^{n}·pri
¿Puedo devolverlo en otra ciudad?	Je peux la rendre dans une autre ville? jœ pœ la ra^{n}dr da^{n} zün otr vil
¿Cuál es el límite de velocidad?	Quelle est la vitesse maximale permise? kɛl ɛ la vi·tɛs mak·si·mal per·miz
¿Es esta la carretera a (Toulouse)?	C'est la route pour (Toulouse)? sɛ la rut pur (tu·lus)
¿(Cuánto tiempo) Puedo aparcar aquí?	(Combien de temps) Est-ce que je peux stationner ici? (kon·biɛn de tan) ɛs· kœ jœ pœ sta·sio·ne i·si

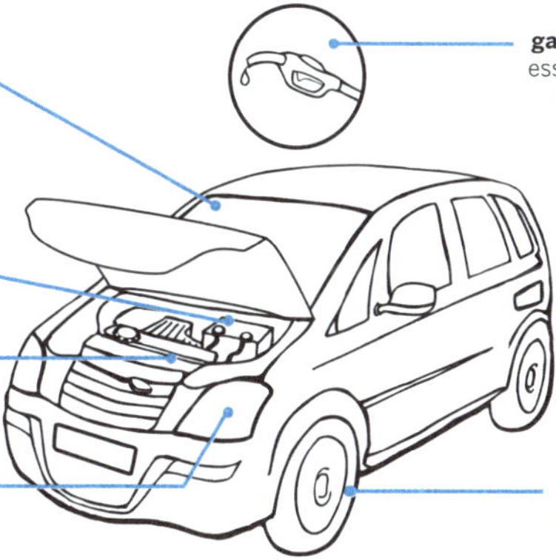

SE BUSCARÁ

diesel m	di·e·zɛl	diésel
au plomb	o plon	con plomo
essence f	e·sans	gasolina
ordinaire	or·di·nɛr	normal
sans plomb	sa^n plo^n	sin plomo

¿Dónde hay una gasolinera?	Où est-ce qu'il y a une station-service? u ɛs ki·li·ya ün sta·sio^n ser·vis
Llénelo, por favor.	Le plein, s'il vous plaît. lœ plɛ^n sil vu plɛ
Querría (20) litros.	Je voudrais (vingt) litres. jœ vu·drɛ (vɛ^n) litr
¿Dónde se paga?	Où est-ce que je paie? u ɛs kœ jœ pɛ
Por favor, compruebe el aceite/el agua.	Contrôlez l'huile/l'eau, s'il vous plaît. ko^n·tro·le lüil/lo sil va plɛ
Por favor, compruebe la presión de las ruedas.	Contrôlez la pression des pneus, s'il vous plaît. ko^n·tro·le la pre·sio^n de pnœ sil vu plɛ
Necesito un mecánico.	J'ai besoin d'un mécanicien. jɛ bœ·zoɛ^n dɛ^n me·ka·ni·siɛ^n
El automóvil/la moto se ha averiado (en Amboise).	La voiture/moto est tombée en panne (à Amboise). la vua·tür/mo·to ɛ ton·be a^n pan (a a^n·buas)
He tenido un accidente.	J'ai eu un accident. jɛ ü ɛ^n ak·si·da^n

Bicicleta

¿Dónde puedo ...? Où est-ce que je peux ...?
u ɛs ke jœ pœ ...

reparar mi bicicleta	faire réparer mon vélo	fɛr re·pa·re mo^n ve·lo
alquilar una bici	louer un vélo	lu·e ɛ^n ve·lo
dejar mi bici	laisser mon vélo	lɛ·se mo^n ve·lo

¿Hay algún camino para bicicletas?	Est-ce qu'il y a des pistes cyclables? ɛs ki·li·ya dɛ pist si·klabl
¿Puedo llevar mi bicicleta en el tren?	Est-ce que ce train accepte les vélos à bord? ɛs ke sœ trɛ^n ak·sept lɛ ve·lo a bor
¿Podemos llegar en bicicleta?	Peut-on s'y rendre en vélo? pœ·to^n sœ ran·dre on ve·lo
¿Hay que llevar casco?	Il faut porter un casque? il fo por·te ɛ^n kask
¿Podemos ir allí en bicicleta?	On peut y aller à vélo? on pœ i ya·le a ve·lo
¿Hay un aparcamiento para bicicletas?	Y a-t'il une zone de stationnement pour bicyclettes? ya·til ün zon dœ sta·sion·mon pur bi·si·klɛt

SOBRE LA CULTURA

Bolsa para transportar la bicicleta
Viajar con una bicicleta por Francia puede resultar mucho más fácil si uno tiene *une housse* ün us, una bolsa para transportar la bici en cualquier tren o vagón, incluido el TGV (tren de alta velocidad).

Cruce de fronteras

FRASES ÚTILES

Estaré aquí durante ... días.	Je suis ici pour ... jours.	jœ süi i·si pur ... jur
Me alojo en ...	Je loge à ...	jœ losh a ...
No tengo nada que declarar.	Je n'ai rien à déclarer.	jœ nɛ ryɛ^n a de·kla·re

Control de pasaportes

Estoy aquí por trabajo.	Je suis ici pour le travail. jœ süi i·si pur lœ tra·vail
Estoy aquí de vacaciones.	Je suis ici pour les vacances. jœ süi i·si pur lɛ va·ka^{n}s
Estoy aquí estudiando.	Je suis ici pour les études. jœ süi i·si pur lɛ ze·tüd
Estaré aquí durante (dos) días.	Je suis ici pour (deux) jours. jœ süi i·si pur (dœ) jur
Estaré aquí durante (dos) meses.	Je suis ici pour (deux) mois. jœ süi i·si pur (dœ) mua
Estaré aquí durante (dos) semanas.	Je suis ici pour (deux) semaines. jœ süi i·si pur (dœ) sœ·mɛn
Estoy de paso.	Je suis ici de passage. jœ süi i·si dœ pa·saj

SE OIRÁ

Votre passeport/visa, s'il vous plaît.	vo·tr pas·por/vi·za sil vu plɛ Su pasaporte/visado, por favor.
Vous voyagez en famille/groupe?	vu vua·ya·je a^n fa·miy/a^n grup ¿Viaja con la familia/en grupo?
Vous voyagez seul?	vu vua·ya·je sœl ¿Viaja en solitario?

Voy a (París).	Je vais à (Paris). jœ vɛ a (pa·ri)
Me alojo en ...	Je loge à ... jœ losh a ...

En la aduana

No tengo nada que declarar.	Je n'ai rien à déclarer. jœ nɛ ryɛ^n a de·kla·re
Tengo algo que declarar.	J'ai quelque chose à déclarer. jɛ kɛlk sho·za de·kla·re
Eso no es mío.	Ce n'est pas à moi. sɛ nɛ pa sa mua
No sabía que había que declararlo.	Je ne savais pas que je devais déclarer cela. jœ nœ sa·vɛ pa kœ jœ de·vɛ de·kla·re sœ·la

Para frases sobre pagos y recibos, véase **Dinero y bancos** (p. 83).

Direcciones

FRASES ÚTILES

¿Dónde está ...?	Où est ...?	u ɛ ...
¿Cuál es la dirección?	Quelle est l'adresse?	kɛl ɛ la·drɛs
¿Está lejos?	C'est loin?	sɛ loɛ^n

¿Dónde hay (un banco)?	Où est-ce qu'il ya (une banque)? u ɛs ki·li·ya (ün ba^{n}k)
Busco (un hotel).	Je cherche (un hôtel). jœ shɛrsh (ɛ^n o·tɛl)
¿Me puede mostrar (en el mapa)?	Pouvez-vous m'indiquer (sur la carte)? pu·ve vu mi^n·di·ke (sür la kart)
¿Cuál es la dirección?	Quelle est l'adresse? kɛl ɛ la·drɛs
¿Cómo llego allí?	Comment faire pour y aller? ko·man fɛr pur i a·le
¿Está lejos?	C'est loin? sɛ loɛ^n
en autobús	en bus a^n büs
en taxi	en taxi a^n tak·si
en tren	en train a^n trɛ^n

a pie	à pied a pie
Gire en la esquina.	Tournez au coin. tur·ne o koɛ^n
Gire en el semáforo.	Tournez aux feux. tur·ne o fɛ
Está/n ... **Son/es ...**	C'est ... sɛ ...

(10) minutos	(dix) minutes	(di) mi·nüt
(100) metros	(cent) mètres	(sa^n) mɛtr
a la izquierda	à gauche	a gosh
a la derecha	à droite	a druat

Está ...	C'est ...	sɛ ...
al este	à l'est	a lɛst
al oeste	à l'ouest	a luɛst
detrás ...	derrière ...	dɛ·rriɛr ...
junto a ...	à côté de ...	a ko·te dɛ ...
delante de ...	devant ...	dɛ·va^{n} ...
aquí	ici	i·si
allí	là	la
lejos	loin d'ici	loi^{n} di·si
en la esquina	au coin	o koɛ^{n}
al norte	au nord	o nor
al sur	au sud	o süd
enfrente de ...	en face de ...	a^{n} fas dɛ ...
cerca de aquí	près d'ici	prɛ di·si
todo recto	tout droit	tu drua

Alojamiento

FRASES ÚTILES

¿Dónde hay un hotel?	Où est-ce qu'on peut trouver un hôtel?	u ɛs ko^n pœ tru·ve un o·tel
¿Tiene una habitación doble?	Avez-vous une chambre avec un grand lit?	a·ve vu ün sha^{n}br·a·vɛk ɛ^n gra^n li
¿Cuánto cuesta por noche?	Quel est le prix par nuit?	kɛl ɛ lœ pri par nüi
¿El desayuno está incluido?	Le petit déjeuner est-il inclus?	lœ pœ·ti de·jœ·ne ɛ·til i^n·klus
¿Cuándo hay que dejar la habitación?	Quand faut-il régler?	ka^n fo·til re·gle

Buscar alojamiento

¿Dónde hay ...? Où est-ce qu'on peut trouver ...? u ɛs ko^n pœ tru·ve ...

una zona de camping	un terrain de camping	i^n tɛ·rrɛ^n de ka^n·piñ
una pensión	une pension	ün pa^n·sio^n
un hotel	un hôtel	ɛ^n o·tɛl
un refugio	un refuge	ɛ^n re·fush
un albergue juvenil	une auberge de jeunesse	ün o·bɛrj dœ jœ·nɛs

¿Me puede recomendar algún sitio (barato)?	Est-ce que vous pouvez recommander un logement (pas cher)? ɛs kœ vu pu·ve re·ko·ma^n·de ɛ^n loj·ma^n (pa shɛr)
¿Me puede recomendar algún sitio (cercano)?	Est-ce que vous pouvez recommander un logement (près d'ici)? ɛs kœ vu pu·ve re·ko·ma^n·de ɛ^n loj·ma^n (prɛ di·si)

Para respuestas, véase **Direcciones** (p. 52).

Reservas y registros

Querría reservar una habitación, por favor.	Je voudrais réserver une chambre, s'il vous plaît. jœ vu·drɛ re·ser·ve ün sha^{n}br sil vu plɛ	
¿Hay habitaciones?	Y a t'il des chambres?	ya til dɛ sha^{n}br
Tengo una reserva.	J'ai une réservation. jɛ ün re·zer·va·sion	
Somos (tres).	Nous sommes (trois). nu som (trua)	
Querría quedarme (dos) noches.	Je voudrais rester pour (deux) nuits. jœ vu·drɛ res·te pur (dœ) nüi	
Desde el (2 de julio) hasta el (6 de julio).	Du (deux juillet) au (six juillet). dü (dœ jüi·yɛ) o (sis jui·yɛ)	

Reservar habitación

¿Tiene una habitación ...?

Avez-vous une chambre ...?

a·ve vu ün sha^{n}br ...

doble
avec un grand lit
a·vɛk ɛ^{n} gra^{n} li

individual
à un lit
a ɛ^{n} li

¿Cuánto cuesta por ...?

Quel est le prix par ...?

kɛl ɛ lœ pri par ...

noche
nuit
nüi

persona
personne
pɛr·son

¿El desayuno está incluido?

Le petit déjeuner est-il inclus?

lœ pœ·ti de·jœ·ne ɛ·til i^{n}·klus

¿Puedo ver la habitación?

Est-ce que je peux voir la chambre?

ɛs kœ jœ pœ vuar la sha^{n}br

Me la quedo.
e la prends.
œ la prɛnd

No me la quedo.
Je ne la prends pas.
jœ nœ la prɛnd pa

SE OIRÁ

Désolé, c'est complet.	de·zo·le sɛ ko^{n}·plɛ Lo siento, está completo.
Combien de nuits?	ko^{n}·biɛ^{n} dœ nüi ¿Para cuántas noches?
Votre passeport, s'il vous plaît.	votr pas·por sil vu plɛ Su pasaporte, por favor.

¿El desayuno está incluido?	Le petit déjeuner est-il inclus? lœ pœ·ti de·jœ·ne ɛ·til i^{n}·klus
¿Hay aparcamiento?	Y a-t'il un parking? ya·til u^{n} par·ki^{n}
¿Tiene una habitación doble?	Avez-vous une chambre avec un grand lit? a·ve vu ün sha^{n}br a·vɛk ɛ^{n} gra^{n} li
¿Tiene una habitación individual?	Avez-vous une chambre à un lit? a·ve vu ün sha^{n}br a ɛn li
¿Tiene una habitación con dos camas?	Avez-vous une chambre avec des lits jumeaux? a·ve vu ün sha^{n}br a·vɛk dɛ li jü·mo
¿Puedo ver la habitación?	Est-ce que je peux voir la chambre? ɛs kœ jœ pœ vuar la sha^{n}br
¿Cuánto cuesta por noche?	Quel est le prix par nuit? kɛl ɛ lœ pri par nüi
¿Cuánto cuesta por persona?	Quel est le prix par personne? kɛl ɛ lœ pri pa pɛr·son

¿Hay que pagar por adelantado?	Est-ce qu'il faut payer par avance? ɛs kil fo pɛ·ye par a·va^{n}s
¿Puedo pagar con tarjeta de crédito?	Est-ce qu'on peut payer avec une carte de crédit? ɛs ko^{n} pœ pɛ·ye a·vɛk ün kart dœ kre·di

Para otros métodos de pago, véase **Dinero y bancos** (p. 83).

Peticiones y quejas

¿Cuándo/Dónde se sirve el desayuno?	Quand/Où le petit déjeuner est-il servi? kan/u lœ pœ·ti de·jœ·ne ɛ·til ser·vi
Por favor, despiérteme a las (siete).	Réveillez-moi à (sept) heures, s'il vous plaît. re·vɛ·ye mua a (sɛt) œr sil vu plɛ
¿Puedo usar ...?	Est-ce que je peux utiliser ...? ɛs kœ jœ pœ ü·ti·li·ze ...

internet	l'Internet	lœ^{n}·ter·net
la cocina	la cuisine	la küi·zin
la lavandería	la blanchisserie	la bla^{n}·shis·ri
el teléfono	le téléphone	lœ te·le·fon

¿Hay ...?	Avez-vous ...? a·ve vu ...

un ascensor	un ascenseur	ɛ^{n} na·sa^{n}·sœr
servicio de lavandería	un service de blanchisserie	ɛ^{n} sɛr·vis dœ bla^{n}·shis·ri
una caja fuerte	un coffre-fort	ɛ^{n} kofr for
una piscina	une piscine	ün pi·sin

¿Cambian dinero aquí?	Echangez-vous l'argent ici? sha^n·je vu dœ lar·ja^n i·si
¿Organizan excursiones?	Organisez-vous des excursions ici? or·ga·ni·ze vu dɛ zes·kür·sio^n i·si
¿Hay algún mensaje para mí?	Vous avez un message pour moi? vu·za·ve in me·saj pur mua
No hay agua caliente.	Il n'y a pas d'eau chaude. il nya pa do shod
No puedo entrar en mi habitación.	Je me suis enfermé(e) dehors. **m/f** jœ me sui son·fɛr·me dɛ·or
La puerta (del baño) está cerrada con llave.	La porte (de la salle de bain) est verrouillée. la port (dœ la sal dœ bɛn) ɛ ve·ru·i·ye
No hace falta cambiar mis sábanas.	Il n'y a pas besoin de changer mes draps. il nya pa be·sua^n de sha^n·je me dra
¿Me puede dar otra manta?	Est-ce que je peux avoir une autre couverture? ɛs kœ jœ pœ a·vuar ün otr ku·vɛr·tür
Es demasiado ...	C'est trop ... sɛ tro ...

fría	froid	frua
oscura	sombre	so^{n}br
cara	cher	shɛr
ruidosa	bruyant	brüi·ya^n
pequeña	petit	pœ·ti

No funciona ... ... ne fonctionne pas. ... nœ fo^{n}k·sion pa

el aire acondicionado	La climatisation	la kli·ma·ti·za·sio^{n}
el ventilador	Le ventilateur	lœ van·ti·la·tœr
la calefacción	L'appareil de chauffage	la·pa·rei dœ sho·fash
el váter	Les toilettes	lɛ tua·lɛt
la ventana	La fenêtre	la fœ·nɛtr

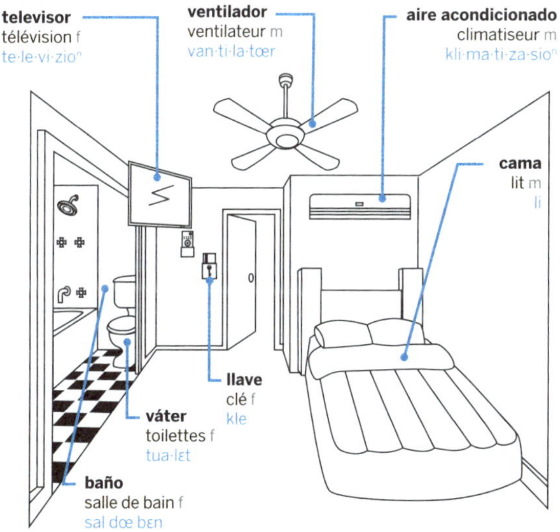

Llaman a la puerta ...

¿Quién es?	Qui est-ce? ki ɛs
Un momento.	Un instant. ɛ^{n} ens·ta^{n}
Pase.	Entrez. a^{n}·tre
Vuelva más tarde, por favor.	Veuillez repasser plus tard, s'il vous plaît. vœ·ye re·pa·se plü tar sil vu plɛ

Salida del hotel

¿Cuándo hay que dejar la habitación?	Quand faut-il régler? ka^{n} fo·til re·gle
¿Puedo hacer el check-out más tarde?	Pourrai-je régler plus tard? pu·rrɛj re·gle plü tar
Me voy ahora.	Je pars maintenant. je par mi^{n}t·na^{n}
¿Me puede llamar un taxi (para las 11.00)?	Pouvez-vous appeler un taxi pour moi (pour onze heures)? pu·ve vu ap·le ɛ^{n} tak·si pur mua (pur on·zœr)
¿Puedo dejar mi equipaje aquí hasta (el miércoles)?	Puis-je laisser mes bagages jusqu'à (mercredi)? püij lɛ·se mɛ ba·gaj jüs·ka (mɛr·krœ·di)
Volveré dentro de (tres) días.	Je retournerai dans (trois) jours. jœ re·tur·ne·re do^{n} (trua) jur
¿Me puede dar mi depósito, por favor?	Est-ce que je pourrais avoir ma caution, s'il vous plaît? ɛs kœ jœ pu·rrɛ a·vuar ma ko·sio^{n} sil vu plɛ

¿Me puede dar mi pasaporte, por favor?	Est-ce que je pourrais avoir mon passeport, s'il vous plaît? ɛs kœ jœ pu·rrɛ a·vuar mon pas·por sil vu plɛ
¿Me puede dar mis objetos de valor, por favor?	Est-ce que je pourrais avoir mes biens précieux, s'il vous plaît? ɛs kœ jœ pu·rrɛ a·vuar mɛ bian pre·siœ sil vu plɛ
La estancia ha sido estupenda, gracias.	J'ai fait un séjour magnifique, merci. jɛ fɛ ɛ^n se·jur ma·ñi·fi k mɛr·si
Se lo recomendaré a mis amigos.	Je le recommanderai à mes amis. jœ lœ rœ·ko·man·drɛ a mɛ·za·mi
Volveré (el martes).	Je retournerai (mardi). jœ re·tur·ne·rɛ (mar·di)

Camping

¿Dónde está/n ... más cercano/a?	Où est le ... le plus proche? u ɛ lœ ... lœ plü prosh

la zona de acampada	terrain de camping	te·rrɛ^n dœ kan·pin
la tienda	magasin	ma·ga·zɛ^n
las duchas	bloc sanitaire	blok sa·ni·tɛr
los baños	bloc toilettes	blok tua·lɛt

¿Cuánto cuesta por ...?	C'est combien pour chaque ...? sɛ ko^n·byɛ^n pur shak ...

caravana	caravane	ka·ra·van
persona	personne	pɛr·son
tienda	tente	ta^{n}t
automóvil	véhicule	ve·i·kül

¿Tienen ...?	Avez-vous ...? a·ve-vu ...	
electricidad	l'électricité	le·lɛk·tri·si·te
duchas	un bloc sanitaire	ɛ^n blok sa·ni·tɛr
una parcela	un emplacement	ɛ^n na^n·plas·ma^n
tiendas de alquiler	des tentes à louer	dɛ ta^{n}t a lue

¿El agua es potable?	L'eau est-elle potable? lo ɛ·tɛl po·tabl
¿Puedo acampar aquí?	Est-ce que je peux camper ici? ɛs kœ jœ pœ ka^n·pe i·si
¿Con quién hablo para quedarme aquí?	Je m'adresse où pour rester ici? jœ ma·drɛs u pur res·te i·si
¿Me puede dejar una pala?	Est-ce que je pourrais emprunter une pelle? ɛs kœ jœ pu·rrɛ a^n·prɛ^n·te ün pɛl
¿Me puede dejar una linterna?	Est-ce que je pourrais emprunter une lampe de poche? ɛs kœ jœ pu·rrɛ a^n·prɛ^n·te ün la^{n}p dœ posh

Alquilar

¿Tiene un/una ... para alquilar?	Avez-vous un/une ... à louer? a·ve vu ɛ^n/ün... a lu·e	
apartamento	appartement	a·par·tœ·ma^n
casa	maison	mɛ·zo^n
habitación	chambre	sha^{n}br
villa	villa	vi·la

Estoy aquí por el/la ... en alquiler.	Je suis ici au sujet de ... à louer. jœ süi i·si o su·she dœ ... a lu·e
¿Cuánto cuesta (una) semana?	C'est combien pour (une) semaine? sɛ koⁿ·byɛⁿ pur (ün) sœ·mɛn
¿Cuánto cuesta (dos) meses?	C'est combien pour (deux) mois? sɛ koⁿ·byɛⁿ pur (dœ) mua
¿Hay que dejar un depósito?	Faut-il verser une caution? fo·til vɛr·se ün ko·sioⁿ

Alojamiento en casas particulares

¿Me puedo quedar en tu casa?	Est-ce que je peux rester chez vous? ɛs kœ jœ pœ rɛs·te she vu
Tengo mi propio saco de dormir.	J'ai un sac de couchage. jɛ ɛⁿ sak de ku·shaj
¿Puedo hacer algo para ayudar?	Y a-t-il quelque chose que je peux faire pour aider? i·ya·til kɛlk shoz kœ jœ pœ fɛr pur ɛ·de
Gracias por tu hospitalidad.	Merci pour votre hospitalité. mɛr·si pur votr os·pi·ta·li·te
¿Puedo ...?	Puis-je ...? püij ...

traer algo para comer	apporter quelque chose pour le repas	a·por·te kɛl·kœ shoz pur lœ rœ·pa
lavar los platos	faire la vaisselle	fɛr la vɛ·sɛl
poner la mesa	mettre la table	mɛtr la tabl
sacar la basura	sortir les poubelles	sor·tir lɛ pu·bɛl

Para alabar la cocina del anfitrión, véase **Comer fuera** (p. 156). Véase también **Entablar conversación** (p. 101).

De compras

FRASES ÚTILES

Querría comprar ...	Je voudrais acheter ...	jœ vu·drɛ ash·te ...
¿Lo puedo ver?	Est-ce que je peux le voir?	ɛs kœ jœ pœ lœ vuar
¿Me lo puedo probar?	Puis-je l'essayer?	püij lɛ·sɛ·ye
¿Cuánto cuesta?	C'est combien?	sɛ ko^{n}·byɛ^{n}
Eso es muy caro.	C'est trop cher.	sɛ tro shɛr

Dónde ...

¿Dónde hay (un supermercado)?	Où est-ce qu'il y a (un supermarché)? u ɛs ki·li·ya (ɛ^{n} sü·pɛr·mar·she)
¿Dónde puedo comprar (productos/ recuerdos locales)?	Où puis-je acheter (des marchandises/souvenirs produits localement)? u püij ash·te (dœ mar·shan·dis/ suv·nir pro·dui lo·kal·mon)

Para más información sobre tiendas y servicios, véase el **Diccionario**.

Hacer una compra

¿Cuánto cuesta?	C'est combien? sɛ ko^{n}·byɛ^{n}

¿Cuánto?	Combien?	ko^{n}·byɛ^{n}

SE OIRÁ

Non, nous n'en avons pas.	no^n nu·na^n·na·vo^n pa	No, no tenemos.
Autre chose?	otr shoz	¿Algo más?
Vous désirez?	vu de·zi·re	¿Qué desea?
Vous en désirez combien?	vu·za^n de·si·re ko^n·biɛ^n	¿Cuánto/cuántos quiere?
Je vous l'emballe?	jœ vu la^n·bal	¿Quiere que se lo envuelva?

Querría comprar ...	Je voudrais acheter ... jœ vu·drɛ ash·te ...
¿De qué está hecho?	C'est fabriqué avec quoi? sɛ fa·bri·ke a·vek kua
Estoy mirando.	Je regarde. jœ rœ·gard
¿Me puede escribir el precio?	Pouvez-vous écrire le prix? pu·ve vu e·krir le pri
¿Tiene algunos más?	Vous en avez d'autres? vu·zan a·ve dotr
¿Lo puedo ver?	Est-ce que je peux le voir? ɛs kœ jœ pœ lœ vuar
No necesito bolsa, gracias.	Je n'ai pas besoin de sac, merci. jœ nœ pa be·suan de sak mer·si
¿Puedo pagar con tarjeta de crédito?	Est-ce que je peux payer avec une carte de crédit? ɛs kœ jœ pœ pɛ·ye a·vɛk ün kart dœ kre·di
¿Puedo pagar con tarjeta de débito?	Est-ce que je peux payer avec une carte de débit? ɛs kœ jœ pœ pɛ·ye a·vɛk ün kart dœ de·bi

Hacer una compra

Querría comprar ...
Je voudrais acheter ...
jœ vu·drɛ ash·te ...

¿Cuánto cuesta?
C'est combien?
sɛ ko^{n}·biɛ^{n}

o

¿Me puede escribir el precio?
Pouvez-vous écrire le prix?
pu·ve vu e·krir le pri

¿Aceptan tarjeta de crédito?
Est-ce que je peux payer avec une carte de crédit?
ɛs kœ jœ pœ pɛ·ye a·vɛk ün kart dœ kre·di

¿Me puede dar ..., por favor?
Puis-je avoir ..., s'il vous plaît?
püij a·vuar ... sil vu plɛ

un recibo
un reçu
ɛ^{n} rœ·sü

una bolsa
un sac
ɛ^{n} sak

¿Me puede dar una bolsa/ un recibo, por favor?	Puis-je avoir un sac/reçu, s'il vous plaît? püij a·vuar ɛn sak/rœ·sü sil vu plɛ
Un recibo, por favor.	Un reçu, s'il vous plaît. ɛn rœ·sü sil vu plɛ
¿Me lo puede envolver?	Pouvez-vous l'envelopper? pu·ve vu la^{n}·vœ·lo·pe
¿Tiene garantía?	Est-ce qu'il y a une garantie? ɛs ki·li·ya ü^{n} ga·ran·ti
¿Lo pueden mandar al extranjero?	Pouvez-vous me l'envoyer à l'étranger? pu·ve vu mœ la^{n}·vua·ye a le·tra^{n}·je
¿Lo puedo pasar a buscar más tarde?	Je peux passer le prendre plus tard? jœ pœ pa·se lœ pra^{n}dr plü tar
Está defectuoso/roto.	C'est défectueux/cassé. sɛ de·fɛk·tü·œ/ka·se
Quisiera mi cambio, por favor.	Je voudrais ma monnaie, s'il vous plaît. jœ vu·drɛ ma mo·nɛ sil vu plɛ

SE OIRÁ

occasion f	o·ka·zio^{n}	ganga
chercheur/ chercheuse m/f **d'occasions**	shɛr·shœr/ shɛr·shœz do·ka·zio^{n}	buscador/a de gangas
arnaque f	ar·nak	timo
soldes m pl	sold	rebajas
promotions f pl	pro·mo·sio^{n}	ofertas

Quisiera que me devuelva el dinero, por favor.	Je voudrais un remboursement, s'il vous plaît. jœ vu·drɛ ɛ^{n} ra^{n}·bur·sœ·ma^{n} sil vu plɛ
Quisiera devolver esto, por favor.	Je voudrais rapporter ceci, s'il vous plaît. jœ vu·drɛ ra·por·te sœ·si sil vu plɛ

Regatear

Eso es muy caro.	C'est trop cher. sɛ tro shɛr
¿Puede rebajar el precio?	Vous pouvez baisser le prix? vu pu·ve bɛ·se lœ pri

Le daré ...	Je vous donnerai ... jœ vu don·rɛ ...
¿Tiene algo más barato?	Avez-vous quelque chose de moins cher? a·ve vu kɛl·ke shoz dœ moɛ^n shɛr

Reparaciones

¿Me pueden arreglar aquí mi cámara?	Puis-je faire réparer mon appareil photo ici? püij fɛr re·pa·re mo^n na·pa·rey fo·to i·si
¿Me pueden arreglar aquí mis gafas (de sol)?	Puis-je faire réparer mes lunettes (de soleil) ici? püij fɛr re·pa·re mɛ lü·nɛt (dœ so·lɛy) i·si
¿Cuándo estará listo?	Quand est-ce que ce sera prêt? ka^n ɛs ke sœ sœ·ra prɛ

Ropa

Estoy buscando zapatos/ ropa interior.	Je cherche des chaussures/ sous-vêtements. jœ shɛrsh dɛ sho·sür/ dɛ su·vɛt·ma^n
¿Me lo puedo probar?	Puis-je l'essayer? püij lɛ·sɛ·ye
Mi talla es (mediana).	Je fais du (moyen). jœ fɛ dü (mua·ye^n)
No es la talla adecuada.	Ce n'est pas la bonne taille. se nɛ pa la bon taiy
Es demasiado grande/ pequeño.	C'est trop grand/petit. sɛ tro gra^n/pœ·ti

Para prendas de ropa, véase el **Diccionario**. Para tallas, véase **Números y cantidades** (p. 31).

Libros

¿Hay una sección de libros en español?	Y a-t-il un rayon espagnol? i ya·til ɛ^{n} rɛ·yo^{n} ɛs·pa·ñol
Querría un diccionario/ periódico.	Je voudrais un dictionnaire/ journal. jœ vu·drɛ ɛn dik·sio·nɛr/ jur·nal
¿Me puede recomendar un libro?	Pouvez-vous me conseiller un roman? pu·ve vu mœ ko^{n}·sɛ·ye ɛ^{n} ro·ma^{n}
Busco algo de (Albert Camus).	Je cherche quelque chose de (Albert Camus). jœ shɛrsh kɛl·ke shoz dœ (al·ber ka·mü)

Para más información sobre libros, véase **Intereses** (p. 111).

Música y DVD

Querría un CD/DVD.	Je voudrais un CD/ DVD. jœ vu·drɛ ɛ^{n} se·de/ de·ve·de
Querría unos auriculares.	Je voudrais un casque. jœ vu·drɛ ɛ^{n} kask
¿Cuál es su mejor grabación?	Quel est son meilleur enregistrement? kɛl ɛ so^{n} mɛ·yœr a^{n}·re·jis·trœ·ma^{n}
¿Este DVD funcionará en cualquier reproductor?	Est-ce que ça fonctionne quel que soit le lecteur de DVD? ɛs kœ sa fonk·sion kel ke sua lœ lek·ter dœ de·ve·de

Vídeo y fotografía

¿Puede revelar este carrete?	Pouvez-vous développer cette pellicule? pu·ve-vu de·vlo·pe sɛt pe·li·kül
Necesito un carrete en blanco y negro para esta cámara.	J'ai besoin d'une pellicule en noir et blanc pour cet appareil. jɛ bœ·zoɛ^n dün pe·li·kül a^n nuar e bla^n pur sɛ·ta·pa·rɛy
Necesito un carrete en color para esta cámara.	J'ai besoin d'une pellicule couleur pour cet appareil. jɛ bœ·zoɛ^n dün pe·li·kül ku·lœr pur sɛ·ta·pa·rɛy
¿Puede imprimir fotos digitales?	Pourriez-vous imprimer des photos numériques? pu·rie·vu am·pri·me dœ fo·to nü·me·rik
¿Puede transferir mis fotos de la tarjeta de memoria a un CD?	Pourriez-vous transférer mes photos de la carte mémoire vers un CD? pu·rie·vu trans·fɛ·re mɛ fo·to dœ la kart mɛ·muar vɛr un se·de
¿Tienen ... para esta cámara?	Avez-vous ... pour cet appareil? a·ve·vu ... pur sɛ ta·pa·rɛy

baterías	des piles	dœ pil
un flash	un flash	a^n flash
tarjetas de memoria	des cartes mémoire	dœ kart mɛ·muar
un zoom	un objectif	a^n op·shek·tif

Necesito un cable para conectar mi cámara a un ordenador.	J'ai besoin d'un câble pour connecter mon appareil photo à un ordinateur. jɛ bœ·zoɛ^{n} dün ka·bl pur ko·nɛk·te mo^{n} a·pa·rɛy fo·to a ɛ^{n} or·di·na·ter
Necesito un cable para recargar esta batería.	J'ai besoin d'un câble pour recharger cette pile. jɛ bœ·zoɛ^{n} dün ka·bl pur rɛ·shar·je sɛt pil
¿Pueden recargar la batería de mi cámara?	Pourriez-vous recharger les piles de mon appareil numérique? pu·rie·vu rɛ·shar·je lœ pil dœ mo^{n} a·pa·rɛy nü·me·rik
Necesito una cinta de vídeo para esta cámara.	J'ai besoin d'une cassette vidéo pour cet appareil. jɛ bœ·zoɛ^{n} dün ka·set vi·de·o pur sɛ·ta·pa·rɛy
¿Tienen revelado en una hora?	Vous faites le développement en une heure? vu fɛt lœ de·vlo·pma^{n} a^{n} ün œr
Necesito una foto de pasaporte.	J'ai besoin d'une photo d'identité. jɛ bœ·zoɛ^{n} dün fo·to di·da^{n}·ti·te
No estoy contento/a con estas fotos.	Je ne suis pas content(e) de ces photos. **m/f** jœ nœ süi pa kon·tan(t) dœ sɛ fo·to

Comunicaciones

FRASES ÚTILES

¿Dónde está el cibercafé más cercano?	Où est le cybercafé du coin?	u ɛ lœ si·bɛr·ka·fe du kua^{n}
Querría consultar mi correo electrónico.	Je voudrais consulter mon courrier électronique.	jœ vu·drɛ ko^{n}·sül·te mo^{n} kur·ie ɛ·lek·tro·nik
Querría una tarjeta SIM.	Je voudrais une carte SIM.	jœ vu·drɛ ün kart sim

Correos

Querría mandar una carta.	Je voudrais envoyer une lettre. jœ vu·drɛ a^{n}·vua·ye ün lɛtr
Querría mandar un paquete.	Je voudrais envoyer un colis. jœ vu·drɛ a^{n}·vua·ye ɛn ko·li
Querría comprar un sobre.	Je voudrais acheter une enveloppe. jœ vu·drɛ ash·te ün a^{n}v·lop
Querría comprar un sello.	Je voudrais acheter un timbre. jœ vu·drɛ ash·te ɛ^{n} tɛ^{n}br
¿Dónde está la lista de correos?	Où est le service de poste restante? u ɛ lœ sɛr·vis dœ post rɛs·ta^{n}t

SE OIRÁ

déclaration en douane f	dœ·kla·ra·sio^{n} a^{n} du·an	declaración en aduana
national(e) m/f	na·sio·nal	nacional
fragile	fra·jil	frágil
international(e) m/f	ɛn·tɛr·na·sio·nal	internacional
boîte aux lettres f	buat o lɛtr	buzón
adresse postale f	a·dres pos·tal	dirección postal
code postal m	kod pos·tal	código postal

¿Hay correo para mí?	Y a-t-il du courrier pour moi? i ya til dü ku·rrie pur mua
Por favor, envíelo (a España) por ...	Envoyez-le (en Espagne) ..., s'il vous plaît. a^{n}·vua·ye lœ (a^{n} ɛs·pañ) ... sil vu plɛ

avión	par avion	par a·vio^{n}
correo urgente	en exprès	a^{n} ɛks·prɛ
correo certificado	en recommandé	a^{n} ra·ko·man·de
barco	voie maritime	vua ma·ri·tim

Contiene ...	Cela contient ... sœ·la ko^{n}·tyɛ^{n} ...

Teléfono

P **¿Cuál es su número de teléfono?**	Quel est votre numéro de téléphone? kɛl ɛ votr nü·me·ro dœ te·le·fon
R **El número es ...**	Le numéro est ... lœ nü·me·ro ɛ ...

SE OIRÁ

À qui voulez-vous parler?	a ki vu·le vu par·le	¿Con quién quiere hablar?
Désolé, vous vous trompez de numéro.	de·zo·le vu vu tro^{n}·pe dœ nü·me·ro	Lo siento, se ha equivocado de número.
Qui est-ce?	ki ɛs	¿Quién llama?
Non, il/elle n'est pas là.	non il/ɛl nɛ pa la	No, él/ella no está.
Je peux prendre un message?	jœ pœ pra^{n}·dr ɛn mɛ·saj	¿Quiere dejarle un mensaje?

¿Dónde está el teléfono público más cercano?	Où est le téléphone public le plus proche? u ɛ lœ te·le·fon pü·blik lœ plü prosh
Querría saber el número de ...	Je voudrais connaître le numéro de ... jœ vu·drɛ ko·nɛ·tre lœ nü·me·ro dœ ...
Quiero hacer una llamada local.	Je veux passer un appel téléphonique local. jœ vœ pa·se u^{n} na·pel te·le·fo·nik lo·kal
Quiero hacer una llamada a (Singapur).	Je veux téléphoner avec préavis à (Singapour). jœ vœ te·le·fo·ne a·vɛk pre·a·vi a (si^{n}·ga·pur)
Quiero hacer una llamada a cobro revertido.	Je veux téléphoner en PCV. jœ vœ te·le·fo·ne a^{n} pe se ve
Querría comprar una tarjeta de teléfono.	Je voudrais acheter une carte téléphonique. jœ vu·drɛ ash·te ün kart te·le·fo·nik

¿Tienen tarjetas telefónicas internacionales de prepago?	Avez-vous des cartes téléphoniques prépayées pour les appels à l'international? a·ve vu dɛ kart te·le·fo·nik prɛ·pa·ye pur lœ sa·pel a lɛ^{n}·tɛr·na·sio·nal
¿Cuánto cuesta una llamada de (tres) minutos?	Quel est le prix d'une communication de (trois) minutes? kɛl ɛ lœ pri dün ko·mü·ni·ka·sio^{n} dœ (trua) mi·nüt
¿Cuál es el prefijo de ...?	Quel est l'indicatif pour ...? kɛl ɛ lɛn·di·ka·tif pur ...

Está comunicando	La ligne est occupée. la liñ ɛ o·kü·pe
Se ha cortado.	J'ai été coupé(e). **m/f** jɛ e·te ku·pe
La conexión es mala.	La ligne est mauvaise. la liñ ɛ mo·vɛz
¿Puedo dejar un mensaje?	Je peux laisser un message? jœ pœ lɛ·se ɛ^{n} mɛ·saj
Llamaré más tarde.	Je rappellerai plus tard. jœ ra·pɛl·rɛ plü tar
Mi número es ...	Mon numéro est ... mo^{n} nü·me·ro ɛ ...

Para números de teléfono, véase **Números y cantidades** (p. 31).

Teléfono móvil

Querría ...	Je voudrais ... jœ vu·drɛ ...

un adaptador	une prise multiple	ün priz mül·tiplr
un cargador para mi móvil	un chargeur pour mon portable	ɛ^{n} shar·jœr pur mo^{n} por·tabl
alquilar un móvil	louer un portable	lu·e ɛ^{n} por·tabl
una tarjeta de prepago recargable	une carte prépayée rechargeable	ün kart pre·pɛ·ye re·shar·ya·ble
una tarjeta SIM para la red	une carte SIM pour le réseau	ün kart sim pur lœ re·zo

¿Cuáles son las tarifas?	Quels sont les tarifs? kɛl so^{n} lɛ ta·rif

Internet

¿Dónde está el cibercafé más cercano?	Où est le cybercafé du coin? u ɛ lœ si·bɛr·ka·fe du kuaⁿ
¿Tienen conexión a internet?	Avez-vous une connexion Internet ici? a·ve vu ün ko·nek·sion ɛⁿ·tɛr·nɛt i·si
¿Tienen wi-fi?	Avez-vous le wifi ici? a·ve vu lœ wi·fi i·si
¿Puedo utilizar mi portátil?	Est-ce que je peux utiliser mon ordinateur portable ici? ɛs kœ jou pœ ü·ti·li·ze moⁿ or·di·na·tœr por·ta·bl i·si
¿Tienen ordenadores PC/Mac?	Avez-vous des PCs/Macs? a·ve vu dɛ pe·se/mak
¿Tienen auriculares (con micrófono)?	Avez-vous un casque (avec un micro)? a·ve vu uⁿ kask (a·vek uⁿ mi·kro)
Querría ...	Je voudrais ... jœ vu·drɛ ...

grabar un CD	brûler un CD	brü·lɛ uⁿ se·de
ver mi correo electrónico	consulter mon courrier électronique	koⁿ·sül·te moⁿ ku·rrie e·lɛk·tro·nik
descargar mis fotos	télécharger mes photos	te·le·shar·je mœ fo·to
utilizar una impresora	utiliser une imprimante	ü·ti·li·ze ün nɛⁿ·pri·maⁿt
usar un escáner	utiliser un scanner	ü·ti·li·ze ɛⁿ ska·nɛr
usar Skype	utiliser Skype	ü·ti·li·ze skaip

¿Cuánto cuesta por hora?	C'est combien l'heure? sɛ ko^{n}·byɛ^{n} lœr
¿Cuánto cuesta por página?	C'est combien la page? sɛ ko^{n}·byɛ^{n} la paj
¿Cómo me conecto?	Comment faire pour me con-necter? ko·ma^{n} fer pur me ko·nek·te
¿Me puede ayudar a poner el español como lengua de preferencia?	Pouvez-vous m'aider à choisir l'espagnol comme langue de préférence? pu·ve vu mɛ·de a shua·zir les·pa·ñol kom la^{n}gu dœ pre·fe·ra^{n}s
Se ha estropeado.	C'est tombé en panne. sɛ to^{n}·be an pan
He terminado.	J'ai terminé. jɛ tɛr·mi·ne
¿Puedo conectar mi ... a este ordenador?	Est-ce que je peux brancher ... sur cet ordinateur? ɛs kœ jœ pœ bran·she ... sur sɛt or·di·na·tœr

cámara	mon appareil photo	mo^{n} a·pa·rɛy fo·to
iPod/iPhone/ iPad	mon iPod/ iPhone/iPad	mo^{n} ai·pot/ ai·fon/ ai·pat
reproductor MP3	mon lecteur MP3	mo^{n} lek·tœr em·pe·trua
disco duro portátil	mon disque dur portable	mo^{n} disk dur por·ta·bl
memoria USB	ma clé USB	ma kle u·es·be

Dinero y bancos

FRASES ÚTILES

¿Cuánto es?	Ça fait combien?	sa fœ ko^n·biɛ^n
¿Cuál es el tipo de cambio?	Quel est le taux de change?	kɛl ɛ lœ to dœ shanj
¿Dónde está el cajero automático más cercano?	Où est le guichet automatique le plus proche?	u ɛ lœ gui·shɛ o·to·ma·tik lœ plü prosh

Pagar la cuenta

P **¿Cuánto es?**	Ça fait combien? sa fœ ko^n·biɛ^n
R **Es gratuito.**	C'est gratuit. sɛ gra·tui
R **Son (12) euros.**	C'est (douze) euros. sɛ (duz) eu·ro
¿Puede escribirme el precio?	Pouvez-vous écrire le prix? pu·ve-vu e·krir lœ pri
Hay un error en la cuenta.	Il y a une erreur dans la note. il ya ün e·rer da^n la not
¿Prefiere firmar o utilizar su número PIN?	Vous préférez signer ou utiliser votre code? vu prœ·fe·re si·ñe u ü·ti·li·se vo·tr kod
¿Puedo pagar con tarjeta de crédito/débito?	Est-ce que je peux payer avec une carte de crédit/débit? ɛs kœr jœ pœ pɛ·ye a·vek ün kart dœ kre·di/de·bi

¿Puedo pagar con cheques de viaje?	Est-ce que je peux payer avec des chèques de voyages? ɛs kœ jœ pœ pɛ·ye a·vek dœ shɛk dœ vua·yaj
Mi cambio, por favor.	Je voudrais ma monnaie, s'il vous plaît. jœ vu·drɛ ma mo·nɛ sil vu plɛ
Querría un recibo, por favor.	Je voudrais un reçu, s'il vous plaît. jœ vu·drɛ a^{n} rœ·sü sil vu plɛ

Operaciones bancarias

¿Dónde puedo ...?	Où est-ce que je peux ...? u ɛs kœ jœ pœ ...
Querría ...	Je voudrais ... jœ vu·drɛ ...

hacer una transferencia	faire un virement	fɛr ɛ^{n} vir·ma^{n}
cambiar cheques de viaje	changer des chèques de voyage	sha^{n}·je dɛ shɛk dœ vua·yaj
cambiar dinero	changer de l'argent	sha^{n}·je dœ lar·jan
obtener un adelanto de dinero	une avance de crédit	ün a·va^{n}s dœ kre·di
cambiar este billete	faire de la monnaie avec ce billet	fɛr dœ la mo·nɛ a·vek se bi·yɛ
sacar dinero	retirer de l'argent	rœ·ti·re dœ lar·ja^{n}

SE OIRÁ

Dans quatre jours ouvrables.	da^n katr jur u·vrabl	En cuatro días laborables.
Il ne vous reste plus d'argent.	il nœ vu rɛst plü dar·ja^n	No le quedan más fondos.
Notez-le.	no·te lœ	Escríbalo.
papiers d'identité	pa·pie di·da^n·ti·te	Carné de identidad
Signez ici.	si·ñe i·si	Firme aquí.

¿Dónde está el cajero automático más cercano?	Où est le guichet automatique le plus proche? u ɛ lœ gui·shɛ o·to·ma·tik lœ plü prosh
¿Dónde está la oficina de cambio más cercana?	Où est le bureau de change le plus proche? u ɛ lœ bü·ro dœ shanj lœ plü prosh
El cajero automático se tragó mi tarjeta.	Le guichet automatique a avalé ma carte de crédit. lœ gui·shɛ o·to·ma·tik a a·va·le ma kart dœ kre·di
He olvidado mi PIN.	J'ai oublié mon code confidentiel. jɛ u·blie mon kod kon·fi ·dan·siɛl
¿Cuál es el tipo de cambio?	Quel est le taux de change? kɛl ɛ lœ to dœ shanj
¿Qué cargo tiene eso?	Quel est le tarif pour cela? kɛl ɛ lœ ta·rif pur ser·la
¿Ha llegado mi dinero?	Est-ce que mon argent est arrivé? ɛs kœ mo^n ar·ja^n ɛ ta·ri·ve

Negocios

FRASES ÚTILES

Asisto a una conferencia.	Je participe à une conférence.	jœ par·ti·sip a ün ko^{n}·fe·ra^{n}s
Tengo una cita con ...	J'ai rendez-vous avec ...	jɛ ra^{n}·de-vu a·vɛk ...
¿Me puede dar su tarjeta de visita?	Pourriez-vous me laisser votre carte de visite?	pu·ri·ɛ·vu mœ lœ·se vo·tr kart dœ vi·sit

Aunque la manera de hacer negocios en Francia podría ser el tema para un libro entero, un buen punto de partida es tratar de usted a todos los clientes y colegas del trabajo (hasta que a uno le inviten a utilizar una forma más familiar, véase p. 99) y posiblemente sea mejor dejar los besos en la mejilla para reuniones muy exitosas ...

Asisto a ...	Je participe à un/une ... **m/f** jœ par·ti·sip a ɛ^{n}/ün ...
¿Dónde es el/la ...?	Où est le/la ...? **m/f** u ɛ lœ/la...

conferencia	conférence **f**	ko^{n}·fe·ra^{n}s
curso	stage **m**	staj
reunión	réunion **f**	reü·nio^{n}
feria	foire commerciale **f**	fuar ko·mɛr·sial

Estoy con mi(s) colega(s).	Je suis avec mon/mes collègue(s). jœ süi a·vɛk mon/mɛ ko·lɛg

Estoy solo/a.	Je suis seul(e). m/f jœ süi sœl
Estoy con otros (dos).	Je suis avec (deux) autres. jœ süi a·vεk (dœz) otr
Necesito un intérprete.	J'ai besoin d'un interprète. jε bœ·zoε^n dε^n nε^n·tεr·prεt
P **¿Me puede dar su tarjeta de visita?**	Pourriez-vous me laisser votre carte de visite? pu·ri·ε·vu mœ lœ·se vo·tr kart dœ vi·sit
R **Aquí tiene mi tarjeta de visita.**	Voici ma carte. vua·si ma kart
Tengo una cita con ...	J'ai rendez-vous avec ... jε ra^n·de-vu a·vεk ...
Estoy esperando un fax/llamada.	Je attends un fax/appel. ja·ta^n ε^n fax/na·pεl
Querría conectarme a Internet.	Je voudrais me connecter à l'Internet. jœ vu·drε mœ ko·nεk·tε a lin·tεr·nεt
Querría usar un ordenador.	Je voudrais utiliser un ordinateur. jœ vu·drε ü·ti·li·se ε^n nor·di·na·tœr
¿Hay algún proyector?	Y a-t-il un projecteur data? i ya til ε^n pro·jεk·tœr da·ta
¿Hay algún puntero láser?	Y a-t-il un pointeur laser? i ya til ε^n puε^n·tœr la·zer
Fue muy bien.	Ça c'est très bien passé. sa sε trε byε^n pa·se
Gracias por su tiempo/atención.	Merci pour votre temps/attention. mεr·si pur vo·tr ta^n/a·tan·sion

Turismo

FRASES ÚTILES

Querría un guía.	Je voudrais un guide.	jœ vu·drɛ ɛn guid
¿Puedo hacer fotos?	Je peux prendre des photos?	jœ pœ pra^{n}dr dɛ fo·to
¿Cuándo abre el museo?	Le musée ouvre à quelle heure?	lœ mü·ze uvr a kɛl œr

Me gustaría ver ...	J'aimerais voir ... jɛm·rɛ vuar ...
¿Tiene información sobre lugares de interés ...?	Avez-vous des renseignements sur les sites ... à visiter? a·ve vu dɛ ra^n·sɛ·ñœ·ma^n sür lɛ sit ... a vi·zi·te

gratuitos	gratuits	gra·tüi
históricos	historiques	is·to·rik
locales	locaux	lo·ko
naturales	naturels	na·tü·rel

Querría contratar un guía.	Je voudrais faire appel aux services d'un guide. jœ vu·drɛ fɛr a·pel o ser·vis da^n guid
¿Qué es eso?	Qu'est-ce que c'est? kɛs kœ sɛ

¿De cuándo es?	Ça date de quand? sa dat dœ ka^{n}
¿Puedo hacer fotos?	Je peux prendre des photos? jœ pœ pra^{n}dr dɛ fo·to
Le mandaré la foto.	Je vous enverrai la photo. jœ vu za^{n}·ve·rrɛ la fo·to
Querría ...	Je voudrais ... jœ vu·drɛ ...

una audioguía	un écouteur	ɛ^{n} ne·ku·tœr
un mapa de la ciudad	un plan de la ville	ɛ^{n} plan dœ la vil
un guía	un guide	ɛ^{n} guid
un mapa de la región	une carte de la région	ün kart dœ la re·jio^{n}

Accesos

¿Cuánto cuesta la entrada?	Quel est le prix d'admission? kɛl ɛ lœ pri dad·mi·sio^{n}
¿A qué hora abre?	Quelle est l'heure d'ouverture? kɛl ɛ lœr du·vɛr·tür
¿A qué hora cierra?	Quelle est l'heure de fermeture? kɛl ɛ lœr dœ fɛr·mœ·tür
¿Hay descuento para ...?	Il y a une réduction pour les ...? i·li·ya ün re·dük·sio^{n} pur lɛ ...

niños	enfants	za^{n}·fa^{n}
familias	familles	fa·mi
grupos	groupes	grup
jubilados	seniors	se·nior
estudiantes	étudiants	ze·tü·dia^{n}

Galerías de arte y museos

¿A qué hora abre la galería de arte?	La galerie ouvre à quelle heure? la gal·ri uvr a kɛl œr
¿A qué hora abre el museo?	Le musée ouvre à quelle heure? lœ mü·ze uvr a kɛl œr
P **¿Qué hay en la colección?**	Qu'est-ce qu'il y a dans la collection? kɛs ki li ya da^n la ko·lɛk·sio^n
R **Es una exposición ...**	C'est une exposition ... sɛ ün ex·po·zi·sio^n ...
Me gusta la obra de ...	J'aime l'œuvre de ... jɛm lœvr dœ ...
Me recuerda a ...	Cela me rappelle ... se·la mœ ra·pɛl ...
Arte ...	l'art ... lar ...

contemporáneo	contemporain	ko^n·ta^n·po·rɛ^n
impresionista	impressionniste	ɛ^n·pre·sio·nist
modernista	moderniste	mo·dɛr·nist
renacentista	de la Renaissance	dœ la re·nɛ·sa^{n}s

Circuitos

¿Hay visitas guiadas a pie?	Y a-t'il des visites guidées à pied? ya·til dœ vi·sit gui·de a pie

Querría apuntarme a clases de cocina/idiomas.	Je voudrais suivre des cours de cuisine/langue. jœ vu·drɛ süivr dœ kur dœ küi·zin/la^{n}g
¿Me puede recomendar una excursión?	Pouvez-vous me recommander une excursion? pu·ve-vu mœ rœ·ko·man·de ün eks·kür·sio^n
¿A qué hora sale la próxima excursión (de un día)?	C'est quand la prochaine excursion (d'une journée)? sɛ ka^n la pro·shɛn eks·kür·sio^n (dün jur·ne)

SE OIRÁ

Il y a (pas) beaucoup à voir.	i li ya (pa) bo·ku a vuar (No) Hay mucho que ver.
des escrocs	dɛ zɛs·krok tiendas que son un timo
trop de touristes	tro dœ tu·rist demasiados turistas
Le meilleur moment pour partir c'est en (décembre).	lœ mɛ·yœr mo·man pur par·tir sɛ an (de·sanbr) La mejor época para ir es en (diciembre).

¿El alojamiento está incluido?	Est-ce que le logement est inclus? ɛs kœ lœ loj·ma^{n} ɛ ɛ^{n}·klü
¿La comida está incluida?	Est-ce que la nourriture est incluse? ɛs kœ la nu·rri·tür ɛ ɛ^{n}·klü
¿El transporte está incluido?	Est-ce que le transport est inclus? ɛs kœ lœ tra^{n}s·por ɛ ɛ^{n}·klü
¿Cuánto dura la excursión?	L'excursion dure combien de temps? leks·kür·sio^{n} dür ko^{n}·byɛ^{n} dœ ta^{n}
¿A qué hora debemos estar de vuelta?	On doit rentrer pour quelle heure? on dua ra^{n}·tre pur kɛl œr
He perdido a mi grupo.	J'ai perdu mon groupe. jɛ pɛr·dü mo^{n} grup

Mayores y discapacitados

FRASES ÚTILES

Necesito ayuda.	J'ai besoin d'aide.	jɛ bœ·zoɛ^{n} dɛd
¿Hay acceso para sillas de ruedas?	Y a-t-il un accès pour fauteuil roulant?	i ya til ɛ^{n} nak·sɛ pur le fo·tœil ru·la^{n}
¿Hay baños para discapacitados?	Est-ce qu'il y a des toilettes pour handicapés?	ɛs ki li a dɛ tua·lɛt pur a^{n}·di·ka·pe

Soy discapacitado/a.	Je suis handicapé(e). m/f jœ süi a^{n}·di·ka·pe
Necesito ayuda.	J'ai besoin d'aide. jɛ bœ·zoɛ^{n} dɛd
¿Hay acceso para silla de ruedas?	Y a-t-il un accès pour fauteuil roulant? i ya til ɛ^{n} nak·sɛ pur fo·tœil ru·la^{n}
¿Cuántos escalones hay?	Il y a combien de marches? i li ya ko^{n}·byɛ^{n} dœ marsh
¿Hay ascensor?	Est-ce qu'il y a un ascenseur? ɛs ki li ya ɛ^{n} na·sa^{n}·sœr
¿Están permitidos los perros guía?	Est-ce que les chiens d'aveugle sont permis? ɛs kœ lɛ shyɛ^{n} da·vœgl so^{n} pɛr·mi

¿Me puedo sentar en algún sitio?	Est-ce qu'il y a un endroit où on peut s'asseoir? ɛs ki li a ɛ^{n} na^{n}·drua u o^{n} pœ sa·suar
¿Hay baños para discapacitados?	Est-ce qu'il y a des toilettes pour handicapés? ɛs ki li a dɛ tua·lɛt pur a^{n}·di·ka·pe
¿Hay pasamanos en el cuarto de baño?	Est-ce qu'il y a des barres dans la salle de bain? ɛs ki li ya dɛ barr da^{n} la sal de bɛ^{n}
¿Hay plazas de aparcamiento para discapacitados?	Est-ce qu'il y a des emplace-ments pour handicapés? ɛs ki li ya dɛz·a^{n}·plas·ma^{n} pur a^{n}·di·ka·pe
¿Podría llamar un taxi adaptado para discapacitados?	Pouvez-vous appeler un taxi pour personne handicapée? pu·ve vu ap·le ɛ^{n} tak·si pur pɛr·son a^{n}·di·ka·pe
¿Me puede ayudar a cruzar esta calle?	Pouvez-vous m'aider à traverser cette rue? pu·ve vu mɛ·de a tra·vɛr·se sɛt rü
muletas	béquilles bɛ·kiy
perro guía	chien d'aveugle shyɛ^{n} da·vœgl
rampa	rampe ramp
andador	déambulateur m dœm·bü·la·ter
bastón	canne f ka^{n}
silla de ruedas	fauteuil roulant m fo·tœil ru·la^{n}

Viajar con niños

FRASES ÚTILES

¿Pueden entrar niños?	Les enfants sont permis?	lɛ zan·fa^n zo^n pɛr·mi
¿Hay descuento para niños?	Y a-t-il un tarif réduit pour les enfants?	i ya til ɛ^n ta·rif re·düi pur lɛ za^n·fa^n
¿Hay un cambiador de bebés?	Y a-t-il un endroit pour changer le bébé?	i ya til ɛ^n na^n·drua pur sha^n·je lœ be·be

Necesito un/a ...	J'ai besoin ... jɛ bœ·zoɛ^n ...

silla para niños	d'un siège-enfant	dɛ^n siɛj-a^n·fa^n
cuna	d'un lit pour bébé	dɛ^n li pur be·be
orinal	d'un pot de bébé	dɛn po dœ be·be
carrito	d'une poussette	dün pu·sɛt

¿Tienen ...?	Avez-vous ...? a·ve·vu ...

toallitas para bebés	des lingettes pour bébé	dœ li·ñet pur be·be
pañales desechables	des couches jetables	dœ kush jœ·ta·bl
leche maternizada	du lait maternisé	dü lɛ ma·tɛr·ni·se

¿Hay ...?	Y a-t-il ...?	i ya til ...

cambiador de bebés	un endroit pour changer le bébé	ɛ^{n} na^{n}·drua pur sha^{n}·je lœ be·be
descuento para niños	un tarif réduit pour les enfants	ɛ^{n} ta·rif re·düi pur lɛ za^{n}·fa^{n}
servicio de guardería	une garderie	ün gar·dœ·ri
menú infantil	un menu pour enfant	ɛ^{n} mœ nü pur a^{n}·fa^{n}
una guardería	une crèche	ün krɛsh
una trona	une chaise haute	ün chɛz ot

¿Puedo dar el pecho aquí?	Je peux allaiter mon bébé ici?	je pœ a·lɛ·te mo^{n} be·be i·si
¿Pueden entrar niños?	Les enfants sont permis?	lɛ za^{n}·fa^{n} zon pɛr·mi
¿Es adecuado para un niño de (6) años?	Cela convient-il aux enfants de (six) ans?	se·la ko^{n}·vyɛ^{n}-til o za^{n}·fa^{n} de (siz) a^{n}

Para enfermedades infantiles, véase **Salud** (p. 146).

Relacionarse

Conocer gente

FRASES ÚTILES

Me llamo ...	Je m'appelle ...	jœ ma·pɛl ...
Soy de ...	Je viens de ...	jœ vyɛ^n dœ ...
Trabajo en ...	Je travaille dans ...	jœ tra·vay da^n ...
Tengo ... años.	J'ai ... ans.	jɛ ... a^n
¿Y usted/tú?	Et vous/toi?	e vu tü

Lo básico

Sí.	Oui. ui
No.	Non. no^n
Por favor.	S'il vous plaît. sil vu plɛ
(Muchas) Gracias.	Merci (beaucoup). mɛr·si (bo·ku)
De nada.	Je vous en prie. jœ vu·za^n pri
Disculpe.	Excusez-moi. eks·kü·ze mua
Perdón.	Pardon. par·do^n

Saludos

La forma más habitual de saludarse es con un beso en cada mejilla, o tres o cuatro, dependiendo de la región. Cuando se conoce a alguien por primera vez, lo más habitual es darse la mano.

Hola.	Bonjour. bo^{n}·jur
Hola.	Salut. sa·lü
Buenos días/tardes.	Bonjour. bo^{n}·jur
Buenas noches.	Bonsoir. bo^{n}·suar
Hasta luego.	À bientôt. a byɛ^{n}·to
Adiós.	Au revoir. or·vuar

SOBRE EL IDIOMA

Haciendo amigos

Al hablar con personas conocidas o con niños, lo normal es utilizar *tu* tü, en vez de la forma más cortés *vous* vu. En función de la que se utilice cambiarán las terminaciones verbales, tal y como sucede en castellano con tú/usted. En esta guía se utiliza la forma más cortés, aunque se ofrece una opción más informal cuando es oportuna. Si no se está seguro de usar la manera informal, se puede preguntar de este modo:

Est-ce que je peux vous tutoyer?	ɛs ke je pœ vu tü·tua·ye

Véase también **Pronombres personales** (p. 19).

P ¿Cómo está?	Comment allez-vous? ko·ma^{n}n ta·le vu
¿Qué tal?	Ça va? sa va
R Bien. ¿Y usted/tú?	Bien, merci. Et vous/toi? byε^{n} mεr·si e vu/tua
P ¿Cómo se llama?	Comment vous appelez-vous? ko·ma^{n} vu·za·pœ·le vu
¿Cómo te llamas?	Comment tu t'appelles? ko·ma^{n} tü ta·pεl
R Me llamo ...	Je m'appelle ... zher ma·pel ...
Encantado/a de conocerte.	Enchanté(e). a^{n}·sha^{n}·te
Me gustaría presentarle a ...	Je vous présente ... jœ vu pre·za^{n}t ...
Este/a es ...	Voici ... vua·si ...

Los franceses pueden parecer muy formales al dirigirse a la gente que no conocen. Usan *Monsieur* (M), *Madame* (Mme) o *Mademoiselle* (Mlle) cuando los españoles no utilizarían ningún término de este tipo.

Sr.	Monsieur mœ·siœ
Sra.	Madame ma·dam
Srta.	Mademoiselle mad·mua·zεl
Doctor	Docteur dok·tœr

Entablar conversación

Los deportes, la cultura y la comida son temas de conversación seguros y los franceses participarán; sin embargo, es preferible evitar temas relacionados con el dinero (precios, impuestos, etc.).

¿Habla español?	Parlez-vous espagnol? par·le vu ɛs·pa·ñol
¿Vive usted aquí?	Vous habitez ici? vu·za·bi·te i·si
P **¿Le gusta vivir aquí?**	Ça vous plaît ici? sa vu plɛ i·si
R **Me encanta esto.**	Ça me plaît beaucoup ici. sa mœ plɛ bo·ku i·si
¿Adónde va?	Où allez-vous? u a·le vu
¿Qué hace?	Que faites-vous? kœ fɛt vu
¿Puedo sacar(le) una foto?	Je peux (vous) prendre en photo? jœ pœ (vu) pra^{n}dr a^n fo·to
Es (precioso), ¿verdad?	C'est (beau), non? sɛ (bo) non

SE OIRÁ

Ça ira mieux la prochaine fois.	sa i·ra mœ la pro·shɛ^n fua	La próxima vez saldrá mejor.
Quelle chance.	kɛl sha^{n}s	¡Qué suerte!
C'est marrant.	sɛ ma·ra^n	Es raro.
Pas de problème.	pa de pro·blɛm	No hay problema.
Tant pis.	ta^n pi	¡Qué mala suerte!
Quel dommage.	kɛl do·maj	¡Qué pena!
Qu'est-ce qu'il ya?	kɛs kil ya	¿Qué tal?

SE OIRÁ

Hé!	e	¡Eh!
Formidable!	for·mi·dabl	¡Fenomenal!
D'accord.	da·kor	De acuerdo.
Peut-être.	pœ·tɛtr	Puede ser.
Pas question!	pa kes·tion	¡Ni hablar!
(C'est) bien.	sɛ byɛ^{n}	Está bien.

P **¿Está aquí de vacaciones?**	Vous êtes ici pour les vacances? vu·zɛt i·si pur lɛ va·ka^{n}s
R **Estoy aquí de vacaciones.**	Je suis ici pour les vacances. jœ süi i·si pur lɛ va·ka^{n}s
R **Estoy aquí por trabajo.**	Je suis ici pour le travail. jœ süi i·si pur lœ tra·vay
R **Estoy aquí estudiando.**	Je suis ici pour les études. jœ süi i·si pur lɛ·ze·tüd
Es la primera vez que vengo (a Francia).	C'est la première fois que je viens (en France). sɛ la pre·miɛr fua kœ jœ vyɛ^{n} (a^{n} fra^{n}s)
Me quedo ... días/ semanas.	Je reste ici ... jours/semaines. jœ rɛst i·si ... jur/sœ·mɛn
¿Cuánto tiempo hace que está aquí?	Vous êtes ici depuis quand? vu·zɛt i·si dœ·püi kan
¿Ha estado alguna vez (en España)?	Est-ce-que vous êtes déjà allé(e) (en Espagne)? ɛs kœ vu·zɛt de·ja a·le (a^{n} nes·pañ)
¿Quieres salir conmigo?	Voulez-vous sortir avec moi? vu·le vu sor·tir a·vɛk mua

Nacionalidades

¿De qué parte de ... eres?	D'où est-ce que vous venez en ...? du ɛs kœ tü vyɛⁿ ...
¿De que parte de ... es?	D'où est-ce que tu viens en ...? du ɛs ke vu vœ·ne ...
P **¿De dónde es?**	Vous venez d'où? vu vœ·ne du
¿De dónde eres?	Tu viens d'où? tü vyɛⁿ du
R **Yo soy de ...**	Je viens ... jœ vyɛⁿ ...

España	de l'Espagne	dœ les·pañ
Barcelona	de Barcelona	dœ bar·se·lon
Perú	du Pérou	dü pe·ru
EE UU	des USA	des zeu·es·a

Para más países, véase el **Diccionario**.

Edades

P **¿Cuántos años tiene?**	Quel âge avez-vous? kɛl aj a·ve vu
¿Cuántos años tienes?	Quel âge as-tu? kɛl aj a·tü
R **Tengo ... años.**	J'ai ... ans. jɛ ... aⁿ
R **¡Demasiado viejo/a!**	Trop vieux/vieille! tro viœ/viɛy
R **Soy más joven de lo parezco.**	Je ne fais pas mon âge. jœ nœ fɛ pa moⁿ naj

P **¿Cuántos años tiene su hijo/a?**	Quel âge a votre fils/fille? kɛl aj a votr fi s/fi y
R **El/Ella tiene ... años.**	Il/Elle a ... ans. il/ɛl a ... a^{n}

Para más información, véase **Números y cantidades** (p. 31).

Trabajos y estudios

P **¿En qué trabaja?**	Vous faites quoi comme métier? vu fɛt kua kom me·tie
¿A qué te dedicas?	Tu fais quoi comme métier? tü fɛ kua kom me·tie
R **Soy chef.**	Je suis un(e) cuisinier/cuisinière. jœ süi küi·zi·niɛ/ küi·zi·niɛr
R **Soy estudiante.**	Je suis un(e) étudiant(e). jœ süi e·tü·dian(t)
A **Trabajo en educación.**	Je travaille dans l'enseignement. jœ tra·vay da^{n} la^{n}·sɛñ·ma^{n}
R **Trabajo en salud.**	Je travaille dans la santé. jœ tra·vay da^{n} la sa^{n}·te
R **Estoy jubilado.**	Je suis retraité(e). jœ süi rœ·trɛ·te
R **Soy autónomo.**	Je suis indépendant(e). jœ süi ɛ^{n}·de·pa^{n}·da^{n}(t)
R **Estoy en el paro.**	Je suis chômeur/chômeuse. jœ süi sho·mœr/ sho·mœz

P	**¿Qué estudia?**	Que faites-vous comme études? kœ fɛt vu kom e·tüd
	¿Qué estudias?	Que fais-tu comme études? kœ fɛ tü kom e·tüd
R	**Estudio ingeniería.**	Je fais des études d'ingénieur. jœ fɛ dɛ·ze·tüd dɛ^{n}·je·niœr
R	**Estudio francés.**	Je fais des études de français. jœ fɛ dɛ·ze·tüd dœ fran·sɛ

Para más información, véase **diccionario**.

Familia

P	**¿Tiene un/una ...?**	Vous avez ...? vu·za·ve ...
	¿Tienes un/una ...?	Tu as ...? tü a ...
R	**Yo tengo un/una ...**	J'ai ... jɛ ...
R	**Yo no tengo ningún/ninguna ...**	Je n'ai pas ... jœ nɛ pa ...

novio	un petit ami	ɛ^{n} pœ·ti·ta·mi
hermano	un frère	ɛ^{n} frɛr
hijo/a	un/une enfant **m/f**	ɛ^{n}/ün na^{n}·fa^{n}
familia	une famille	ün fa·miy
padre	un père	ɛ^{n} pɛr
novia	une petite amie	ün pœ·ti·ta·mi
marido	un mari	i^{n} ma·ri
madre	une mère	ün mɛr
pareja	un/une partenaire **m/f**	ɛ^{n}/ün par·tœ·nɛr
hermana	une sœur	ün sœr
mujer	une femme	ün fam

P **¿Está casado/a?**	Est-ce que vous êtes marié(e)? ɛs kœ vu·zɛt ma·rie
¿Estás casado/a?	Est-ce que tu es marié(e)? ɛs kœ tü ɛ ma·rie
R **Estoy soltero.**	Je suis célibataire. jœ süi se·li·ba·tɛr
R **Estoy casado.**	Je suis marié(e). jœ süi ma·rie
R **Yo vivo con mi ...**	J'habite avec mon/ma/mes ... ja·bit a·vɛk mo^n/ma/mɛ ... ...
R **Yo vivo con alguien.**	Je vis avec quelqu'un. jœ vi a·vɛk kɛl·kɛ^n

Hablar con niños

¿Cómo te llamas?	Comment tu t'appelles? ko·ma^n tü ta·pɛl
¿Cuántos años tienes?	Quel âge as-tu? kɛl aj a·tü
¿Te gusta el colegio?	L'école te plaît? le·kol tœ plɛ
¿Aprendes español?	Tu apprends l'espagnol? tü a·pra^n lɛs·pa·ñol

Despedidas

Vamos a intercambiar direcciones.	Échangeons nos adresses. e·sha^n·jo^n no za·drɛs
¿Estás en Facebook?	Es-tu sur Facebook? ɛ tü sür fais·buk

P ¿Cuál es su ...?	Quel est votre ... ? kɛl ɛ votr ...
¿Cuál es tú ...?	Quel est ton ...? kɛl ɛ to^n ...
R Este es mi ...	Voici mon ... vua·si mo^n ...

dirección	adresse	a·drɛs
correo	e-mail	i mɛl
número de móvil	numéro de portable	nü·me·ro dœ por·tabl
número de teléfono	numéro de téléphone	nü·me·ro dœ te·le·fon

Si alguna vez va a (España), venga a visitarnos.	Si vous voyagez au (Espagne), il faut nous rendre visite. si vu vua·ya·je o (les·pañ), nu ra^{n}dr vi·zit
¡Mantengámonos en contacto!	Reste en contact! **inf** rɛst a^n ko^n·takt
¡Me ha encantado conocerte!	Ravi d'avoir fait ta connaissance! ra·vi da·vuar fɛ ta ko·nɛ·sa^{n}s

Fechas especiales

¡Felicidades!	Félicitations! fe·li·si·ta·sio^n
¡Feliz cumpleaños!	Joyeux anniversaire! jua·yœ za·ni·vɛr·sɛr
¡Feliz Navidad!	Joyeux Nöel! jua·yœ no·ɛl
¡Feliz Pascua!	Joyeuses Pâques! jua·yœz pak

Intereses

FRASES ÚTILES

¿Qué haces en tu tiempo libre?	Que fais-tu pendant tes loisirs?	kœ fɛ tü pa^n·da^n tɛ lua·zir
¿Te gusta ...?	Aimes-tu ...?	ɛm tü ...
Me gusta .../ No me gusta	J'aime .../Je n'aime pas ...	jɛm .../ jœ nɛm pa ...

En esta sección, gran parte de las frases pertenecen a un registro informal. Más información sobre este tema en el recuadro de p. 99.

Intereses comunes

¿Qué haces en tu tiempo libre?	Que fais-tu pendant tes loisirs? kœ fɛ tü pa^n·da^n tɛ lua·zir
P **¿Te gusta (el arte)?**	Aimes-tu (l'art)? ɛm tü (lar)
R **Me gusta (el senderismo).**	J'aime (la randonnée). jɛm (la ra^n·do·ne)
R **No me gusta (cocinar).**	Je n'aime pas (cuisiner). jœ nɛm pa (küi·zi·ne)

Más en **Deportes** (p. 132) y en el **Diccionario**.

Música

¿Te gusta ir a conciertos?	Aimes-tu aller aux concerts? ɛm tü a·le o koⁿ·sɛr
¿Te gusta escuchar música?	Aimes-tu écouter de la musique? ɛm tü e·ku·te dœ la mü·zik
¿Te gusta tocar algún instrumento?	Aimes-tu jouer d'un instrument? ɛm tü ju·e dɛⁿ nɛⁿs·trü·maⁿ
¿Has escuchado el último disco de ...?	As tu entendu le dernier album de ...? a tü aⁿ·taⁿ·dü lœ dɛr·niɛ al·bœm de ...
¿Qué grupos te gustan?	Quels groupes aimes-tu? kɛl grup ɛm tü
¿Qué tipo de música te gusta?	Quels genres de musique aimes-tu? kɛl jaⁿr dœ mü·zik ɛm tü
¿Dónde puedo comprar esta música?	Où puis-je trouver ce type de musique? u püij tru·ve sœ tip dœ mü·zik

Véase también **Ocio** (p.117).

Cine y teatro

Me encantaría ir a ver una película.	J'aimerais bien voir un film. jɛm·rɛ byiⁿ vuar ɛⁿ film
Me encantaría ir al teatro.	J'aimerais bien voir une pièce de théâtre. jɛm·rɛ byiⁿ vuar dœ te·atr

¿Qué ponen esta noche en el cine?	Qu'est-ce qui passe au cinéma ce soir? kɛs ki pas o si·ne·ma sœ suar
¿Está subtitulada?	C'est sous-titré? sɛ su ti·tre
¿Está doblada en español?	Ce film est-il doublé en espagnol? se film etil dœ·ble ɛ^n es·pa·ñol
¿Hay un guardarropa?	Y a-t-il un vestiaire? i ya til ɛ^n ves·tiɛr
¿Hay un intermedio?	Y a-t-il un entracte? i ya til ɛ^n a^n·trakt
¿Hay un programa?	Y a-t-il un programme? i ya til ɛ^n pro·gram
¿Dónde puedo conseguir la programación de cine/teatro?	Où pourrais-je trouver un programme de cinéma/théâtre? u pu·rrɛj tru·ve ɛ^n pro·gram dœ si·ne·ma/te·atr
¿Estos asientos están ocupados?	Est-ce que ces places sont prises? ɛs kœ sɛ plas so^n priz
¿Has visto ...?	As-tu vu ...? a tü vü ...
P **¿Quién actúa?**	Qui joue dans ce film? ki ju da^n sœ film
R **La protagonista es ...**	... est la vedette du film. ... ɛ la vœ·dɛt dü film
P **¿Te gustó la película?**	As-tu aimé le film? a tü ɛ·me lœ film

P **¿Te gustó la obra de teatro?**	As-tu aimé la pièce? a tü ɛ·me la piɛs
R **Me pareció excelente.**	Je l'ai trouvé excellent. jœ lɛ tru·ve ek·sɛ·la^{n}(t)
R **Me pareció larga.**	Je l'ai trouvé long. jœ lɛ tru·ve lo^{n}g
No me gustan (las películas de acción).	Je n'aime pas les (films d'action). je nɛm pa lɛ (film dak·sio^{n})
Me gusta (el cine francés).	J'aime (les films français). jɛm lɛ (film fra^{n}·sɛ)

Lectura

P **¿Qué tipo de libros te gusta leer?**	Quel genre de livres lis-tu? kɛl ja^{n}r dœ livr li·tü
P **¿Has leído ...?**	As-tu lu ...? a tü lü ...
R **He leído ...**	Je lis ... jœ li ...
P **¿Quién es tu autor favorito?**	Quel est ton auteur préféré? kɛl ɛ to^{n} no·tœr pre·fe·re
P **¿Qué autor (francés) me recomiendas?**	Quel auteur (français) peux-tu recommander? kɛl o·tœr (fra^{n}·sɛ) pœ tü rœ·ko·ma^{n}·de
R **Te recomiendo ...**	Je peux recommander ... jœ pœ rœ·ko·ma^{n}·de ...
¿Dónde puedo intercambiar libros?	Où puis-je échanger des livres? u püij e·sha^{n}·je dɛ livr

Para más información, véase **De compras** (p.67).

Sentimientos y opiniones

FRASES ÚTILES

¿Está ...? **¿Estás ...?**	Êtes-vous ...? Es-tu ...?	ɛt vu ... ɛ tü ...
Estoy ... **No estoy ...**	Je suis ... Je ne suis pas ...	jœ süi ... jœ noe süi pa ...
¿Qué piensa de esto?	Qu'est-ce que vous en avez pensé?	kɛs kœ vu·za^{n} a·ve pa^{n}·se
Pienso que está bien.	Je l'ai trouvé bien.	jœ lɛ tru·ve byɛ^{n}
¿Ha oído hablar de ...?	Vous avez entendu parler de ...?	vu·za·ve a^{n}·ta^{n}·dü par·le dœ ...

Sentimientos

Los sentimientos se pueden describir con sustantivos o con adjetivos: mientras que los sustantivos suelen ir acompañados del verbo 'tener', los adjetivos van con 'ser' o 'estar'.

P **¿Tiene (sueño)?**	Avez-vous (sommeil)? a·ve vu (so·mey)
¿Tienes (sueño)?	As-tu (sommeil)? a tü (so·mey)
R **Tengo (calor).**	J'ai (chaud). jɛ (sho)
R **No tengo (hambre).**	Je n'ai pas (faim). jœ nɛ pa (fɛ^{n})

P **¿Está ...?**	Êtes-vous ...? ɛt vu ...
¿Estás ...?	Es-tu ...? ɛ tü ...
R **Estoy ...**	Je suis ... jœ süi ...
R **No estoy ...**	Je ne suis pas ... jœ nœ süi pa ...

desilusionado/a	déçu(e) m/f	de·sü
feliz	heureux/ heureuse m/f	er·reu/ er·reuz
triste	triste	trist
satisfecho/a	satisfait(e) m/f	sa·tis·fɛ (t)

En caso de no sentirse bien, véase **Salud** (p. 146).

SE OIRÁ

un peu	ɛ^n pœ	un poco
Je suis un peu triste.	jœ süi ɛ^n pœ trist	Estoy un poco triste.
vraiment	vrɛ·ma^n	realmente
Je suis vraiment navré.	jœ süi vrɛ·ma^n na·vre	Lo siento realmente.
très	trɛ	muy
Je me sens très vulnérable.	jœ mœ sa^n trɛ vül·ne·rabl	Me siento muy vulnerable.

Opiniones

P **¿Qué piensas de esto?**	Qu'est-ce que vous en avez pensé? kɛs kœ vu·za^n a·ve pa^n·se
P **¿Te gusta?**	Cela vous a plu? sœ·la vu·za plü
R **Pienso que era ...**	Je l'ai trouvé ... jœ lɛ tru·ve ...
R **Es/Está ...**	C'est ... sɛ ...

precioso	beau	bo
mejor	mieux	miœ
formidable	formidable	for·mi·dabl
horrible	horrible	o·rribl
bien	bien	byɛ^n
extraño	étrange	e·tra^{n}j
raro	bizarre	bi·zar
peor	pire	pir

Política y temas sociales

P **¿A quién votas?**	Pour qui votez-vous? pur ki vo·te vu
R **Yo voto al partido ...**	Je soutiens le parti ... jœ su·tyi^{n} lœ par·ti ...

comunista	communiste	ko·mü·nist
conservador	conservateur	ko^{n}·sɛr·va·tœr
demócrata	démocrate	de·mo·krat
verde	écologiste	e·ko·lo·jist
de trabajadores	travailliste	tra·va·yist
republicano	républicain	re·pü·bli·kɛ^{n}
social	social	so·sial
demócrata	démocrate	de·mo·krat
socialista	socialiste	so·sia·list

¿Has oído hablar de ...?	Vous avez entendu parler de ...? vu·za·ve a^{n}·ta^{n}·dü par·le dœ ...
¿Qué piensa la gente sobre ...?	Qu'est-ce qu'on pense de ...? kɛs kon pa^{n}s ...
P **¿Estás de acuerdo?**	Êtes-vous d'accord avec cela? ɛt vu da·kor a·vek sœ·la
R **(No) Estoy de acuerdo con ...**	Je (ne) suis (pas) pour .... jœ (nœ) süi (pa) pur ...
P **¿Estás a favor de (esto)?**	Êtes-vous pour (cela)? ɛt vu pur (sœ·la)
R **Estoy en contra (de esto).**	Je suis contre (cela). jœ süi ko^{n}·trer (sœ·la)
economía	économie dœ le·ko·no·mi
medio ambiente	environnement la^{n}·vi·ro^{n}·ma^{n}

SOBRE LA CULTURA

Variedad de quesos

'Comment est-il possible de gouverner un pays qui produit plus de trois cent soixante-dix fromages différents?' (Charles de Gaulle)
ko·ma^{n} ɛs·til po·si·bler dœ go·vɛr·ne ɛ^{n} pai kɛ pro·due plü dœ trua·sa^{n} sua·za^{n}·di fro·maj di·fe·ra^{n}
'¿Cómo se puede gobernar un país que produce más de trescientos setenta quesos diferentes?'

inmigración	immigration dœ li·mi·gra·sio^{n}
la guerra de ...	la guerre en ... la gɛrr ɛn ...

Medio ambiente

¿Aquí hay algún problema medio-ambiental?	Y a-t-il un problème d'environnement ici? i ya til ɛn pro·blɛm da^{n}·vi·ro^{n}·ma^{n} i·si
¿Es un bosque/especie protegida?	C'est une forêt/espèce protégée? sɛ ün fo·re/ nɛs·pɛs pro·te·je
¿Dónde puedo reciclar esto?	Où est-ce que je peux recycler ceci? u ɛs kœ jœ pœ rœ·si·kle sœ·si
cambio climático	changement climatique **m** le sha^{n}·je·ma^{n} kli·ma·tik
contaminación	pollution **f** po·lü·sio^{n}
reciclaje	recyclage **m** rœ·si·klaj

Ocio

FRASES ÚTILES

¿Qué ponen esta noche?	Qu'est-ce qu'on joue ce soir?	kɛs ko^n ju sœ suar
¿A qué hora nos vemos?	On se retrouve à quelle heure?	o^n sœ rœ·truv a kɛl œr
¿Dónde nos vemos?	On se retrouve où?	o^n sœ rœ·truv u

En esta sección las frases presentan un registro informal. Para más información sobre esta cuestión, véase recuadro en p. 99.

Adónde ir

¿Qué hay en la cartelera hoy?	Qu'est-ce qu'on joue aujourd'hui? kɛs ko^n ju o·jur·düi
¿Qué hay en la cartelera esta noche?	Qu'est-ce qu'on joue ce soir? kes ko^n ju sœ suar
¿Qué hay en la cartelera este fin de semana?	Qu'est-ce qu'on joue ce week-end? kes ko^n ju sœ uik end
¿Dónde están los/las ...?	Où sont les ...? u so^n lɛ ...

clubes	clubs	klab
discotecas	discothèques	dis·ko·tɛk
locales gay	boîtes gaies	buat gɛ
restaurantes	restaurants	res·to·ra^n
pubs	pubs	pab

¿Hay una guía local de espectáculos/cine?
Y a-t-il un programme des spectacles/films?
i ya til ɛ^{n} pro·gram dɛs·pɛk·takl/film

¿Hay una guía de locales gay?
Y a-t-il un guide des endroits gais?
I ya til ɛ^{n} gid dɛ·za^{n}·drua gɛ

¿Qué se puede hacer por la noche?
Qu'est-ce qu'on peut faire le soir?
kɛs ko^{n} pœ fɛr lœ suar

Me gustaría ir a/al ...
Je voudrais aller ...
jœ vu·drɛ a·le ...

ballet	au ballet	o ba·lɛ
un bar	au bar	o bar
un café	au café	o ka·fe
cine	au cinéma	o si·ne·ma
un concierto	à un concert	a ɛ^{n} ko^{n}·sɛr
un club nocturno	en boîte	a^{n} buat
la ópera	à l'opéra	a lo·pe·ra
un pub	au pub	o pab
un restaurante	au restaurant	o res·to·ra^{n}
un teatro	au théâtre	o te·atr

Invitaciones

¿Qué vas a hacer ahora mismo?
Que fais-tu maintenant?
kœ fɛ tü mɛ^{n}t·na^{n}

¿Qué vas a hacer esta noche?
Que fais-tu ce soir?
kœ fɛ tü sœ suar

¿Qué vas a hacer este fin de semana?
Que fais-tu ce week-end?
kœ fɛ tü sœ uik end

¿Te gustaría ir?	Tu voudrais aller? tü vu·drɛ a·le
¿Te gustaría ir a tomar un café?	Tu voudrais aller boire un café? tü vu·drɛ a·le buar ɛ^n ka·fe
Pago esta ronda.	C'est ma tournée. sɛ ma tur·ne
¿Conoces un buen restaurante?	Tu connais un bon restaurant? tü ko·nɛ ɛ^n bo^n res·to·ra^n
¿Quieres venir al concierto conmigo?	Tu veux aller au concert avec moi? tü vœ a·le o ko^n·sɛr a·vɛk mua
Damos una fiesta.	Nous allons faire une fête. nu·za·lo^n fɛr ün fɛt
Deberías venir.	Tu dois venir. tü dua vœ·nir

Invitaciones

¡Vale!	D'accord! da·kor
Sí, me encantaría.	Je viendrai avec plaisir. jœ vyɛ^n·drɛ a·vɛk plɛ·zir
¿Adónde vamos a ir?	Où aller? u a·le
No, lo siento, no puedo.	Non, désolé, je ne peux pas. non de·zo·le jœ nœ pœ pa
¿Qué tal mañana?	Et demain? e dœ·mɛ^n

Organizar encuentros

P ¿A qué hora nos vemos?	On se retrouve à quelle heure? o^n sœ rœ·truv a kɛl œr
R Podemos quedar a las (ocho).	On peut se retrouver à (huit heures). o^n pœ sœ rœ·tru·ve a (üi·tœr)
P ¿Dónde nos vemos?	On se retrouve où? o^n sœ rœ·truv u
R Podemos quedar a la (entrada).	On peut se retrouver devant (l'entrée). on pœ sœ rœ·tru·ve dœ·va^n (la^n·tre)
Te paso a buscar (a las siete).	Je viendrai te chercher (à sept heures). jœ vyɛ^n·drɛ tœ shɛr·she (a sɛt œr)
Si no estoy antes de (las nueve), no me esperes.	Si je ne suis pas là avant (neuf heures), ne m'attends pas. si jœe nœ süi pa la a·va^n (nœf œr) nœ ma·ta^n pa
Estoy deseando que nos veamos.	J'attends notre rendez-vous avec impatience. ja·ta^{n}n notr ra^n·de vu a·vɛk ɛ^n·pa·sia^{n}s
¡De acuerdo!	D'accord! da·kor
Te veo entonces	Allez, salut! a·le sa·lü
Hasta luego.	À plus tard. a plü tar
Hasta mañana.	À demain. a dœ·mɛ^n

Lo siento, llego tarde.	Désolé d'être en retard. de·zo·le dɛtr a^{n} rœ·tar
No importa.	Ce n'est pas grave. sœ nɛ pa grav

Bares y discotecas

¿Hay alguna discoteca aquí?	Est-ce qu'il y a des boîtes de nuit ici? ɛs ki·li ya dɛ buat dœ nüi i·si
¿Dónde podemos ir a bailar (salsa)?	Où est-ce qu'on peut danser (la salsa)? u ɛs ko^{n} pœ da^{n}·se (la sal·sa)

¿A qué hora empieza el espectáculo?	Le spectacle commence à quelle heure? lœ spɛk·takl ko·ma^{n}s a kɛl œr
¿Cómo llego hasta allí?	Comment y aller? ko·ma^{n} i ya·le
¿Cuánto cuesta el cubierto?	C'est combien le couvert? sɛ ko^{n}·byɛ^{n} lœ ku·vɛr
¡Vamos!	Allez! a·le
P ¿Qué tipo de música te gusta?	Quel genre de musique aimes-tu? kɛl ja^{n}r dœ mü·zik ɛm tü
R Me gusta (el reggae).	J'aime (le reggae). jɛm (lœ re·ge)
¡Este sitio está fenomenal!	C'est formidable ici! sɛ for·mi·dabl i·si
¡Me lo estoy pasando muy bien!	Je m'amuse bien! jœe ma·muz byɛ^{n}
No me gusta la música que ponen aquí.	Je n'aime pas la musique ici. jœ nɛm pa la mü·zik i·si
Vámonos a otro sitio.	Allons ailleurs. a·lo^{n}·za·yœr
¿Quieres acercarte al escenario?	Tu veux bien t'approcher de la scène? tü vœ byɛ^{n} ta·pro·she dœ la sɛ^{n}
¿Quieres sentarte en primera fila?	Tu veux bien t'asseoir au premier rang? tü vœ byɛ^{n} ta·suar o pre·miɛ ra^{n}

¿Quieres sentarte en la última fila?	Tu veux bien t'asseoir au dernier rang? tü vœ byɛ^n ta·suar o dɛr·nie ra^n
¡Qué concierto/grupo tan fantástico!	Quel concert/groupe fantastique! kɛl fa^n·tas·tik ko^n·sɛr/grup
¡Qué cantante tan bueno!	Quel(le) chanteur/chanteuse formidable! **m/f** kɛl shan·tœr/shan·tœz for·mi·dabl

Más sobre bares, bebidas y fiestas en **Comer fuera** (p. 156).

Drogas

No consumo drogas.	Je ne touche pas à la drogue. jœ nœ tush pa a la drog
A veces tomo ...	Je prends du ... occasionnellement. jœ pra^n dü ... o·ka·sio·nɛl·ma^n
¿Quieres fumar?	Tu veux fumer? tü vœ fü·me
¿Tiene fuego?	Vous avez du feu? vu za·ve dü fœ

En el caso de que la policía pregunte acerca de drogas, pueden encontrarse algunas expesiones útiles en **Policía** (p. 144).

El arte de seducir

FRASES ÚTILES

¿Quieres salir conmigo?	Veux-tu sortir avec moi?	vœ tü sor·tir a·vɛk mua
Te quiero.	Je t'aime.	jœ tɛm
Déjame en paz, por favor.	Laissez-moi tranquille, s'il vous plaît.	lɛ·se mua tran·kil sil vu plɛ

En esta sección las frases se construyen en un registro informal. Para más información sobre esta cuestión, véase recuadro en p. 99.

Salir con alguien

P **¿Te gustaría hacer algo?**	Est-ce que tu aimerais faire quelque chose? ɛs kœ tü ɛm·rɛ fɛr kɛl·kœ shoz
R **Sí, me encantaría.**	Oui, j'aimerais bien. ui jɛm·rɛ byɛ^n
R **Lo siento, no puedo.**	Non, je suis désolé(e), je ne peux pas. **m/f** non je süi de·zo·le jœ nœ pœ pa
R **¡Ni de broma!**	Jamais de la vie! ja·mɛ dœ la vi

Preliminares

Te pareces a alguien que conozco.	Tu me fais penser à quelqu'un que je connais. tü mœ fɛ pa^{n}·se a kɛl·kɛ^{n} kœ jœ ko·nɛ
¿Tomamos una copa?	Si on buvait quelque chose? si o^{n} bü·vɛ kɛlk shoz
¿De qué signo eres?	Tu es de quel signe? tü ɛ dœ kɛl siñ
¿Salimos a tomar un poco el aire?	Nous allons prendre l'air? nu·za·lo^{n} pra^{n}dr lɛr
Bailas fenomenal.	Tu danses vraiment bien. tü da^{n}s vrɛ·ma^{n} byɛ^{n}
¿Vienes mucho por aquí?	Tu viens ici souvent? tü vyɛ^{n} i·si su·va^{n}
¿Puedo ...?	Puis-je ...? püij ...

bailar contigo	danser avec toi	da^{n}·se a·vɛk tua
verte otra vez	te revoir	tœ rœ·vuar
sentarme aquí	m'asseoir ici	ma·suar i·si
llevarte a casa	te raccompagner	tœ ra·ko^{n}·pa·ñe

¿Tienes novio?	Est-ce que tu as un petit ami? ɛs kœ tü a ɛ^{n} pœ·ti·ta·mi
¿Tienes novia?	Est-ce que tu as une petite amie? ɛs kœ tü a ün pœ·ti·ta·mi
¿Tienes fuego?	Est-ce que tu as du feu? ɛs kœ tü a dü fœ

Tienes ...	Tu as ... tü a ...

buen tipo	un beau corps	ɛ^n bo kor
ojos bonitos	de beaux yeux	dœ bo ziœ
manos bonitas	de belles mains	dœ bɛl mɛ^n
sonrisa bonita	un beau sourire	ɛ^n bo su·rir
personalidad	une belle personnalité	ü^n bɛl pɛr·so·na·li·te

¿Me puedes llevar a casa?	Tu veux bien me ramener à la maison? tü vœ byɛ^n mœ ram·ne a la mɛ·zo^n
¿Quieres pasar un rato?	Tu veux entrer un instant? tü vœ a^n·tre ɛ^n ni^{n}s·ta^n

Negativas

Lo siento, tengo que irme.	Excusez-moi, je dois partir maintenant. eks·kü·ze mua jœ dua par·tir mɛ^{n}t·na^n
No, gracias.	Non, merci. no^n mɛr·si
No me apetece mucho.	Je n'ai pas très envie. jœ nɛ pa trɛ·za^n·vi
¡Eres un/a creído/a!	Tu es complètement imbu(e) de toi-même! **m/f** tü ɛ ko^n·plɛt·ma^n ɛ^n·bü dœ tua mɛm
¡Déjame en paz!	Laissez-moi tranquille! lɛ·se mua tran·kil
¡No me toques!	Ne me touchez pas! ner mer too·shay pa

SOBRE EL IDIOMA

Bésame, tonto

En francés 'un beso' se dice *un baiser* un be·zɛ, pero *un* es la palabra clave: sin ella, la palabra se convierte en el verbo ¡'follar'! El verbo 'besar' es *embrasser* a^{n}·bra·se.

No me interesa.	Ça ne m'intéresse pas. sa nœ mɛ^{n}·te·rɛs pa
¡Piérdete!	Va te faire voir! va te fɛr vuar
Me estás molestando.	Tu me gênes. tü mœ jɛ^{n}

Acercamiento

P **¿Tú también me quieres?**	Tu m'aimes aussi? tü mɛm o·si
R **Te quiero mucho.**	Je t'aime beaucoup. jœ tɛm bo·ku
Eres muy atractivo/a.	Tu es très beau/belle. m/f tew ay tray bo/bel
Me gustas mucho.	Je m'intéresse vraiment à toi. je mɛ^{n}·te·rɛs vrɛ·ma^{n} a tua
Eres genial.	Tu es formidable. tü ɛ for·mi·dabl
¿Te puedo dar un beso?	Je peux t'embrasser? jœ pœ ta^{n}·bra·se

Sexo

Quiero hacer el amor contigo.	Je veux faire l'amour avec toi. jœ vœ fɛr la·mur a·vɛk tua
Vamos a usar (un preservativo).	On va utiliser (un préservatif). o^n va ü·ti·li·ze (ɛn pre·sɛr·va·tif)
Tenemos que parar ahora.	Il faut arrêter maintenant. il fo a·rrɛ·te mɛ^{n}t·na^n
¡Vámonos a la cama!	On va se coucher. o^n va sœ ku·she
Dame un beso.	Embrasse-moi. a^n·bras mua
Te deseo.	Je te veux. jœ tœ vœ
P **¿Te gusta esto?**	Ça te plaît? sa tœ plɛ
R **Me gusta eso.**	J'aime ça. jɛm sa
R **No me gusta eso.**	Je n'aime pas ça. jœ nɛm pa sa
Es sensacional.	C'est sensationnel. sɛ sa^n·sa·sio·nɛl
¡Para!	Arrête! a·rrɛt
¡No pares!	N'arrête pas! na·rrɛt pa
¡Oh sí!	Chouette alors! shu·ɛt a·lor

SOBRE EL IDIOMA

Masculino y femenino

En este libro, las formas en masculino aparecen antes que las femeninas. Si se ha añadido una letra para indicar la forma femenina (normalmente una *-e*), esta aparecerá entre paréntesis. Cuando el cambio conlleva algo más que una letra añadida, aparecen las dos formas. Más información en **género** (p. 17).

¡Tranquilo!	Vas-y mollo! va·zi mo·lo
Ha sido increíble/raro.	C'était excellent/bizarre. say·tay ek·say·lon/bee·zar

Amor

P ¿Me quieres?	Tu m'aimes? tü mɛm
R Te quiero.	Je t'aime. jœ tɛm
¿Quieres salir conmigo?	Veux-tu sortir avec moi? vœ tü sor·tir a·vɛk mua
¡Vivamos juntos!	Vivons ensemble! vi·vo^n za^n·sa^{n}bl
¿Te quieres casar conmigo?	Veux-tu m'épouser? vœ tü me·pu·ze

Creencias y cultura

FRASES ÚTILES

¿Cuál es su/ tu religión?	Quelle est votre/ ta religion?	kɛl ɛ votr/ta rœ·li·jio^{n}
Soy ...	Je suis ...	jœ süi ...
Lo siento, esto va contra mi religión.	Je m'excuse, c'est contraire à ma religion.	jœ meks·küs sɛ ko^{n}·trer a ma rœ·li·jio^{n}

Religión

P **¿Cuál es su/ tu religión?**	Quelle est votre/ta religion? kɛl ɛ votr/ta rœ·li·jio^{n}
R **Soy ...**	Je suis ... jœ süi ...
R **No soy ...**	Je ne suis pas ... jœ nœ süi pa ...

agnóstico/a	agnostique	ag·nos·tik
ateo/a	athée	a·te
practicante	pratiquant(e) **m/f**	pra·ti·ka^{n}(t)
creyente	croyant(e) **m/f**	krua·ya^{n}(t)

Para religiones, véase el **Diccionario**.

(No) creo en Dios.	Je (ne) crois (pas) en Dieu. jœ (nœ) krua (pa) a^{n} diœ

¿Dónde puedo ir a misa?	Où est-ce qu'on peut aller à la messe? u ɛs ko^{n} pœ a·le a la mɛs
¿Dónde puedo asistir a un oficio?	Où est-ce qu'on peut aller à l'office? u ɛs ko^{n} pœ a·le a·le a lo·fi s
¿Dónde puedo rezar?	Où est-ce qu'on peut faire ses dévotions? u ɛs ko^{n} pœ fɛr mɛ de·vo·sio^{n}

Diferencias culturales

¿Es una costumbre local?	Est-ce que c'est une coutume locale? ɛs kœ sɛ ün ku·tüm lo·kal
¿Cómo se hace esto en su país?	Comment fait-on cela dans votre pays? ko·ma^{n} fɛ·to^{n} sœ da^{n} votr pɛi
Lo quiero intentar ya.	Je vais essayer ça. jœ vɛ e·sɛ·ye sa
Preferiría no participar.	Je ne veux pas participer. jœ nœ vœ pa par·ti·si·pe
Lo siento, va contra mi cultura/religión.	Je m'excuse, c'est contraire à ma culture/religion. jœ meks·küs sɛ ko^{n}·trer a ma kül·tür rœ·li·jio^{n}
Esto es muy diferente/interesante.	Ceci est très différent/intéressant. sœ·si ɛ trɛ di·fe·ra^{n}/ɛ^{n}·te·re·sa^{n}

Para frases sobre diferencias culturales en la alimentación, véase **Comida vegetariana y de dieta**, en p. 174.

Deporte

FRASES ÚTILES

¿Qué deporte practicas?	Quel sport faites-vous?	kɛl spor fɛt vu
¿Cuál es tu equipo favorito?	Quelle est votre équipe favorite?	kɛl ɛ votr fa·vo·ri(t) e·kip
¿Cuál es el resultado?	Quel est le score?	kɛl ɛ lœ skor fi·nal

Intereses deportivos

¿Le gusta el deporte?	Vous aimez le sport? vu·zɛ·me lœ spor
El deporte prefiero verlo.	Je préfère regarder le sport. jœ pre·fɛr re·gar·de lœ spor
¿Qué deporte practica?	Quel sport faites-vous? kɛl spor fɛt vu
P **¿Qué deportes gustan?**	Quels sports aimez-vous? kɛl spor ɛ·me vu
R **Me gusta (el fútbol).**	J'aime (le football). jɛm (lœ fut·bol)
¿Quién es su deportista favorito?	Quel(le) est votre sportif/ sportive favori(te)? kɛl ɛ votr fa·vo·ri(t) spor·tif/spor·tiv
¿Cuál es su equipo favorito?	Quelle est votre équipe favorite? **pol** kɛl ɛ votr fa·vo·ri e·kip

Más sobre deportes en el **Diccionario**.

Ir a un partido

¿Te gustaría ir a un partido?	Vous voulez aller voir un match? vu vu·le a·le vuar ɛn mach
¿Quién juega?	Qui joue? ki ju
¿Quién gana?	Qui est en train de gagner? ki ɛ a^n trɛ^n dœ ga·ñe
P **¿Cuál es el resultado?**	Quel est le score final? kɛl ɛ lœ skor fi·nal
R **Han empatado.**	Ils ont fait match nul. il·zo^n fɛ mach nül
Ha sido un partido bueno/ malo.	C'était vraiment un bon/ mauvais match. se·tɛ vrɛ·ma^n ɛ^n mo·vɛ/ bo^n mach
¿Cómo van?	Quel est le score? kɛl ɛ lœ skor

Practicar deporte

P **¿Quieres jugar?**	Vous voulez jouer? vu vu·le ju·e
R **Sí, sería fenomenal.**	Oui, ça serait excellent. ui sa sœ·rɛ ek·se·la^n
R **Estoy lesionado.**	Je suis blessé. jœ süi ble·se
¿Puedo jugar?	Je peux participer? jœ pœ par·ti·si·pe
Tu/Mi punto.	Un point pour vous/moi. ɛ^n poɛ^n pur vu/mua

SE OIRÁ

match nul	mach nül	empate
égalité	e·ga·li·te	iguales
balle de match	bal dœ mach	punto de partido
zéro	ze·ro	cero

¡Pásamela!	Passez-le-moi! pa·se lœ mua
Gracias por haber jugado conmigo.	Merci d'avoir joué avec moi. mɛr·si da·vuar ju·e a·vɛk mua
¿Cuál es el mejor sitio para correr por aquí?	Où peut-on faire du jogging? u pœ·to^{n} fɛr dü jo·gi^{n}
¿Dónde hay un gimnasio cerca?	Où y a t-il un gymnase par ici? u i ya til ɛ^{n} jim·naz par i·si
¿Dónde hay una piscina cerca?	Où y a t-il une piscine par ici? u i ya til ün pi·si^{n} par i·si
¿Dónde hay una pista de tenis cerca?	Où y a t-il un terrain de tennis par ici? u i ya til ɛ^{n} te·rrɛ^{n} dœ te·nis par i·si
¿Puedo alquilar una taquilla, por favor?	Puis-je louer un casier, s'il vous plaît? püij lu·e ɛ^{n} ka·zie sil vu plɛ
¿Puedo ver el gimnasio, por favor?	Puis-je voir le gymnase, s'il vous plaît? püij vuar lœ jim·naz sil vu plɛ

¿Cuánto cuesta por ...? Quel est le prix ...?
kɛl ɛ lœ pri ...

día	par jour	par jur
partido	de la séance	dœ la se·a^{n}s
hora	de l'heure	dœ lœr
visita	de la visite	dœ la vi·zit

¿Puedo alquilar una bicicleta? Puis-je louer un vélo?
püij lu·e ɛ^{n} ve·lo

¿Puedo alquilar una pista de tenis? Puis-je louer un terrain de tennis?
püij lu·e i^{n} te·rrɛ^{n} dœ te·nis

¿Puedo alquilar una raqueta? Puis-je louer une raquette?
püij lu·e ü^{n} ra·kɛt

¿Dónde están los vestuarios? Où sont les vestiaires?
u so^{n} lɛ ves·tiɛr

Ciclismo

¿Dónde acaba la carrera? Où finit la course?
u fi·ni la kurs

¿Por dónde pasa? Ça passe par où?
sa pas par u

¿Quién va ganando? Qui est en train de gagner?
ki ɛ a^{n} trɛ^{n} dœ ga·ñe

¿La etapa de hoy es muy dura? Est-ce que l'étape d'aujourd'hui est très difficile?
ɛs kœ le·tap do·jur·düi ɛtrɛ di·fi·sil

ciclista	cycliste si·klist
etapa de montaña	fortes côtes fort kot
etapa (en una carrera)	étape e·tap
contrarreloj	course contre la montre kurs ko^{n}tr la mo^{n}tr
ganador/a	gagnant(e) **m/f** ga·ña^{n}(t)
el mallot amarillo	le maillot jaune lœ ma·yo jo^{n}

Para frases sobre viajar en bicicleta, véase **Transporte** (p. 38).

Fútbol

Es un (jugador) estupendo.	C'est un (joueur) formidable. sɛ tɛn (ju·œr) for·mi·dabl
¿Qué equipo encabeza la liga?	Quelle équipe est en tête du championnat? kɛl e·kip ɛ a^{n} tɛt dü sha^{n}·pio·na

SE OIRÁ

corner	kor·nɛr	córner
faute	fot	falta
coup franc	ku fra^{n}	tiro libre
gardien de but	gar·dyɛ^{n} dœ büt	guardameta
hors jeu	or jœ	fuera de juego
penalty	pe·nal·ti	penalti

Al aire libre

FRASES ÚTILES

¿Necesitamos un guía?	A-t-on besoin d'un guide?	a to^n bœ·zoɛ^n dɛ^n gid
Estoy perdido/a.	Je suis perdu(e). **m/f**	jœ süi pɛr·dü
¿Qué tiempo hace?	Quel temps fait-il?	kɛl ta^n fɛ·til

Senderismo

¿Dónde puedo ...?
Où est-ce que je peux ...?
u ɛs kœ jœ pœ ...

comprar provisiones	acheter des provisions	ash·te dɛ pro·vi·zio^n
informarme sobre los caminos	me renseigner sur les sentiers à suivre	mœ ra^n·sɛ·ñe sür lɛ sa^n·tiɛ a süivr
encontrar conocedores de la zona	trouver quelqu'un qui connaît la région	tru·ve kɛl·ki^n ki ko·nɛ la re·jio^n
conseguir un mapa	trouver une carte	tru·ve ü^n kart
alquilar un equipo de senderismo	louer du matériel de randonnée	lu·e dü ma·te·riɛl dœ ra^{n}do·ne

¿Debemos traer comida?
Est-ce qu'il faut apporter des vivres?
ɛs kil fo a·por·te dɛ vivr

¿Debemos traer agua?	Est-ce qu'il faut apporter de l'eau? ɛs kil fo a·por·te dœ lo
¿Cuántos kilómetros tiene el camino?	Le chemin fait combien de kilomètres? lœ shœ·mɛ^{n} fɛ ko^{n}·byɛ^{n} dœ ki·lo·mɛtr
¿Necesitamos un guía?	A-t-on besoin d'un guide? a to^{n} bœ·zoɛ^{n} dɛ^{n} gid
¿Hay excursiones guiadas?	Est-ce qu'il y a des marches organisées? ɛs ki li ya dɛ marsh or·ga·ni·ze
¿Es seguro?	C'est sans danger? sɛ sa^{n} da^{n}·je
¿Allí hay un refugio?	Y a-t-il une cabane là-bas? i ya til ün ka·ba^{n} la ba
¿A qué hora oscurece?	À quelle heure fait-il nuit? a kɛl œr fɛ·til nüi
¿Dónde está el pueblo más cercano?	Où est le village le plus proche? u ɛ lœ vi·laj lœ plü prosh
¿Cuál es el camino más fácil?	Quel est l'itinéraire le plus facile à suivre? kɛl ɛ li·ti·ne·rɛr lœ plü fa·sil a süivr
¿Cuál es el camino más interesante?	Quel est l'itinéraire le plus intéressant? kɛl ɛ li·ti·ne·rɛr lœ plü ɛ^{n}·te·rɛ·sa^{n}
¿De dónde habéis venido?	Vous êtes parti d'où? vu·zɛt par·ti du

¿Cuánto tiempo os ha llevado?	Ça a pris combien de temps? sa a pri koⁿ·byɛⁿ dœ taⁿ
¿Este camino lleva a ...?	Est-ce que ce sentier mène à ...? ɛs kœ sœ saⁿ·tiɛ mɛⁿ a ... ...
¿Podemos ir por aquí?	On peut passer par ici? on pœ pa·se par i·si
¿El agua es potable?	Est-ce que l'eau est potable? ɛs kœ lo ɛ po·tabl
Estoy perdido/a.	Je suis perdu(e). **m/f** jœ süi pɛr·dü

En la playa

¿Dónde está la playa más cercana?	Où est la plage la plus proche? u ɛ la plaj la plü prosh
¿Es posible lanzarse al agua sin peligro?	On peut plonger/nager sans danger? on pœ saⁿn daⁿ·je ploⁿ·je/na·je
¿A qué hora está la marea alta/baja?	À quelle heure est la marée haute/basse? a kɛl œr ɛ la ma·re ot/bas
¿Cuánto cuesta una hamaca?	Combien coûte une chaise longue? koⁿ·by ɛⁿ kut üⁿ shɛs loⁿ

SE BUSCARÁ

Baignade Interdite!	bɛ·ñad aⁿ·tɛr·di	¡Prohibido bañarse!

SE OIRÁ

Attention au courant sous-marin.	a·ta^n·sio^n o ku·ra^n su ma·rɛ^n Hay que tener cuidado con la resaca.
C'est dangereux.	sɛ da^{n}j·rœ Es peligroso.

¿Cuánto cuesta una caseta?	Combien coûte une cabine de bain? ko^n·by ɛ^n kut ün ka·bin dœ bɛn
¿Cuánto cuesta una sombrilla?	Combien coûte un parasol? ko^n·by ɛ^n kut ɛn pa·ra·sol

El tiempo

P **¿Qué tiempo hace?**	Quel temps fait-il? sɛ loe (dis·üit·ok·tobr)
R **(Hoy) Hace frío.**	(Aujourd'hui) Il fait froid. (o·jur·düi) il fɛ frua
R **Hace (mucho) calor.**	Il fait (très) chaud. o·jur·düi il fɛ (trɛ) sho
R **Hace viento.**	Il fait du vent. il fɛ dü va^n
R **Está lloviendo.**	Il pleut. il plœ
R **Está nevando.**	Il neige. il nɛj
R **Está nublado.**	Le temps est couvert. lœ ta^n ɛ ku·vɛr
¿Cuál es la previsión del tiempo?	Quelles sont les prévisions météo? kel sɛn lɛ pre·vi·zio^n me·te·o

Viajar seguro

Urgencias

FRASES ÚTILES

¡Ayuda!	Au secours!	o sœ·kur
Ha habido un accidente.	Il y a eu un accident.	ili ya œ ü^n ak·si·da^n
¡Es urgente!	C'est urgent!	sɛ tür·ja^n

¡Ayuda!	Au secours! o sœ·kur
¡Pare!	Arrêtez! a·rɛ·te
¡Vete!	Allez-vous-en! a·le·vu·za^n
¡Al ladrón!	Au voleur! o vo·lœr
¡Fuego!	Au feu! o fœ
¡Cuidado!	Faites attention! fɛt a·ta^n·sio^n
¡Llame a la policía!	Appelez la police! a·ple la po·lis
¡Es una urgencia!	C'est urgent! sɛ tür·ja^n
Ha habido un accidente.	Il y a eu un accident. ili ya œ ü^n ak·si·da^n
¿Tienen un botiquín de primeros auxilios?	Avez-vous une trousse de première urgence? a·ve vu ün trus dœ prœ·miɛr ur·jɛ^n

¿Me puede ayudar, por favor?	Est-ce que vous pourriez m'aider, s'il vous plaît? pol es kœ vu pu·rrie me·de sil vu plɛ
¿Puedo usar el teléfono?	Est-ce que je pourrais utiliser le téléphone? es kœ jœ pu·rrɛ ü·ti·li·ze lœ te·le·fon
Estoy perdido/a.	Je suis perdu(e). m/f jœ süi pɛr·du
¿Dónde están los servicios?	Où sont les toilettes? u so^{n} lɛ tua·lɛt

SOBRE EL IDIOMA

¡Cuidado con los pollos!

Como ocurre con cualquier otro idioma, en francés las palabras pueden tener varios significados que pueden dar lugar a malentendidos. Por ejemplo, esta frase de un improbable ejemplo con la justicia: **Madame Aubergine a posé un papillon sur ma Renault, et les poulets m'ont ramené dans un panier à salade.**
ma·dam o·bɛr·jin a po·se u^{n} pa·pi·yo^{n} sür ma re·no e lɛ pu·lɛ mon ra·me·nɛ ɛ^{n} pa·niɛ a sa·lad
(lit.: La sra. Berenjena puso una mariposa en mi Renault, y los pollos me llevaron en la cesta de la ensalada.)

Una traducción más real puede ser esta:

Un controlador de aparcamiento le puso una multa a mi automóvil, luego llegó la policía y me llevó en un furgón policial.

Policía

FRASES ÚTILES

¿Dónde está la comisaría de policía?	Où est le commissariat de police?	u ɛ lœ ko·mi·sa·ria dœ po·lis
Quiero contactar con mi embajada/ consulado.	Je veux contacter mon ambassade/ consulat.	jœ vœ ko^n·tak·te mo^n na^n·ba·sad/ ko^n·sü·la
Me han robado el bolso.	On m'a volé mon sac.	o^n ma vo·le mo^n sak a mɛ^n

¿Dónde está la comisaría de policía?	Où est le commissariat de police? u ɛ lœ ko·mi·sa·ria dœ po·lis
Quiero denunciar un delito.	Je veux signaler un délit. je vœ si·ña·le ɛ^n de·li
Me han violado.	J'ai été violé(e). **m/f** jɛ e·te vio·le
Me han agredido.	J'ai été violenté(e). **m/f** jɛ e·te vio·la^n·te
A él/ella le han violado.	Il/Elle a été violé(e). **m/f** il/ɛl a e·te vio·le
Me han robado.	On m'a volé. o^n ma vo·le
A él/ella le han robado.	Il/Elle s'est fait voler. il/ɛl sɛ fɛ vo·le
Es él/ella.	C'est lui/elle. sɛ lüi/ɛl

He perdido ...
J'ai perdu ...
jɛ pɛr·dü ...

Me han robado ...
On m'a volé ...
o^n ma vo·le ...

la mochila	mon sac à dos	mo^n sak a do
las maletas	mes valises	mɛ va·liz
el bolso	mon sac à main	mo^n sak a mɛ^n
el dinero	mon argent	mo^n nar·ja^n
el pasaporte	mon passeport	mo^n pas·por
el monedero	mon portefeuille	mo^n por·tœ·fœy

¿De qué se me acusa?
Je suis accusé(e) de quoi? m/f
jœ süi a·kü·se dœ kua

No sabía que estaba haciendo nada malo.
Je ne croyais pas que je faisais quelque chose de mal.
jœ nœ krua·yɛ pa kœ jœ fœ·zɛ kɛlk shoz dœ mal

Soy inocente.
Je suis innocent(e). m/f
jœ süi i·no·sa^n(t)

Quiero contactar con mi embajada/consulado.
Je veux contacter mon ambassade/consulat.
jœ vœ ko^n·tak·te mo^n na^n·ba·sad/ko^n·sü·la

¿Puedo telefonear?
Je peux téléphoner?
jœ pœ te·le·fo·ne

¿Puedo tener un abogado (que hable español)?
Je peux avoir un avocat (qui parle espagnol)?
jœ pœ a·vuar ɛn na·vo·ka ki parl ɛs·pa·ñol

¿Puede darme una copia, por favor?
Puis-je en avoir un exemplaire?
pua·jœ a^n·vuar ü^n eg·zœm·plɛr

Tengo receta para este medicamento.
On m'a prescrit cette drogue.
on ma prɛs·kri sɛt drog

Salud

FRASES ÚTILES

¿Dónde hay un hospital?	Où y a t-il un hôpital par ici?	u i ya til ɛ^{n} o·pi·tal
Estoy enfermo.	Je suis malade.	jœ süi ma·lad
Necesito un médico.	J'ai besoin d'un médecin.	jɛ bœ·zoɛ^{n} dɛ^{n} med·sɛ^{n}
Me medico para ...	Je prends des médicaments pour ...	jœ pra^{n} dɛ me·di·ka·ma^{n} pur ... ...
Soy alérgico/a ...	Je suis allergique à ...	jœ süi·za·lɛr·jik a ...

¿Dónde hay un/una ... por aquí?
Où y a t-il un/une ... par ici? **m/f**
u i ya til ɛn/ün ... par i·si

farmacia (de guardia)	pharmacie (de nuit)	far·ma·si (dœ nüi)
dentista	dentiste	da^{n}·tist
médico	médecin	med·sɛn
hospital	hôpital	o·pi·tal

Necesito un médico (que hable español).
J'ai besoin d'un médecin (qui parle espagnol).
jɛ bœ·zoɛ^{n} dɛn med·sɛ^{n} (ki parl es·pa·ñol)

¿Puedo ver a una doctora?	Est-ce que je peux voir une femme médecin? ɛs kœ jœ pœ vuar ü^{n} fam med·sɛ^{n}
¿Puede venir el médico?	Est-ce que le médecin peut venir ici? ɛs kœ lœ med·sɛ^{n} pœ vœ·nir i·si
Me he quedado sin medicación.	Je n'ai plus de médicaments. jœ nɛ plü dœ me·di·ka·ma^{n}
No quiero una transfusión de sangre.	Je ne veux pas de transfusion sanguine. jœ nœ vœ pa dœ tra^{n}s·fü·zio^{n} sa^{n}·gi^{n}
Por favor, utilice una jeringuilla nueva.	Je vous prie d'utiliser une seringue neuve. jœ vu pri dü·ti·li·ze ü^{n} se·rɛ^{n}g nœv
A él/ella le han vacunado contra ...	Il/Elle s'est fait vacciner contre ... il/ɛl sɛ fɛ vak·si·ne ko^{n}tr ... ...

SOBRE EL IDIOMA

Hablar del cuerpo

Estas son dos expresiones curiosas en las que se utilizan partes del cuerpo:

J'ai l'estomac dans les talons.	jɛ lɛs·to·ma da^{n} lɛ ta·lo^{n} Tengo hambre. (lit: Tengo el estómago en los talones)
Je n'ai plus de jambes.	jœ nɛ plü dœ ja^{n}b Estoy agotado/a. (lit: Ya no tengo piernas)

Me han vacunado contra la hepatitis.	Je me suis fait(e) vacciner contre l'hépatite. **m/f** jœ mœ süi fɛ vak·si·ne ko^{n}tr le·pa·tit
Me han vacunado contra el tétanos.	Je me suis fait(e) vacciner contre le tétanos. **m/f** jœ mœ süi fɛ vak·si·ne ko^{n}tr lœ te·ta·nos
Me han vacunado contra la fiebre tifoidea.	Je me suis fait(e) vacciner contre la typhoïde. **m/f** jœ mœ süi fɛ vak·si·ne ko^{n}tr la ti·foïd

Síntomas

Estoy enfermo.	Je suis malade. jœ süi ma·lad
Mi amigo está enfermo.	Mon ami(e) est malade. **m/f** mo^n na·mi ɛ ma·lad
Me duele aquí.	J'ai une douleur ici. jɛ ün du·lœr isi
Me he lesionado.	J'ai été blessé(e). **m/f** jɛ e·te ble·se
He estado vomitando.	J'ai vomi. jɛ vo·mi
No puedo dormir.	Je n'arrive pas à dormir. jœ na·rriv pa a dor·mir
Tengo una infección.	J'ai une infection. jɛ ün ɛ^n·fek·sio^n
Tengo un salpullido.	J'ai des démangeaisons. jɛ dɛ de·ma^n·jɛ·zo^n

SE OIRÁ

Je voudrais prendre votre température.	jœ vu·drɛ pra^{n}dr votr ta^n·pe·ra·tür	Le voy a tomar la temperatura.
Depuis quand êtes-vous dans cet état?	dœ·püi ka^n ɛt vu da^n sɛ·te·ta	¿Cuánto tiempo lleva así?
Cela vous est déjà arrivé?	sœ·la vu·zɛ de·ja a·rri·ve	¿Ha tenido esto anteriormente?
Est-ce que vous buvez?	ɛs kœ vu bü·ve	¿Usted bebe?
Est-ce que vous fumez?	ɛs kœ vu fü·me	¿Usted fuma?
Est-ce que vous vous droguez?	ɛs kœ vu dro·ge	¿Usted toma drogas?
Êtes-vous allergique à quelque chose?	ɛt vu a·lɛr·jik a kel·ker shoz	¿Es alérgico a algo?
Êtes-vous enceinte?	ɛt vu zon·sunt	¿Está embarazada?
Vous avez une vie sexuelle?	vu za·ve ün vi sɛk·süɛl	¿Tiene vida sexual activa?
Vous avez eu des rapports non protégés?	vu za·ve·zü dɛ ra·por no^n pro·te·je	¿Ha tenido relaciones sexuales sin protección?
Est-ce que vous prenez des médicaments?	ɛs kœ vu prœ·ne dɛ me·di·ka·ma^n	¿Toma algún medicamento?
Il faut vous faire hospitaliser.	il fo vu fɛr os·pi·ta·li·ze	Necesita ir a un hospital.

Me siento ...	Je me sens ... jœ mœ sa^n ...

ansioso/a	inquiet/inquiète **m/f**	ɛ^n·kiɛ/ɛ^n·kiɛt
mejor	mieux	miœ
débil	faible	fɛbl
peor	plus mal	plü mal

Me siento ...	J'ai ... jɛ ...

mareado/a	des vertiges	dɛ vɛr·tij
destemplado/a	chaud et froid	sho e frua
con náuseas	des nausées	dɛ no·ze
con escalofríos	des frissons	dɛ fri·so^n

Tengo diarrea.	J'ai la diarrhée. jɛ la dia·rre
Tengo dolor de cabeza.	J'ai mal à la tête. jɛ mal a la tɛt
Tengo dolor de garganta.	J'ai mal à la gorge. jɛ mal a la gorj
He tenido recientemente ...	J'ai eu récemment ... jɛ ü re·sa·ma^n ...
Estoy tomando medicación para ...	Je prends des médicaments pour ... jœ pra^n dɛ me·di·ka·ma^n pur ...
Él/Ella está tomando medicación para ...	Il/Elle prend des médicaments pour ... il/ɛl pra^n dɛ me·di·ka·ma^n pur ...

Para más síntomas, véase el **Diccionario**.

Alergias

Soy alérgico a ...	Je suis allergique ... jœ süi·za·lɛr·jik ...
Él/Ella es alérgico a ...	Il/Elle est allergique ... il/ɛl ɛta·lɛr·jik ...

los antibióticos	aux antibiotiques	o·za^n·ti·bio·tik
los anti-inflamatorios	aux anti-inflammatoires	o·za^n·ti ɛ^n·fl a·ma·tuar
la aspirina	à l'aspirine	a las·pi·rin
las abejas	aux abeilles	o za·bɛy
la codeína	à la codéine	a la ko·de·in
las medicinas con sulfamida	aux sulfamides	o sul·fa·mid

Tengo una alergia en la piel.	J'ai une allergie de peau. jɛ ün a·lɛr·ji dœ po

Para otras alergias, véase **Comida vegetariana y de dieta** (p. 174).

Salud de la mujer

Necesito un test de embarazo.	J'ai besoin d'un test de grossesse. jɛ bœ·zoɛ^n dɛ^n test dœ gro·sɛs
Tomo la píldora.	Je prends la pilule. jœ pra^n la pi·lül
No he tenido la regla desde hace ... semanas.	Je n'ai pas eu mes règles depuis ... semaines. jœ nɛ pa ü mɛ rɛgl dœ·püi ... sœ·mɛ^n
He notado un bulto aquí.	J'ai remarqué une grosseur ici. jɛ rœ·mar·ke ün gro·sœr i·si

Necesito anticonceptivos.	J'ai besoin d'un contraceptif. jɛ bœ·zoɛⁿ dɛⁿ koⁿ·tra·sɛp·tif
Necesito la píldora del día después.	J'ai besoin de la pilule du lendemain. jɛ bœ·zoɛⁿ dɛⁿ la pi·lül dü laⁿ·dœ·mœⁿ

Partes del cuerpo

Me duele ...	Mon/Ma/Mes ... me fait mal. **m/f/pl** moⁿ/ma/mœ ... fɛ mal

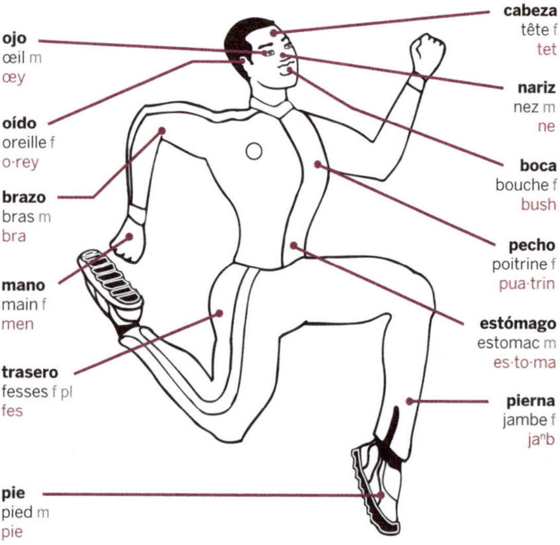

No puedo mover ...	Je n'arrive pas à bouger mon/ma ... m/f jœ na·rriv pa a bu·je mo^{n}/ma ... ...
Tengo un calambre en ...	J'ai une crampe au/à la ... m/f jɛ ün kra^{n}p o ...
Mi ... está inflamado.	Mon/Ma ... est enflé(e). m/f mo^{n}/ma ... ɛ·ta^{n}·fl e

El dentista

Tengo un diente roto.	J'ai une dent cassée. jɛ ün da^{n} ka·se
Tengo dolor de muelas.	J'ai mal aux dents. jɛ mal o da^{n}
He perdido un empaste.	J'ai perdu un plombage. jɛ pɛr·dü dɛ^{n} plo^{n}·baj
No quiero que me la saque.	Je ne veux pas que vous l'arrachiez. jœ nœ vœ pa kœ vu la·rra·shie
Mi dentadura está rota.	Mon dentier est cassé. mo^{n} da^{n}·tie ɛ ka·se
¡Ay!	Aïe! a·i

SE OIRÁ

Ouvrez tout grand.	u·vre tu gra^{n}	Abra bien.
Rinsez.	rɛ^{n}·se	¡Enjuáguese!
Ça ne fera pas de mal.	sa nœ fœ·ra pa mal	Esto no duele.
Ça pourrait faire un peu mal.	sa pu·rrɛ fɛr ɛ^{n} pœ mal	Esto puede doler un poco.

SE OIRÁ

Avez-vous déjà pris ceci?	a·ve vu de·ja pri sœ·si ¿Ha tomado esto antes?
Deux fois par jour (avec nourriture).	dœ fua par jur (a·vɛk nu·rri·tür) Dos veces al día (con comida).
Cela sera prêt dans (vingt minutes).	sœ·la sœ·ra prɛ da^n (vɛ^n mi·nüt) Estará preparado en (veinte minutos).
Traitement à suivre jusqu'au bout.	trɛt·ma^n a suivr jüs·ko bu Tiene que completar el tratamiento.

La farmacia

Necesito algo para ...	J'ai besoin d'un médicament pour ... jɛ bœ·zoɛ^n dɛ^n me·dik·ma^n pur ...
¿Necesito receta para ...?	J'ai besoin d'une ordonnance pour ...? jɛ be·zoɛ^n dü^n or·do·na^{n}s pur ...
¿Cuántas veces al día?	Combien de fois par jour? kon·byɛ^n dœ fua par jur
¿Me puede producir somnolencia?	Est-ce que ça peut provoquer des somnolences? ɛs kœ sa pœ pro·vo·ke dɛ som·no·la^{n}s

Para más términos farmacéuticos, véase el **Diccionario**.

Comida

Comer fuera

FRASES ÚTILES

¿Me puede recomendar un restaurante?	Est-ce que vous pouvez me conseiller un restaurant?	ɛs kœ vu pu·ve mœ koⁿ·sɛ·ye ɛⁿ res·to·raⁿ
Querría una mesa para dos, por favor.	Une table pour deux personnes, s'il vous plaît.	jœ vu·drɛ ün tabl pur (dœ) pɛr·son sil vu plɛ
¿Puedo ver el menú, por favor?	Est-ce que je peux voir la carte, s'il vous plaît?	ɛs kœ jœ pœ a·vuar la kart sil vu plɛ
Querría una cerveza, por favor.	Je voudrais une bière, s'il vous plaît.	jœ vu·drɛ dœ biɛr sil vu plɛ
Por favor, tráigame la cuenta.	Apportez-moi l'addition, s'il vous plaît.	a·por·te mua sil vu plɛ la·di·sioⁿ

El *petit déjeuner* pœ·ti de·jœ·ne (desayuno) suele incluir tostadas con mermelada o cruasán o bollo de leche, yogur, cereales y café o chocolate. *Déjeuner* de·jœ·ne (almuerzo) es la comida principal y se compone de varios platos. *Dîner* di·ne (cena) se toma hacia las 20.00 y es una versión ligera del almuerzo. Es habitual comer y cenar con pan y vino.

Lo básico

desayuno	petit déjeuner m pœ·ti de·jœ·ne
almuerzo	déjeuner m de·jœ·ne

cena	dîner **m** di·ne
aperitivo	casse-croûte **m** kas krut
comer	manger ma^{n}·je
beber	boire buar
plato del día	suggestion du jour **f** sü·jɛs·tio^{n} dü jur
menú del día	menu **m** me·nü
Querría ...	Je voudrais ... jœ vudrɛ ...
¡Me muero de hambre!	Je meurs de faim! jœ mœr dœ fɛ^{n}
¡Que aproveche!	Bon appétit! bo^{n} a·pe·ti

Encontrar un lugar para comer

¿Me puede recomendar un café?	Est-ce que vous pouvez me conseiller un café? ɛs kœ vu pu·ve mœ ko^{n}·sɛ·ye ɛ^{n} ka·fe
¿Me puede recomendar un restaurante?	Est-ce que vous pouvez me conseiller un restaurant? ɛs kœ vu pu·ve mœ ko^{n}·sɛ·ye ɛ^{n} res·to·ra^{n}
¿Dónde podemos encontrar restaurantes que estén bien de precio?	Où est-ce qu'on trouve les restaurants bon marché? c lɛ res·to·ra^{n} bo^{n} mar·she

¿Dónde podemos encontrar especialidades locales?	Où est-ce qu'on trouve les spécialités locales? bo^n mar·she lɛ spe·sia·li·te lo·kal
¿Todavía se puede comer?	On peut toujours passer des commandes? on pœ tu·jur pa·se dɛ ko·ma^{n}d
¿Cuánto hay que esperar?	Il faut attendre combien de temps? il fo a·ta^{n}dr kon·byɛ^n dœ ta^n

En el restaurante

Querría reservar una mesa para las (ocho).	Je voudrais réserver une table pour (vingt) heures. jœ vu·drɛ ün tabl pur (vɛ^{n}t) œr
Querría una mesa para dos, por favor.	Je voudrais réserver une table pour (deux) personnes. jœ vu·drɛ ün tabl pur (dœ) pɛr·son sil vu plɛ
Querría una mesa en la zona de (no) fumadores, por favor.	Je voudrais une table dans un endroit pour (non-) fumeurs, s'il vous plaît. jœ vu·drɛ ün tabl da^n zɛ^n na^n·drua pur fü·mœr/ no^n fü·mœr sil vu plɛ
Querría una mesa para cinco, por favor.	Je voudrais une table pour (cinq) personnes, s'il vous plaît. jœ vu·drɛ ün tabl pur (sɛ^{n}k) pɛr·son sil vu plɛ

Para cinco, por favor.	Pour cinq, s'il vous plaît.	pur sɛ^{n}k, sil vu plɛ

Comer fuera

¿Podría ver el menú, por favor?

Est-ce que je peux voir la carte, s'il vous plaît?
ɛs kœ jœ pœ a·vuar la kart sil vu plɛ

¿Qué me recomienda ...?

Que recommandez vous comme ...?
kœ rœ·ko·ma^{n}·de vu kom ...

plato principal
plat principal
pla prɛ^{n}·si·pal

postre
dessert
de·sɛr

bebida
boisson
bua·so^{n}

Por favor, tráigame...

Apportez-moi ..., s'il vous plaît.
a·por·te mua ... sil vu plɛ

La cuenta, por favor.

Je voudrais l'addition, s'il vous plaît.
jœ vu·drɛ la·di·sio^{n} sil vu plɛ

SE OIRÁ

Nous sommes comples.	nu som ko^n·plɛ Está lleno.
Nous n'avons plus de tables.	nu na·vo^n plü dœ tabl No tenemos más mesas.
Où voulez-vous vous asseoir?	u vu·le vu vu·za·suar ¿Dónde quieren sentarse?
C'est fermé.	sɛ fɛr·me Está cerrado.

Querría la carta de vinos, por favor.	Je voudrais la carte des vins, s'il vous plaît. jœ vu·drɛ la kart dɛ vɛn sil vu plɛ
¿Puedo ver la carta, por favor?	Est-ce que je peux voir la carte, s'il vous plaît? ɛs kœ jœ pœ a·vuar la kart sil vu plɛ

La carta, por favor.	La carte, s'il vous plaît.	la kart sil vu plɛ

¿Qué me recomienda?	Qu'est-ce que vous conseillez? kɛs kœ vu ko^n·sɛ·ye
¿Puede recomendarme las mejores especialidades locales?	Pouvez-vous me dire quelle nourriture traditionnelle je dois goûter? pu·ve vu me dir kɛl nu·rri·tür tra·di·sio^n·nɛl jœ dua gu·te
Voy a tomar lo mismo que ellos.	Je prendrai la même chose qu'eux. jœ pra^n·drɛ la mɛm shoz kœ
¿Qué lleva ese plato?	Quels sont les ingrédients? kɛl so^n lɛ zɛ^n·gre·dia^n

¿Cómo se llama eso?	Ça s'appelle comment? sa sa·pɛl ko·ma^{n}
¿Tiene un menú infantil?	Est-ce que vous avez des repas enfants? ɛs kœ vu·za·ve dɛ rœ·pa a^{n}·fa^{n}
¿Tiene un menú en español?	Est-ce que vous avez une carte en espagnol? ɛs kœ vu·za·ve ün kart a^{n} nɛs·pa·ñol
¿Se tarda mucho en preparar?	Est-ce que la préparation va prendre beaucoup de temps? ɛs kœ la pre·pa·ra·sio^{n} va pra^{n}dr bo·ku dœ ta^{n}
¿La propina está incluida en la cuenta?	Le service est compris? ler sair·vees ay kom·pree
¿Esto es gratuito?	C'est gratuit ça? sɛ gra·tüi sa
¿Es autoservicio?	C'est self-service? sɛ sellf sɛr·vis
Solo vamos a beber algo.	C'est juste pour des boissons. sɛ jüst pur dɛ bua·so^{n}

✂	**Solo beber algo.**	Juste des boissons.	jüst dɛ bua·so^{n}

Me gustaría una especialidad local.	Je voudrais une spécialité locale. jœ vu·drɛ ün spe·sia·li·te lo·kal
Me gustaría una comida digna de un rey.	Je voudrais un repas digne d'un roi. jœ vu·drɛ ün rœ·pa diñ dɛ^{n} rua

SE OIRÁ

Vous désirez?	vu de·si·re ¿Qué le apetece?
Quelle cuisson?	kɛl küi·so^{n} ¿Qué punto de cocción le gusta?
Je vous conseille ...	jœ vu ko^{n}·sɛy ... Le sugiero ...
Voilà!	vua·la ¡Aquí está!

Peticiones

Me gusta ...	J'aime ça ... jɛm sa ...
No me gusta ...	Je ne veux pas ça ... jœ nœ vœ pa sa ...

cocido	bouilli	bui·yi
frito	frit	fri
a la parrilla	grillé	gri·ye
en su punto	à point	a poɛ^{n}
poco hecho	saignant	sɛ·ña^{n}
recalentado	réchauffé	re·sho·fe
al vapor	à la vapeur	a la va·pœr
muy hecho	bien cuit	byɛ^{n} küi
con la salsa a un lado	avec la sauce à côté	a·vɛk la sos a ko·te
sin salsa	sans sauce	sa^{n} sos

Para más opciones, véase **Comida vegetariana y de dieta** (p. 174).

Querría un trozo (de pizza), por favor.	Je voudrais un morceau (de pizza), s'il vous plaît. jœ vu·drɛ ɛⁿ mor·so (dœ pid·za) sil vu plɛ
Querría un sándwich, por favor.	Je voudrais un sandwich, s'il vous plaît. jœ vu·drɛ ɛⁿ san·düich sil vu plɛ
Querría eso, por favor.	Je voudrais ça, s'il vous plaît. jœ vu·drɛ sa sil vu plɛ
Por favor, tráigame una copa (de vino).	Apportez-moi un verre (à vin), s'il vous plaît. a·por·te mua ɛⁿ vɛrr (dœ vɛⁿ) sil vu plɛ

Para platos típicos, véase **Glosario gastronómico** (p. 178). Para más opciones, véase el **Diccionario**.

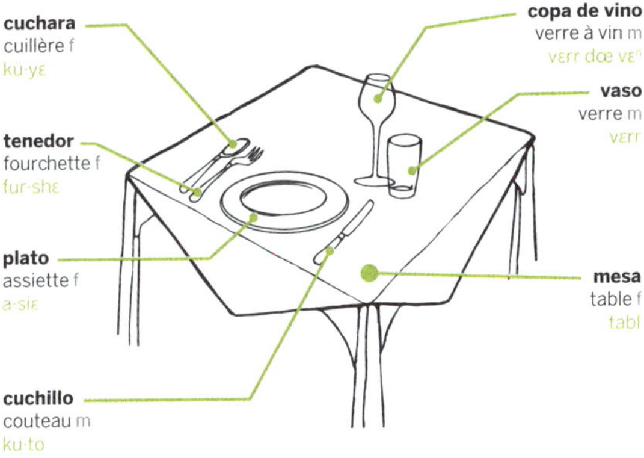

SE BUSCARÁ

Amuse-Gueule	a·müz guœl	Tapas
Soupes	sup	Sopas
Entrées	a^n·tre	Entrantes
Salades	sa·lad	Ensaladas
Plat Principal	pla $pr\varepsilon^n$·si·pal	Plato principal
Desserts	de·sɛr	Postres
Apéritifs	a·pe·ri·tif	Aperitivos
Spiritueux	spi·ri·tüœ	Licores
Bières	biɛr	Cervezas
Vins Mousseux	$v\varepsilon^n$ mu·sœ	Vinos espumosos
Vins Blancs	$v\varepsilon^n$ blan	Vinos blancos
Vins Rouges	$v\varepsilon^n$ ruj	Vinos tintos
Vins de Dessert	$v\varepsilon^n$ dœ de·sɛr	Vinos de postre

Elogios y quejas

No había pedido esto.	Ce n'est pas ce que j'ai commandé. sœ nɛ pa kœ jɛ ko·ma^n·de
Nos encanta la comida local.	Nous adorons la cuisine locale. nu za·do·ro^n la kü·i·zi^n lo·kal
¡Estaba delicioso!	C'était délicieux! se·tɛ de·li·siœ
Felicite al chef de mi parte.	Mes compliments au chef. mɛ ko^n·pli·ma^n o shɛf
Estoy lleno.	Je n'ai plus faim. jœ nɛ plü $f\varepsilon^n$
Esto está quemado.	C'est brûlé. sɛ brü·le

Esto está (demasiado) frío.	C'est (trop) froid. sɛ (tro) frua
Esto está magnífico.	C'est superbe. sɛ sü·pɛrb

Pagar la cuenta

Por favor, tráigame la cuenta.	Apportez-moi l'addition, s'il vous plaît. a·por·te mua la·di·sio^n sil vu plɛ

La cuenta, por favor.	L'addition, s'il vous plaît.	la·di·sio^n sil vu plɛ

Hay un error en la factura.	Il y a une erreur dans la note. il ya ün e·rrœr da^n la not

Bebidas no alcohólicas

agua mineral con gas/sin gas	eau minérale gazeuse/ non-gazeuse o mi·ne·ral ga·zœz/no^n ga·zœz
zumo de naranja	jus d'orange **m** jü do·ra^{n}j
refresco	boisson non-alcoolisée **f** bua·so^n no^n al·ko·li·ze
agua (caliente)	eau (chaude) **f** o (shod)
té con leche	(un) thé au lait (ɛ^n) te o lɛ
café sin/con azúcar	(un) café sans/avec sucre (ɛ^n) ka·fe sa^n/a·vɛk sükr

Bebidas alcohólicas

cerveza	bière **f** biɛr
coñac	cognac **m** ko·ñak
champán	champagne **m** sha^n·pañ
cóctel	cocktail **m** kok·tɛl
un chupito de (ginebra)	un petit verre de (gin) ɛn pœ·ti vɛrr dœ djin
una botella de vino	une bouteille de vin ün bu·tɛy dœ vɛ^n
una copa de vino ...	un verre de vin ɛ^n vɛrr dœ vɛ^n

dulce	de dessert	dœ dɛ·sɛr
tinto	rouge	ruj
rosado	rosé	ro·ze
espumoso	mousseux	mu·sœ
de mesa	de table	dœ ta·bl
blanco	blanc	bla^n

una copa de cerveza	un verre de bière ɛ^n vɛrr dœ biɛr
una caña de cerveza	un demi de bière ɛ^n dœ·mi dœ biɛr
una botella de cerveza	une bouteille de bière ün bu·tɛy dœ biɛr

En el bar

Discúlpeme.	Excusez-moi. eks·kü·ze mua
Me toca a mí.	C'est mon tour. sɛ mo^{n} tur
P **¿Qué os apetece?**	Qu'est-ce que vous voulez? kɛs kœ vu vu·le
R **Me tomaré (una ginebra).**	Je prends (un gin). jœ pra^{n} (ɛ^{n} djin)
Otra igual, por favor.	La même chose, s'il vous plaît. la mɛm shoz sil vu plɛ
Sin hielo, gracias.	Pas de glaçons, merci. pa dœ gla·so^{n} mɛr·si
Te invito a una copa.	Je vous offre un verre. jœ vu·zofr ɛ^{n} vɛrr
Yo pago esta ronda.	C'est ma tournée. sɛ ma tur·ne
¿Sirven comidas aquí?	Faites-vous les repas ici? fɛt vu lɛ rœ·pa i·si

Una copa de más

Gracias, pero no me apetece.	Je n'en ai pas envie, merci. jœ na^{n} nɛ pa a^{n}·vi mɛr·si
No gracias, conduzco.	Non merci, je conduis. non mair·see zher kon·dwee

SE OIRÁ

Qu'est-ce que vous desirez prendre?	kɛs kœ vu de·si·re pra^{n}dr ¿Qué quieren tomar?
Je pense que ça suffit.	jœ pa^{n}s kœ sa sü·fi Creo que has bebido mucho.

SE OIRÁ

Santé!	sa^{n}·te	¡Salud!
Au chef!	o shɛf	¡Viva el chef!
À tout le monde!	a tu lœ mo^{n}d	¡Brindo por todos!
À la France!	a la fra^{n}s	¡Brindo por Francia!
Encore un coup!	an·kor ɛ^{n} ku	¡Otra copa!

Esto es justo lo que necesitaba.	C'est justement ce qu'il me faut. sɛ jüst·ma^{n} sœ kil mœ fo
Estoy cansado, me voy a casa.	Je suis fatigué, je dois rentrer. jœ süi fa·ti·ge jœ dua ra^{n}·tre
Estoy borracho/a.	Je suis ivre. jœ süi ivr
¡Me siento genial!	Je me sens vachement bien! jœ mœ sa^{n} vash·ma^{n} byɛ^{n}
Te quiero muchísimo.	Je t'aime vraiment beaucoup. jœ tɛm vrɛ·ma^{n} bo·ku
¿Me puede llamar un taxi?	Pouvez-vous appeler un taxi pour moi? pu·ve vu ap·le ɛ^{n} tak·si pur mua
No debería conducir.	Je ne pense pas que vous êtes en état de conduire. vu nɛt pa a^{n} e·ta dœ kon·düir
Me encuentro mal.	Je me sens malade. jœ mœ sa^{n} ma·lad

Comprar y cocinar

FRASES ÚTILES

¿Cuál es la especialidad local?	Quelle est la spécialité locale?	kɛl ɛ la spe·sia·li·te lo·kal
¿Dónde se encuentran ...?	Où est-ce qu'on trouve le rayon ...?	u ɛs ko^{n} truv lœ ra·yo^{n} ...
Querría algunos ...	Je voudrais quelques ...	jœ vu·drɛ kɛl·kœ ...

Comprar comida

¿Cuánto cuesta ...?	C'est combien ...? sɛ ko^{n}·byɛ^{n} ...
¿Cuál es la especialidad local?	Quelle est la spécialité locale? kɛl ɛ la spe·sia·li·te lo·kal
¿Venden comida producida localmente?	Est-ce que vous vendez de la nourriture produite localement? ɛs kœ vu va^{n}·de dœ la nu·ri·tür pro·düit lo·kal·ma^{n}
¿Qué es eso?	Qu'est-ce que c'est, ça? kɛs kœ sɛ sa
¿Lo puedo probar?	Je peux goûter? jœ pœ gu·te
¿Tiene otra cosa?	Est-ce que vous avez autre chose? ɛs kœ vu za·ve otr shoz

SOBRE LA CULTURA

¡Viva el queso!

Hay más de cuatrocientos tipos de quesos en Francia, desde los ligeramente cremosos hasta los malolientes, incluido el cubierto de moho. Al igual que los vinos, hay quesos específicos de ciertas regiones que reciben una *appellation d'origine* a·pe·la·sioⁿ do·ri·jin, para garantizar su autenticidad. En general, los quesos se pueden dividir en los siguientes tipos:

queso de leche de cabra	fromage de chèvre fro·maj dœ shɛvr
queso duro	fromage à pâte dure fro·maj a pat dür
queso de leche de oveja	fromage de brebis fro·maj dœ brœ·bi
queso suave	fromage à pâte molle fro·maj a pat mol

¿Me puede dar una bolsa, por favor?	Puis-je avoir un sac, s'il vous plaît? püij a·vuar ɛⁿ sak sil vu plɛ
Quiero ...	Je voudrais ... jœ vu·drɛ ...

(200) gramos	(deux cents) grammes	(dœ saⁿ) gram
(dos) kilos	(deux) kilos	(dœ) ki·lo
(tres) trozos	(trois) morceaux	(trua) mor·so
(seis) lonchas	(six) tranches	(si) traⁿsh
un poco de eso	de ça	dœ sa

¿Tiene algo más barato?	Est-ce que vous avez quelque chose de moins cher? ɛs kœ vu za·ve kɛlk shoz dœ moɛ^{n} shɛr
¿Dónde se encuentran los congelados?	Où est-ce qu'on trouve le rayon des surgelés? u ɛs ko^{n} truv lœ ra·yo^{n} dɛ sür·jœ·le
¿Dónde se encuentran las frutas y verduras?	Où est-ce qu'on trouve le rayon des fruits et legumes? u ɛs ko^{n} truv lœ ra·yo^{n} dɛ früi e le·güm
¿Dónde se encuentra la carne?	Où est-ce qu'on trouve le rayon viande? u ɛs ko^{n} truv lœ ra·yo^{n} via^{n}d

SE OIRÁ

Que puis-je faire pour vous?	kœ püij fɛr pur vu ¿Le puedo ayudar?
Vous désirez?	vu de·si·re ¿Qué quiere?
Je n'en ai plus.	jœ naⁿ ɛ plü No tengo más.
Il n'en reste plus.	il naⁿ rɛst plü No queda más.
Encore quelque chose?	an·kor kɛlk shoz ¿Quiere algo más?
Ça, c'est (un camembert).	sa sɛ (ɛⁿ ka·maⁿ·bɛr) Eso es (un Camembert).
Ça fait (cinq euros).	sa fɛ (sɛⁿk œ·ro) Son (cinco euros).

¿Dónde hay una tienda de alimentos naturales?	Où se trouve la boutique bio? u ɛs koⁿ truv la bu·tik bi·o
¿Vende productos orgánicos?	Est-ce que vous vendez des produits biologiques? ɛs kœ vu vaⁿ·de pro·düit bio·lo·jik

Para más vocabulario, véase **Glosario gastronómico** (p. 178) y el **Diccionario**.

Cocinar

cocido/a	cuit(e) **m/f** küi(t)
seco/a	sec/sèche **m/f** sɛk/sɛsh
fresco/a	frais/fraîche **m/f** frɛ/frɛsh

congelado/a	surgelé(e) m/f sür·jœ·le
crudo/a	cru(e) m/f krü
ahumado/a	fumé(e) m/f fü·me
rancio/a	rassis(e) m/f ra·si(z)
abrebotellas	ouvre-bouteilles m uvr bu·tɛy
abrelatas	ouvre-boîtes m uvr buat
tabla de picar	planche à découper f pla^{n}sh a de·ku·pe
sacacorchos	tire-bouchon m tir bu·sho^{n}
sartén	poêle à frire f pual a frir
cacerola	casserole f kas·rol
tostador	grille-pain m griy pɛ^{n}

Para más utensilios de cocina, véase el **Diccionario**.

Comida vegetariana y de dieta

FRASES ÚTILES

¿Tiene comida vegetariana?	Vous faites les repas végétariens?	vu fɛt lɛ rœ·pa ve·je·ta·riɛ^{n}
¿Me puede preparar una comida sin ...?	Pouvez-vous préparer un repas sans ...?	pu·ve vu pre·pa·re ɛ^{n} rœ·pa sa^{n} ...
Soy alérgico a ...	Je suis allergique à ...	jœ süi a·lɛr·jik a ...

Dietas especiales y alergias

¿Hay algún restaurante vegetariano por aquí?	Y a-t-il un restaurant végétarien par ici? i ya til ɛ^{n} res·to·ra^{n} ve·je·ta·riɛ^{n} par i·si
¿Tiene comida halal?	Vous faites les repas halal? vu fɛt lɛ rœ·pa a·lal
¿Tiene comida kosher?	Vous faites les repas casher? vu fɛt lɛ rœ·pa ka·shɛr
Soy vegano/a.	Je suis végétalien(ne). m/f jœ süi ve·je·ta·lyyɛ^{n}/ ve·je·ta·liyɛ^{n}
Soy vegetariano/a.	Je suis végétarien(ne). m/f jœ süi ve·je·ta·ryɛ^{n}/ve·je·ta·riɛ^{n}
Sigo un régimen especial.	Je suis au régime. jœ süi ɛ^{n} re·jim

No como/bebo ...	Je ne mange/bois pas ... jœ nœ ma^{n}j/bua pa ...
No como eso por motivos de salud.	Je ne mange pas ça pour des raisons de santé. jœ nœ ma^{n}j pa sa pur dɛ rɛ·zo^{n} dœ sa^{n}·te
No como eso por motivos religiosos.	Je ne mange pas ça à cause de ma religion. jœ nœ ma^{n}j pa sa a koz dœ ma rœ·li·jio^{n}
No como eso por razones filosóficas.	Je ne mange pas ça pour des raisons philosophiques. jœ nœ ma^{n}j pa sa pur dɛ rɛ·zo^{n} fi·lo·zo·fi k
Soy alérgico ...	Je suis allergique ... jœ süi a·lɛr·jik ...

a la cafeína	à la caféine	a la ka·feïn
a los productos lácteos	aux produits laitiers	o pro·düi lɛ·tie
a los huevos	aux œufs	o zœ
al pescado	au poisson	o pua·so^{n}
a la gelatina	à la gélatine	a la je·la·tin
a la miel	au miel	o miɛl
al glutamato monosódico	au glutamate de sodium	o glü·ta·mat de so·diœm
al cerdo	au porc	o por
a las aves	à la volaille	a la vo·lay
a la carne roja	à la viande rouge	a la via^{n}d ruj
al marisco	aux fruits de mer	o früi dœ mɛr
a los crustáceos	aux crustacés	o krus·ta·se
a la harina de trigo	à la farine de blé	a la fa·rin dœ ble

SE OIRÁ

Vous pouvez manger ...?	vu pu·ve ma^{n}·je ... ¿Puede comer ...?
C'est cuisiné avec de la viande.	sɛ küi·zi·ne a·vɛk dœ la via^{n}d Está cocinado con carne.
Je vais demander au cuisinier/chef.	jœ vɛ dœ·ma^{n}·de o küi·si·niɛ/shɛf Preguntaré al cocinero/chef.

Pedir la comida

¿Es un producto ...? C'est un produit ...? sɛ tɛ^{n} pro·düi ...

que no es de origen animal	qui n'est pas d'origine animale	ki nɛ pa do·ri·jin a·ni·mal
de granja	de ferme	dœ fɛrm
modificado genéticamente	qui contient des organismes génétiquement modifiés	ki ko^{n}·tyɛ^{n} dɛ zor·ga·nism je·ne·tik·ma^{n} mo·di·fi e
sin gluten	sans gluten	sa^{n} glü·tɛn
bajo en azúcar	à faible teneur en sucre	a fɛbl te·nœr a^{n} sükr
bajo en grasa	allégé	a·le·je
orgánico	biologique	bio·lo·jik
sin sal	sans sel	sa^{n} sɛl

¿Puedo pedir esto sin ...? Je peux commander ça sans ...? jœ pœ ko·ma^{n}·de sa sa^{n} ...

¿Me puede preparar una comida sin mantequilla?	Pouvez-vous préparer un repas sans beurre? pu·ve vu pre·pa·re ɛ^{n} rœ·pa sa^{n} bœr
¿Me puede preparar una comida sin huevos?	Pouvez-vous préparer un repas sans œufs? pu·ve vu pre·pa·re ɛ^{n} rœ·pa sa^{n} zœf
¿Me puede preparar una comida sin caldo de carne?	Pouvez-vous préparer un repas sans bouillon de viande? pu·ve vu pre·pa·re ɛ^{n} rœ·pa sa^{n} bu·yo^{n} dœ la via^{n}d

Glosario
GASTRONÓMICO

glosario gastronómico

Este pequeño glosario de la cocina francesa está pensado para ayudar al viajero a descifrar cualquier carta.

~ A ~

abats ⓜ a·ba menudillo de ave
— de boucherie de bush·ri asaduras
abricot ⓜ a·bri·ko albaricoque
addition ⓕ a·di·sion cuenta
agneau ⓜ a·ño cordero
— de lait ⓜ de lɛ cordero lechal
aiguillette ⓕ ɛ·gui·yɛt rodaja larga y fina de carne, normalmente pechuga de ave, sobretodo de pato
ail ⓜ ai ajo
aile ⓕ ail ala (de ave)
aïoli a·io·li alioli
à la a la servido con • al estilo de
alcool ⓜ al·kol alcohol
aligot ⓜ a·li·go puré de patatas, ajos y queso derretido (Auvergne)
alouette ⓕ a·lu·ɛt alondra
alsacienne al·sa·siɛⁿ 'al estilo alsaciano', un plato acompañado normalmente de sauerkraut, cerdo, salchichas o hervido a fuego lento con vino y champiñones
amande ⓕ a·maⁿd almendra
— de mer de mɛr concha tipo vieira
américaine a·me·ri·kɛⁿ 'al estilo americano', un plato de pescado o marisco, sobre todo langosta, flambeado en coñac y hervido en vino blanco y tomates
amuse-gueule ⓜ a·müz gœl aperitivos
ananas ⓜ a·na·nas piña
anchoïade ⓕ aⁿ·sho·iad pasta de anchoas mezclada con ajo y aceite de oliva (Provenza)
anchois ⓜ aⁿ·shua anchoa
ancienne aⁿ·siɛn 'al estilo antiguo' –en función de la carne que se utilice, se puede servir en una crema con setas, verduras, cebollas o chalotas y/o con hierbas y vino
andouille ⓕ aⁿ·duy salchicha ahumada, hecha de tripa de cerdo que se come normalmente fría
andouillette ⓕ aⁿ·du·yɛt una versión más pequeña de la andouille
aneth ⓜ a·net eneldo
anglaise aⁿ·glɛz 'al estilo inglés' – suele ser carne o verduras cocidas • pescado, carne o aves empanadas y fritas
anguille ⓕ aⁿ·guiy anguila
anis ⓜ a·nis anís
appellation d'origine contrôlée (AOC) ⓕ a·pe·la·sion do·ri·jiⁿ koⁿ·tro·le (a o se) productos recono-

cidos oficialmente con denominación de origen
artichaut ⓜ ar·ti·sho alcachofas
asperge as·pɛrj espárragos
assiette ⓕ a·siɛt plato
— anglaise a^n·glɛz surtido de carne fría y pepinillos
— de charcuterie de shar·kü·tri surtido de cerdo y otros productos de carne, incluidas salchichas, jamón, patés y rillettes
— variée va·rie surtido de verduras y/o carne o pescados
assorti(e) ⓕ a·sor·ti surtido
au o servido como • al estilo de
aubergine o·ber·ji^n berenjena
avocat ⓜ a·vo·ka aguacate

~ B ~

baba au rhum ⓜ ba·ba o rom bizcocho pequeño con pasas que una vez cocido se moja en sirope con sabor a ron
bacon ⓜ bɛ·ko^n bacón
— fumé fü·me bacón ahumado
— maigre mɛgr bacón sin grasa
baguette ⓕ ba·guɛt barra de pan larga y crujiente
ballottine ⓕ ba·lo·ti^n carne con hueso, rellena y hecha a fuego lento
— de volaille de vo·lay ave ballottine con relleno de carne
banane ⓕ ba·na^n plátano
barbue ⓕ bar·bü rodaballo o barbo
barquette ⓕ bar·kɛt pequeña concha con forma de barco hecha de pasta quebrada (o también de hojaldre) con un relleno dulce
basilic ⓜ ba·zi·lik albahaca
basquaise bas·kɛz 'al estilo vasco', normalmente preparado con tomates y pimientos rojos
bavarois ⓜ ba·va·rua un postre de tipo mousse de crema y/o puré de fruta
bavaroise ⓕ ba·va·ruaz líquido con sabor que se puede poner en el helado
bavette ⓕ ba·vɛt filete de ijada
béarnaise ⓕ be·ar·nɛz salsa de color blanco hecha de vino o vinagre batida con yema de huevo y con especias
bécasse ⓕ bɛ·kas becada, ave de caza
béchamel ⓕ be·sha·mɛl salsa besamel
belon ⓜ be·lo^n ostra redonda de color rosáceo
Bercy bɛr·si 'al estilo Bercy', salsa de mantequilla, vino blanco y chalotas
betterave ⓕ be·trav remolacha
beurre ⓜ bœr mantequilla
— blanc bla^n salsa de color blanco elaborada con vinagre y vino blanco mezclado con mantequilla derretida y chalotas
— noir nuar 'mantequilla negra', mantequilla que se oscurece hasta que casi se quema, a veces se adereza con alcaparras y perejil
— ravigote ra·vi·got mantequilla con hierbas
bien cuit(e) ⓜ bia^n küi(t) muy hecho
bière ⓕ biɛr cerveza
— blonde blo^nd cerveza rubia
— en bouteille a^n bu·tɛy cerveza de botella
— brune brü^n cerveza negra
— lager la·guer cerveza (rubia)
— pression pre·sio^n cerveza de barril
bifteck ⓜ bif·tek bistec
bio(logique) bio(·lo·jik) orgánico/a
biscuit ⓜ bis·küi galleta
bisque ⓕ bisk sopa o guiso de pescado, muy condimentado, con crema y coñac
blanc de blanc bla^n de bla^n vino blanco hecho de uvas verdes
blanc de volaille ⓜ bla^n de vo·lay pechuga de ave de corral asada sin salsa
blanquette de veau ⓕ bla^n·kɛt de vo guiso de ternera con salsa blanca enriquecida con crema
blé ⓜ ble trigo

bleu ⓜ blœ queso azul, se utiliza a menudo para dar sabor a los platos o las salsas •carne de ternera casi cruda • pescado cocido en caldo de vinagre
bœuf ⓜ bœf ternera
— bourguignon bur·gui·ño^n trozos de ternera marinados en vino tinto, hierbas y especias, guisados con champiñones, cebollas y bacón
— en daube a^n dob trozos de ternera y jamón flambeados en Armagnac y guisados en vino tinto, cebollas, ajos, hierbas y verduras
— miroton mi·ro·to^n lonchas de ternera, normalmente restos de un pot-au-feu, ligeramente salteadas con cebollas
— à la mode a la mod ternera mechada estofada en vino que se puede servir caliente con zanahorias y cebollas o fría en gelatina
boisson ⓕ bua·so^n bebida
— non alcoolisée no^n al·ko·li·ze sin alcohol
bombe glacée ⓕ bomb gla·se postre de dos sabores de helado mezclados en forma de cono, decorado con frutas caramelizadas, castañas glaseadas y nata montada
bonbon ⓜ bo^n·bo^n dulces/caramelos
bordelaise bor·de·lɛz salsa de vino tinto con chalotas, jugo de ternera, tomillo y a veces con boletus
bouchée ⓕ bu·she distintos tipos de aperitivos o pastelitos de hojaldre con rellenos variados que se sirven calientes o fríos
boucherie ⓕ bush·ri carnicería
boudin ⓜ bu·de^n salchicha suave que se puede freír o hacer a la plancha
— blanc bla^n salchicha de ternera blanca, cerdo o pollo
— noir nuar morcilla de cerdo (véase también sanguette)
bouillabaisse ⓕ bu·ya·bɛs sopa elaborada con varios pescados estofados con ajo, cáscara de naranja, hinojo, tomates y azafrán. La versión más moderna incluye langosta y gambas. El caldo y el pescado se pueden servir separados con picatostes y rouille. (Marsella)
bouillon ⓜ bu·yo^n caldo
boulangerie ⓕ bu·la^{n}j·ri panadería
boulette ⓕ bu·lɛt pequeñas albóndigas o croquetas (normalmente hechas con restos) salteadas, doradas o hervidas en un caldo
boulghour ⓜ bul·gur trigo bulgur
bouquet garni ⓜ bu·ke gar·ni mezcla de hierbas atadas para sazonar, normalmente perejil, laurel y tomillo
bourguignonne bur·gui·ño^n 'al estilo de Borgoña', los platos incluyen champiñones, bacón y cebolla blanca o chalotas, estofados en vino tinto
bourride ⓕ bu·rrid sopa o guiso de pescado elaborado con pescado blanco como el rape
bouteille ⓕ bu·tɛy botella
brandade de morue ⓕ bra^n·dad de mo·rü brandada de bacalao, con leche, aceite de oliva y a veces con puré de patatas
brebis ⓕ bre·bi oveja
brème ⓕ brɛm brema
brioche ⓕ bri·osh pequeño bizcocho hecho con levadura, harina, huevos y mantequilla. Se le añade sabor con frutos secos, pasas o frutas caramelizadas
broche ⓕ brosh espeto
brochet ⓜ bro·she brocheta
brochette ⓕ bro·shɛt brocheta de carne, pescado o verduras hecha a la parrilla
brocoli ⓜ bro·ko·li brócoli
brouillé(e) ⓜ bru·ye revuelto
brûlot ⓜ brü·lo azúcar flambeada en coñac que se añade al café

brut ⓜ brüt (champán) seco
bûche de Noël ⓕ büsh de no·ɛl bizcocho con forma de tronco relleno y cubierto con una crema de mantequilla (normalmente con sabor a chocolate, vainilla o café) o helado, que se sirve tradicionalmente en Navidades.

~ C ~

cabillaud ⓜ ka·bi·yo bacalao
cacahuète ⓜ ka·ka·uɛt cacahuete
cacao ⓜ ka·ka·o cacao
café ⓜ ka·fe café
caille ⓕ kay codorniz
caillette ⓕ ka·yɛt croqueta o albóndiga
calmar ⓜ kal·mar calamar
canard ⓜ ka·nar pato
— à l'orange a lo·ra^{n}j pato estofado con coñac y cointreau, servido con naranjas y una salsa a base de naranjas
— à la rouennaise a la rue·nɛz 'al estilo de Ruen', pato relleno con salsa de vino tinto
cannelé ⓜ ka·ne·le repostería de estilo brioche hecha con harina de maíz. Se suele escribir canallé (Burdeos)
cannelle ⓕ ka·nɛl canela
câpre ⓕ kapr alcaparra
carbonnade ⓕ kar·bo·nad surtido de carnes hechas a la parrilla con carbón (la carne suele ser de cerdo)
— de bœuf de bœf guiso de ternera en trozos, hierbas y cebollas hervidas a fuego lento con cerveza (del norte de Francia)
carotte ⓕ ka·rot zanahoria
carpe ⓕ karp carpa
carré ⓜ ka·rre lomo o costillar
— d'agneau da·ño costillar de cordero
— de porc (au chou) de por (o shu) lomo de cerdo (con repollo)
carte ⓕ kart carta
— des vins dɛ ve^n carta de vinos
cassate ⓕ ka·sat helados de varios sabores, por encima se le suele poner frutas caramelizadas
casse-croûte ⓜ kas krut aperitivos
cassis ⓜ ka·sis (licor) de cassis
cassoulet ⓜ ka·su·lɛ cazuela o guiso con judías y carne (del sudoeste de Francia)
céleri ⓜ se·le·ri apio
cendre sa^{n}dr hecho a las brasas
cépage ⓜ se·paj variedad de uva o vid
cèpe ⓕ sɛp seta salvaje de la familia del boletus conocido por su fuerte sabor y textura carnosa
céréale ⓕ se·re·al cereal o grano
cerf ⓜ sɛr carne de venado
cerise ⓕ se·riz cereza
cervelas ⓜ sɛr·ve·la salchicha de cerdo curada con ajo; se toma caliente
cervelle ⓕ sɛr·vɛl sesos
champignon ⓜ sha^n·pi·ño^n champiñón
— de Paris de pa·ri champiñón
chanterelle ⓕ sha^n·trɛl seta boletus – igual que girolle
Chantilly ⓕ sha^n·ti·yi nata montada son sabor a vainilla
chapon ⓜ sha·po^n capón
charbonnade ⓕ shar·bo·nad carne hecha a la brasa con carbón
charcuterie ⓕ shar·kü·tri surtido de productos elaborados del cerdo que se curan, ahuman o se procesan como salchichas, jamones, patés y rillettes • la tienda donde se venden estos productos
charlotte ⓕ shar·lot postre de rebanadas de pan, bizcocho o soletillas, que se ponen como base en un molde redondo, relleno de frutas, nata montada o de un mousse de frutas
chasselas ⓜ shas·la un tipo de uva verde

chasseur sha·sœr 'cazador', salsa de vino blanco con setas, chalotas y trocitos de bacón
châtaigne ⓕ sha·teñ castaña
chateaubriand sha·to·bria^n filete grueso o filete de churrasco
chaud(e) ⓜ sho(d) caliente • templado
chaud-froid ⓜ sho frua 'caliente-frío', un trozo de carne, ave o pescado asado, que mientras se enfría se recubre de una salsa blanca cremosa que se solidifica
chaudrée ⓕ sho·dre guiso de pescado del Atlántico
chef de cuisine ⓜ shɛf de küi·zi^n chef
cheval ⓜ she·val caballo • carne de caballo
chèvre ⓕ shɛvr cabra • queso de leche de cabra
chevreuil ⓜ she·vrœy venado
chicorée ⓕ shi·ko·re achicoria
chipolata ⓕ shi·po·la·ta salchicha pequeña
chocolat ⓜ sho·ko·la chocolate
— chaud sho chocolate caliente
chou ⓜ shu repollo
— de Bruxelles de brük·sɛl coles de Bruselas
— rouge ruj repollo rojo
chou-fleur ⓜ shu flœr coliflor
choucroute ⓕ shu·krut choucroute
ciboule ⓕ si·bul cebolleta • chalota
cidre ⓜ sidr sidra
citron ⓜ si·tro^n limón
citron pressé ⓜ si·tro^n pre·se zumo de limón recién exprimido
citronnade ⓕ si·tro·nad limonada
citrouille ⓕ si·truy calabaza
civelle ⓕ si·vɛl anguila pequeña que normalmente se sirve frita
civet ⓜ si·vɛ guiso hecho con carne de caza marinada en vino tinto
clam ⓜ klam almeja
cochon ⓜ ko·sho^n cerdo
— de latí de lɛ cochinillo
cocktail ⓜ kok·tɛl primer plato frío de marisco o verduras crudas o frutas
cœur ⓜ kœr corazón
— de filet de fi·lɛ solomillo
coing ⓜ kua^n membrillo
commande ⓕ ko·ma^{n}d pedido
compote ⓕ kom·pot compota
compris(e) ⓕ kom·pri(z) incluido
concombre ⓜ ko^n·ko^{n}br pepino
confiserie ⓕ ko^n·fiz·ri productos de confitería • tienda de dulces o caramelos
confit ⓜ ko^n·fi carne en conserva, normalmente de pato, oca o cerdo. La carne se cocina en su grasa hasta que está tierna, luego se envasa y se conserva con grasa.
confiture ⓕ ko^n·fi·tür mermelada
congolais ⓜ ko^n·go·lɛ bizcocho de merengue de coco
consommation ⓕ ko^n·so·ma·sio^n consumición • término general para el pedido de comida y bebida en un restaurante
consommé ⓜ ko^n·so·me caldo de carne, ave o pescado, un poco aclarado que sirve de base para salsas o sopas
— à la printanière a la pre^n·ta·niɛr consommé con verduras de primavera
contre-filet ⓜ ko^{n}tr fi·lɛ solomillo de ternera asado
coq ⓜ kok gallo
— de bruyère de brü·yɛr urogallo
coque ⓕ kok berberecho
coquelet ⓜ kok·lɛ gallito joven
coquillage ⓜ ko·ki·yaj marisco
coquille Saint-Jacques ⓕ ko·kiy sɛ^n jak vieira
corbeille de fruits ⓕ kor·bɛy de früi cesta de frutas variadas
cornichon ⓜ kor·ni·sho^n pepinillo
côte ⓕ kot chuleta que tiene parte del solomillo

côtelette ⓕ kot·lɛt chuleta•morro
coulis ⓜ ku·li salsa de frutas o verduras
courge ⓕ kurj tuétano
courgette ⓕ kur·jɛt calabacín
couvert ⓜ ku·vɛr número de personas en un grupo en un restaurante • coste por cubierto
— gratuit gra·tüi no hay coste por cubierto
— vin et service compris veⁿ e sɛr·vis koⁿ·pri el precio incluye vino y servicio
crabe ⓜ krab cangrejo
crème ⓜ krɛm crema • postre con crema • sopa a base de crema
— anglaise aⁿ·glɛz natillas
— crue krü crema de leche cruda
— fouettée fuɛ·te nata montada
— fraîche frɛsh crema con mucha nata son un sabor algo amargo
— glacée gla·se helado
crêpe ⓕ krɛp crepes, tortitas muy finas que se sirven con distintos rellenos
— flambée flam·be crepe flambeada con coñac u otros licores
— Suzette sü·zɛt crepe con salsa de mandarina o de naranja y coñac
cresson ⓜ kre·soⁿ berro
crevette grise ⓕ kre·vɛt griz gamba gris
— rose ⓕ kre·vɛt roz gamba roja
croissant ⓜ krua·saⁿ cruasán, masa tipo hojaldre en forma de media luna que se suele tomar para desayunar
croquant ⓜ kro·kaⁿ galleta de mantequilla
croque-madame ⓜ krok ma·dam sándwich de jamón y queso con un huevo frito encima
croquembouche ⓜ kro·kam·bush postre de pastelitos mojados en caramelo y presentados en forma de pirámide
croque-monsieur ⓜ krok me·siœ sándwich de jamón y queso
croustade ⓕ krus·tad hojaldre relleno de guiso de pescado, carne, ave, setas o verduras
croûte ⓕ krut corteza o masa • hojaldre con distintos tipos de relleno
croûte (en —) krut (aⁿ —) 'en masa', comida recubierta de masa, tipo empanada
croûton ⓜ kru·toⁿ picatostes utilizados en ensaladas o sopas
cru ⓜ krü hace referencia a un viñedo en particular y a sus vinos
cru(e) ⓕ krü crudo
crudités ⓕ krü·di·te surtido de verduras crudas servidas como entrante y preparadas en rodajas gratinadas o en trocitos con una vinagreta
crustacé ⓜ krüs·ta·se crustáceos
cuire küir para cocinar
cuisine ⓕ küi·ziⁿ cocina
— bourgeoise bur·juaz cocina casera francesa de primera calidad
— campagnarde kam·pa·ñard cocina provincial, elaborada con los mejores ingredientes y técnicas más refinadas para preparar platos tradicionales de zonas rurales
cuisse ⓕ küis muslo • pierna
cuit(e) ⓜ küi(t) cocinado
— au tour o tur al horno
cul de veau ⓜ kül de vo filete de ternera o filete de cadera
cuvée ⓕ kü·ve mezcla de vino de distintos viñedos que se hace al elaborar el champán, también hace referencia a la cosecha

~ D ~

darne ⓜ darn rodaja de pescado crudo, como merluza, salmón o atún
datte ⓕ dat dátil
daube ⓕ dob guiso de carne, ave o caza cocinado en un caldo a base de vino
déjeuner ⓜ de·jœ·ne almuerzo

demi de·mi media • tamaño de un vaso de cerveza, alrededor de 0,33L
— -glace ⓕ ·glas salsa hecha con el jugo de la carne asada
— -sel ⓜ ·sɛl ligeramente salada
— -sec ⓜ ·sɛk ligeramente dulce (de vino)
dieppoise die·puaz 'al estilo de Dieppe', sopa compuesta normalmente de pescado, gamba, mejillón, verduras hierbas y crema, cocinada en sidra
digestif ⓜ di·jes·tif licor • bebida servida después de una comida
dijonnaise di·jo·nɛz 'al estilo de Dijon', platos con mostaza o presentados con una salsa a base de mostaza (Burgundy)
dinde/dindon ⓕ de^{n}d/de^{n}·do^{n} pavo
diplomate ⓜ di·plo·mat postre de bizcocho bañado en leche o licor, relleno de natillas y fruta caramelizada
dodine de canard ⓕ do·di^{n} de ka·nar pato relleno cocinado y servido con una salsa picante
domaine ⓜ do·mɛ^{n} viñedo • utilizado como etiqueta del vino, indica un vino de calidad excepcional
dos ⓜ do espalda • la parte más carnosa del pescado
doux/douce ⓕ du(s) suave • dulce • blando • sin sal (mantequilla)
duxelles ⓕ dük·sɛl champiñones cortados muy finos salteados en mantequilla con chalotas o cebollas, que se emplean como condimento o salsa

~ E ~

eau ⓕ o agua
— minérale mi·ne·ral agua mineral
— du robinet dü ro·bi·ne agua del grifo
— de source de surs agua de manantial
eau-de-vie ⓕ o de vi 'agua de vida', aguardiente de frutas o de frutos secos
écrevisse ⓕ e·kre·vis cigala
— à la nage a la naj cigala hervida a fuego lento en vino blanco. Se suele servir con pan y mantequilla como entrante
émincé ⓜ e·me^{n}·se carne en lonchas muy finas
endive ⓕ a^{n}·div endivia
— à la bruxelloise a la brük·se·luaz hojas de endivias envueltas en una loncha de jamón y cubiertas de salsa de queso
entrecôte ⓕ a^{n}·tre·kot entrecot
— chasseur sha·sœr carne hecha en salsa de vino blanco, champiñones y tomates
— marchand de vin mar·sha^{n} de ve^{n} filete hecho a fuego lento en vino tinto chalotas y cebollas
entrée ⓕ a^{n}·tre entrante servido antes del plat principal (plato principal)
entremets ⓜ a^{n}·tre·me dulces o postre a base de crema
épaule e·pol hombro
épinard ⓜ e·pi·nar espinaca
escabèche ⓕ ɛs·ka·bɛsh aliño para marinar con muchas especies que se utiliza para dar sabor y conservar pescado
escalope ⓕ ɛs·ka·lop loncha fina de carne sin hueso
— viennoise viɛ·nuaz filete de escalope o chuleta empanado
escargot ⓜ ɛs·kar·go caracoles
espadon ⓜ ɛs·pa·do^{n} pez espada
espagnole ɛs·pa·ñol 'al estilo español', suele incluir tomates, pimientos, pimentón, cebollas, ajo y arroz
estomac ⓜ ɛs·to·ma estómago
estouffade ⓕ ɛs·tu·fad carne de ternera o de cerdo, guisada en vino con zanahorias y hierbas (del sur de Francia)
estragon ⓜ ɛs·tra·go^{n} estragón

étouffé(e) ⓜ e·tu·fe estofado, comida al vapor o estofada en un recipiente bien cerrado con muy poco líquido
extra-sec ⓜ eks·tra sɛk muy seco (dicho del vino)

~ F ~

faisan ⓜ fɛ·za^n faisán
fait(e) maison ⓕ fɛ(t) mɛ·zo^n casero, de la casa
farce ⓕ fars relleno
farci(e) ⓕ far·si relleno
faux-filet ⓜ fo fi·lɛ solomillo de ternera
fenouil ⓜ fe·nuy hinojo
feuilletage ⓜ fœ·ye·taj milhojas, hojaldre
feuilleté ⓜ fœ·ye·te hojaldre relleno de fruta, queso, champiñones, carne, pescado o aves
fève ⓕ fɛv judía blanca
ficelle ⓕ fi·sɛl larga y fina baguette • carne tierna, normalmente ternera o pato hecha en un sabroso caldo
figue ⓕ fig higo
filet ⓜ fi·le filete de carne o pescado
financière fi·na^n·siɛr comida servida con un aliño de trufas, setas y vino de Madeira
fines herbes ⓕ fi^n zɛrb mezcla de hierbas troceadas, estragón, perejil, perifollo y cebolleta
flageolet ⓜ fla·jo·le judía
flamande fla·ma^{n}d 'al estilo flamenco', comida estofada con zanahorias, repollo, nabos, y a veces con bacón, patatas o salchicha y estofada con cerveza
flameé(e) ⓕ fla·me plato flambeado con licor por encima
flamiche ⓕ fla·mish tartaleta rellena de puerros, huevos y crema. A veces se le añade calabaza y queso Maroilles (Picardy)
flan ⓜ fla^n tarta abierta por arriba con distintos rellenos • postre de leche con caramelo
— parisien pa·ri·zia^n tartaleta rellena de crema de vainilla
florentine flo·ra^n·ti^n 'al estilo florentino', suelen ser platos a base de espinacas y a veces con una salsa cremosa
flûte ⓕ flüt trozos largos de pan parecidos a la baguette
foie ⓜ fua hígado
— gras gra hígado de oca o de pato. A los animales les engordan a la fuerza para acelerar el proceso.
fondee ⓕ fo^n·dü cazuela de queso fundido, o de aceite hirviendo o de caldo caliente para mojar carne o pan dentro
— bourguignonne bur·gui·ño^n pequeños trozos de ternera hechos en aceite hirviendo y mojados en distintas salsas
— chocolat sho·ko·la trozos de fruta o de bizcocho insertados en una fondue con chocolate derretido
— savoyarde sa·vo·yard pan metido en queso fundido al que se ha añadido vino blanco, ajo y brandy de cerezas (Saboya)
forestière fo·rɛs·tiɛr generalmente comida salteada con setas y bacón, o acompañada de una salsa a base de coñac
four ⓜ fur horno
fourchette ⓕ fur·shɛt tenedor
frais/fraîche ⓜ frɛ/frɛsh fresco
fraise ⓕ frɛz fresa
framboise ⓕ fram·buaz frambuesa • licor de frambuesa
frappé ⓜ fra·pe sirope/líquido que se hecha sobre hielo machacado
frappé(e) ⓕ fra·pe fresco • helado
friand ⓜ fria^n masa rellena de carne de salchicha picada, jamón y queso o crema de almendra
friandise ⓕ fria^n·diz exquisitez • manjar • dulces

fricadelle ⓕ fri·ka·dɛl pequeñas empanadillas de picadillo o albóndigas fritas
fricandeau ⓜ fri·ka^{n}·do filete de ternera hecho a fuego lento en vino blanco, verduras, hierbas y especias •paté de cerdo
fricassée ⓕ fri·ka·se carne de cordero, ternera o ave servida en una salsa cremosa, habitualmente con champiñones y cebollas • comida frita con rapidez, a veces con setas salvajes
frit(e) ⓜ fri(t) frito
frites ⓕ frit patatas fritas
friture ⓕ fri·tür fritura, normalmente de pescado como el chanquete
froid(e) ⓕ frua(d) frío/a
fromage ⓜ fro·maj queso
— **blanc** bla^{n} crema de queso
— **frais** frɛ productos lácteos fermentados parecidos a la cuajada o a un tipo de requesón
— **de tête** de tɛt queso de cerdo
fromagerie ⓕ fro·maj·ri quesería
fruit ⓜ früi fruta
— **confit** ko^{n}·fi fruta caramelizada o glaseada
— **glacé** gla·se fruta caramelizada o glaseada
— **de mer** de mɛr marisco
fumé(e) ⓕ fü·me ahumado
fumet ⓜ fü·me caldo aromático utilizado en sopas y salsas

~ G ~

galantine ⓕ ga·la^{n}·ti^{n} carne fría prensada,normalmente de ave, rellena y servida como entrante
galette ⓕ ga·lɛt crêpe hecha de harina de trigo sarraceno • bizcocho sencillo o masa tipo brioche o milhojas con distintos rellenos • pequeñas galletas de mantequilla
— **sarrasin** sa·ra·ze^{n} crêpe de harina de trigo sarraceno
gamba ⓕ gam·ba langostino
garbure ⓕ gar·bür sopa espesa de repollo con cerdo, patatas, verduras, especias y a veces con confit d'oie. Se puede cubrir de lonchas de pan y queso y gratinar al horno.
garni(e) ⓕ gar·ni guarnición
gâteau ⓜ ga·to bizcocho
gaufre ⓕ gofr gofre
gelée ⓕ je·le gelatina o jalea de fruta
genièvre ⓕ je·niɛvr enebrina
génoise ⓕ je·nuaz bizcocho sabroso que se come tal cual o se utiliza como base para preparar otros bizcochos
gésier ⓜ je·ziɛ entrañas de aves
gibelotte de lapin ⓕ ji·be·lot de la·pe^{n} conejo estofado en salsa de vino con bacón, patatas, champiñones, ajo, hierbas y cebolla
gibier ⓜ ji·biɛ caza
— **en saison** an sɛ·zo^{n} caza de temporada
gigot ⓜ ji·go pierna, normalmente de cordero
gigue ⓕ jig anca
gingembre ⓜ je^{n}·jambr jengibre
girolle ⓕ ji·rol seta boletus, igual que la seta de San Juan
glace ⓕ glas hielo • helado
glacé(e) ⓜ ⓕ gla·se helado
glaçon ⓜ gla·so^{n} cubito de hielo
graisse ⓕ grɛs grasa • sebo
grand cru ⓜ gra^{n} krü vino excepcional
grand vin ⓜ gra^{n} ve^{n} vino excepcional
grand(e) ⓕ gra^{n}(d) grande
granité ⓜ gra·ni·te granizado de frutas o sorbete
gras-double ⓜ gra dubl callos, se pueden cocinar en agua, moldear en rectángulos o cortar en tiras y estofarlos con tomates y cebollas
grecque grɛk 'al estilo griego', comida preparada con aceite de oliva, cebollas, limón y a veces con tomate, pimientos o con hinojo

grenadin ⓜ gre·na·deⁿ filete de ternera (o de ave) envuelto en una fina loncha de bacón
grenouille ⓕ gre·nuy rana
— cuisses de küis de ancas de rana
grillade ⓕ gri·yad parrilla variada
grillé(e) ⓕ gri·ye parrilla
grillons ⓜ gri·yoⁿ trozos de cerdo o pato cocinados hasta que están crujientes
griotte ⓕ gri·ot guinda
grive ⓕ griv zorzal
groseille ⓕ gro·sɛy grosellas
— à maquereau a ma·kro grosella espinosa

~ H ~

haché(e) ⓕ a·she troceado/a picado
hareng ⓜ a·raⁿ arenque
— fumé fü·me arenque ahumado
haricot ⓜ a·ri·ko judía
— blanc blaⁿ judías blancas
— rouge ruj judías rojas
— vert vɛr judías verdes
haute cuisine ⓕ ot küi·ziⁿ 'alta cocina', estilo de cocina clásico francés cuyos orígenes se remontan a los espectaculares banquetes de los reyes franceses. Lo típico son numerosos platos, muy elaborados y presentados con mucho gusto.
herbe ⓕ ɛrb hierba
hollandaise o·laⁿ·dɛz salsa elaborada con aceite y yema de huevo y con un toque de limón recién exprimido
homard ⓜ o·mar bogavante
— à l'armoricaine/à l'américaine a lar·mo·ri·kɛⁿ/a la·me·ri·kɛⁿ bogavante al vino blanco con tomates, chalotas, ajo, pimiento y flambeada en coñac o whisky y servido con una salsa
— Newburg niu·bür bogavante cortado, cocinado en vino de Madeira y servido con una salsa cremosa
— Thermidor tɛr·mi·dor bogavante salteado en mantequilla, presentado sin pelar con vino blanco y salsa bechamel a la que se le añade sabor con chalotas, especias mostaza y se le añade queso derretido por encima
hors-d'œuvre ⓜ or·dœvr aperitivo
huile ⓕ üil aceite
huître ⓕ üitr ostra

~ I ~

île flottante ⓕ il flo·taⁿ postre de claras de huevo batidas flotando sobre natillas y con crema de caramelo por encima
indienne eⁿ·diɛⁿ 'al estilo indio', normalmente platos con curry
infusion ⓕ eⁿ·fü·zioⁿ infusión

~ J ~

jalousie ⓕ ja·lu·zi hojaldre relleno de pasta de almendra y jalea
jambon ⓜ jaⁿ·boⁿ jamón
— de Bayonne de ba·yoⁿ crudo, ligeramente salado (país vasco francés)
— de canard de ka·nar pechuga de pato curada o ahumada
— chaud sho jamón al horno
— cru krü jamón crudo
jardinière jar·di·niɛr 'al estilo jardinero', plato de verduras cocinadas
jarret ⓜ ja·rre codillo o jarrete
joue ⓕ ju carrillo
julienne ⓕ jü·liɛⁿ verduras, a veces acompañadas de jamón o pechuga de pollo cortado en tiras largas y finas y hecho en mantequilla o servido crudo
jus ⓜ jü zumo • salsa hecha con el jugo de asar la carne

~ K ~

kascher ka·shɛr kosher
kir ⓜ kir vino blanco con cassis
— royal rua·yal champán con cassis
kirsch ⓜ kirsh eau-de-vie de cereza o brandy

kriek ⓕ kriek cerveza belga con sabor a cerezas
kugelhopf kü·gue·lop bizcocho de chocolate, almendras y pasas sultana (Alsacia)

~ L ~

lait ⓜ lɛ leche
— cru krü cruda o sin pasteurizar utilizada en la elaboración de ciertos quesos
— écrémé e·kre·me leche desnatada
laitance ⓕ lɛ·ta^{n}s lecha (líquido seminal de los peces)
laitue ⓕ lɛ·tü lechuga
langouste ⓕ la^n·gust langosta
langoustine ⓕ la^n·gus·ti^n langostino
langue ⓕ la^{n}g lengua
lapin ⓜ la·pe^n conejo
— de garenne de ga·rɛ^n conejo salvaje
lard ⓜ lar bacón
— fumé fü·me bacón ahumado
— maigre mɛgr bacón magro
lardon ⓜ lar·do^n trozos de bacón
légume ⓜ le·güm verduras
légumes jardinière ⓜ le·güm jar·di·niɛr verduras frescas en trocitos (normalmente zanahorias, nabos, judías y coliflor) con mantequilla perifollo y crema
lentille ⓕ la^n·tiy lenteja
lièvre ⓜ liɛvr liebre
— en civet a^n si·vɛ guiso de liebre
limande ⓕ li·ma^{n}d lenguado al limón
limonade ⓕ li·mo·nad limonada
longe ⓕ lo^{n}j lomo
— de veau farcie de vo far·si lomo de ternera relleno
lorraine lo·rrɛ^n 'al estilo de Lorena', generalmente un plato con acompañamiento de croquetas de lombarda y patatas, o lonchas de bacón y queso Gruyère
lyonnaise lio·nɛz 'al estilo de Lyon', plato que suele incluir cebollas doraditas sazonadas con vino, ajo y perejil

~ M ~

madeleine ⓕ mad·lɛ^n magdalenas con sabor a limón, almendra o canela
madère ma·dɛr 'al estilo de Madeira', platos elaborados con salsas hechas con este vino dulce portugués
magret ⓜ ma·grɛ pechuga de un pato engordado criado especiamente para hacer foie gras (véase jambon de canard)
maigre mɛgr magro o sin carne
maïs ⓜ ma·is maíz
maison (de la —) mɛ·zo^n (de la —) especialidad de la casa
mange-tout ⓜ ma^{n}j tu tirabeque
maquereau ⓜ ma·kro caballa
marc ⓜ mar bebida elaborada con la piel de uvas destiladas y con la pulpa sobrante tras pensarla para hacer vino
marcassin ⓜ mar·ka·se^n cochinillo
marchand de vin mar·sha^n de ve^n vendedor de vino • 'al estilo del vendedor de vino', plato elaborado con vino (tinto)
marengo ⓜ ma·ra^n·go ternera o pollo guisado servido sobre una tostada y acompañado de cangrejo o gambas
marinade ⓕ ma·ri·nad líquido en el que se introduce carne, pescado o verduras para que se impregnen de sabor y se ablanden. La marinada tiene mucho sabor y puede incluir vino o vinagre, aceite, hierbas y verduras aromáticas
mariné(e) ⓕ ma·ri·ne marinado
marinière ma·ri·niɛr 'al estilo marinero', mejillones u otros moluscos hervidos a fuego lento con vino blanco, cebollas perejil, tomillo y laurel

marmelade ⓕ mar·me·lad mermelada de frutas o compota
marron ⓜ ma·rroⁿ castaña (véase también châtaigne)
massepain ⓜ mas·peⁿ mazapán, pasta de almendra
matelote ⓕ mat·lot guiso de pescado (normalmente anguila) con vino, cebolla, chalotas, ajo y champiñones
mayonnaise ⓕ ma·yo·nɛz mayonesa
melon ⓜ me·loⁿ melón
menthe ⓕ maⁿt menta
menu ⓜ me·nü generalmente un menú fijo a un precio establecido (menu à prix fixe)
— de dégustation de de·güs·ta·sioⁿ menú degustación, un menú especial en el que se prueban pequeñas porciones de numerosos platos
merguez ⓕ mɛr·gue salchicha roja y especiada hecha de ternera o de oveja, originaria del norte de África
merveille ⓕ mɛr·vɛy masa frita con azúcar espolvoreada por encima
meunière mœ·niɛr ligeramente salteado en mantequilla, se le puede añadir zumo de limón y perejil picado
meurette ⓕ mœ·rɛt salsa de vino tinto
michette ⓕ mi·shɛt pan relleno de queso, aceitunas, cebolla y anchoas (Niza)
miel ⓜ miɛl miel
mignon ⓜ mi·ñoⁿ trozo pequeño de solomillo de ternera o cerdo
mijoté(e) ⓕ mi·jo·te hervir a fuego lento
millas ⓜ mi·las bizcocho de maicena y grasa de oca que se come con un plato de carne
— de Bordeaux de bor·do tarta de crema con cerezas
mille-feuille ⓜ mil fœy milhojas, normalmente con relleno de crema
mirabelle ⓕ mi·ra·bɛl ciruela amarilla pequeña, que se utiliza en tartas y para preparar licores y brandy de ciruela (Alsacia, Lorena)
miroton ⓜ mi·ro·toⁿ rodajas de ternera cocinadas previamente, normalmente sobras, cocidas a fuego lento con cebollas y que se sirven como guiso
mode (à la —) mod (a la —) 'a la manera de', suele significar hecho según la receta local (véase también bœuf à la mode)
moelle ⓕ mual tuétano del hueso
mont-blanc ⓜ moⁿ blaⁿ puré de castaña de bote con o sin base de merengue con crema Chantilly encima
morceau ⓜ mor·so trozo o pieza
morille ⓕ mo·riy colmenilla, una seta con sombrero de forma ovoide y de forma similar a un panel de abejas
Mornay (sauce —) ⓕ mor·nɛ salsa bechamel con queso Gruyère a la que a veces se añade yema de huevo
morue ⓕ mo·rü bacalao
moule ⓕ mul mejillón
mousseline ⓕ mus·liⁿ puré ligero o relleno suavizado con nata montada • una variación de la salsa holandesa hecha con nata montada
mousseron ⓜ mus·roⁿ pimpinella morada, una seta salvaje
mousseux ⓜ mu·sœ espumoso • vino espumoso
moutarde ⓕ mu·tard mostaza
mouton ⓜ mu·toⁿ oveja
mulet ⓜ mü·le salmonete
mûre ⓕ mür mora
muscat ⓜ müs·ka tipo de uva • un vino dulce de postre
museau ⓜ mü·zo hocico
myrtille ⓕ mir·tiy arándanos

~ N ~

nature na·tür al natural
navarin ⓜ na·va·reⁿ carne de oveja o de cordero guisada con hierbas y verduras

navet ⓜ na·vɛ nabo
neige ⓕ nej 'nieve', clara de huevo batida
noir(e) ⓕ nuar negro/a
noisette ⓕ nua·zɛt avellana • corte redondo y sin hueso de cordero o ternera
noix ⓕ nua nuez
— du Brésil bre·zil nuez de Brasil
— de coco de ko·ko coco
normande nor·ma^{n}d 'al estilo normando', suele ser un plato de carne, marisco o verduras servido con crema
note ⓕ not cuenta (en un restaurante)
nouilles ⓕ nuy fideos
nouvelle cuisine ⓕ nu·vɛl küi·zi^n comida preparada y presentada para enfatizar en las texturas y los colores inherentes de los ingredientes. Suelen ser pequeñas raciones acompañadas de salsas ligeras

~ O ~

œuf ⓜ œf huevo
— brouillé bru·ye huevos revueltos
— à la coque a la kok huevo pasado por agua
— dur dür huevo duro
— frit fri huevo frito
oie ⓕ ua oca
oignon ⓜ o·ño^n cebolla
olive ⓕ o·liv aceituna
omelette ⓕ om·lɛt tortilla
onglet ⓜ o^n·glɛ excelente corte de ternera
orange ⓕ o·ra^{n}j naranja
— pressée ⓕ pre·se zumo de naranja recién exprimido
oreille ⓕ o·rɛy oreja
orge ⓕ orj cebada
os ⓜ os hueso
— à moelle a mual hueso con tuétano

~ P ~

pain ⓜ pɛ^n pan
palmier ⓜ pal·mie dulce en forma de hoja de palmera
palourde ⓕ pa·lurd almeja de tamaño mediano
pamplemousse ⓜ pam·ple·mus pomelo
pan-bagnat ⓜ pa^n ba·ña pequeñas rebanadas de pan redondas, partidas o vaciadas, empapadas en aceite de oliva y rellenas de cebollas, verduras, anchoas y aceitunas negras (Niza)
panaché ⓜ pa·na·she clara (cerveza con limonada)
panais ⓜ pa·nɛ chirivía
pané(e) ⓕ pa·ne empanado en pan rallado
panisse ⓜ pa·nis tortita o empanada de harina de garbanzo, frita y servida con ciertos platos de carne (Provenza)
papillote ⓕ pa·pi·yot alimento cocinado envuelto en papel de plata
parfait ⓜ par·fɛ postre compuesto de helado servido en una copa alta y acompañado a veces de crema, fruta, frutos secos y licor
Paris-Brest ⓜ pa·ri brest bizcocho en forma de anillo, relleno de crema de mantequilla, decorado con láminas de almendras y con azúcar glas
Parmentier ⓜ par·ma^n·tiɛ cualquier plato que lleve patatas
pastèque ⓕ pas·tɛk sandía
pastis ⓜ pas·tis bebida con sabor a anís que se bebe de aperitivo y se mezcla siempre con agua
patate douce ⓕ pa·tat dus batata
pâté ⓜ pa·te paté, normalmente de cerdo. A veces se llama terrina
— de foie gras de fua gra paté de hígado de oca o de pato
— maison mɛ·zo^n paté casero, hecho con la receta de cada restaurante

pâtes ⓕ pat pasta • fideos
pâtisserie ⓕ pa·tis·ri repostería • pastelería
pavé ⓜ pa·ve filete grueso
paysanne pɛi·za^n 'al estilo campesino', plato preparado con distintas verduras y vino, o una variedad de verduras cortadas, utilizadas para acompañar una sopa o una tortilla
pêche ⓕ pɛsh melocotón
perche ⓕ pɛrsh perca
perdrix ⓕ pɛr·drix perdiz
Périgourdine pe·ri·gur·di^n 'al estilo del Perigord', plato que contiene trufas o foie gras
persil ⓜ pɛr·sil perejil
persillade ⓕ pɛr·si·yad mezcla de ajo y perejil picado que se añade a algunas recetas cuando terminan de cocinarse
pet-de-nonne ⓜ pɛ de no^n 'pedo de monja', pequeños buñuelos fritos servidos calientes con azúcar o con unzumo lígero de fruta
pied ⓜ piɛ pie • pezuña
pigeon ⓜ pi·jo^n paloma
pignon ⓜ pi·ño^n piñón
piment ⓜ pi·ma^n pimentón, pimientos rojos pequeños
pintade ⓕ pi^n·tad pintada
pistache ⓕ pis·tash pistacho
pistache (en —) pis·tash (a^n —) plato preparado con ajo
pistou ⓜ pis·tu pesto, pasta de albahaca y ajo
plat ⓜ pla plato
— du jour dü jur plato del día
— principal pre^n·si·pal plato principal
plateau de fromage ⓜ pla·to de fro·maj tabla de quesos
pleurote ⓜ plœ·rot seta de cardo, seta blanca y suave con una carne tierna
pluvier ⓜ plü·viɛ chorlitejo grande (pájaro que se caza)
poché(e) ⓜ ⓕ po·she escalfado • cocido a fuego lento
poêlé(e) ⓜ ⓕ pua·le frito en sartén
point (à —) pua^n (a —) carne medio hecha o bien hecha, que suele estar aun roja
poire ⓕ puar pera
poiré ⓜ pua·re sidra de peras
poireau ⓜ pua·ro puerro
pois ⓜ pua guisante
— cassé ka·se guisante seco
— chiche shish garbanzo
poisson ⓜ pua·so^n pescado
— d'eau douce do dus pescado de río
— de mer de mɛr pescado de mar
poissonnerie ⓕ pua·so^n·ri pescadería
poitrine ⓕ pua·tri^n pecho (carne de la zona del pecho)
poivre ⓜ puavr pimienta
poivron ⓜ pua·vro^n pimentón o pimiento dulce
pomme ⓕ pom manzana
pomme de terre ⓕ pom de tɛr patata
pomme chips pom ships patatas fritas (de bolsa)
pomme duchesse pom dü·shɛs buñuelo frito relleno de puré de patata, mantequilla y yema de huevo
porc ⓜ por cerdo
porto ⓜ por·to oporto
potage ⓜ po·taj sopa espesa a base de verduras o legumbres pasadas por el pasapurés
pot-au-feu ⓜ pot o fœ parecido al cocido: ternera y tubérculos cocidos. Normalmente el caldo se sirve de primero y la carne y verduras como plato principal.
potée ⓕ po·te carne (por lo general cerdo) y verduras cocidas en cazuela de barro
potimarron ⓜ po·ti·ma·rro^n una variedad de calabaza
potiron ⓜ po·ti·ro^n calabaza
pouding ⓜ pu·di^n pudín
poularde ⓕ pu·lard pularda

poulet ⓜ pu·lɛ pollo
— chasseur sha·sœr pollo salteado con vino blanco, champiñones, chalotas y bacón
— au pot o po pollo entero relleno de trozos de pan, jamón y estofado con verduras
poulpe ⓕ pulp pulpo
poussin ⓜ pu·se^{n} pollo joven
praire ⓕ prɛr almeja
praline ⓕ pra·li^{n} almendras que pueden tener sabor a café o chocolate y recubiertas de azúcar
pré-salé ⓜ pre sa·le cordero alimentado en las praderas, algo saladas, del Atlántico o del Canal de la Mancha
premier cru pre·miɛ krü vinos de muy buena calidad de unos viñedos específicos
primeur ⓜ pri·mœr verduras o frutas de primavera
printanière pre^{n}·ta·niɛr plato preparado o servido con verduras frescas de primavera
produits de la mer pro·düi de la mɛr marisco
profiterole ⓜ pro·fi·trol pequeña bola de masa de repostería con un relleno dulce o sabroso
provençale pro·va^{n}·sal 'al estilo de la Provenza', plato normalmente preparado con aceite de oliva, tomates, ajos, cebollas, aceitunas, pimientos y distintas hierbas
prune ⓕ prü^{n} ciruela
pruneau ⓜ prü·no ciruelas pasas
puits d'amour püi da·mur pequeñas bolitas de masa rellenas de crema o de jalea y espolvoreadas con azúcar

~ Q ~

quenelle ⓕ ke·nɛl bola de masa de pescado o carne, relleno, huevo y harina, con forma ovalada que se suele servir hervida
— de brochet de bro·she bola en brocheta
queue ⓕ kœ cola, rabo
quiche ⓕ kish masa sobre la que se pone un relleno de carne, pescado o verduras y se mete al horno con huevos batidos y nata líquida

~ R ~

raclette ⓕ ra·klɛt queso derretido que se sirve de un bloque de queso colocado delante de una parilla vertical; se acompaña de patatas y pepinillos (Saboya)
radis ⓜ ra·di rabanitos
ragoût ⓜ ra·gu guiso de carne, ave pescado y/o verduras
raie ⓕ rɛ raya
raisin ⓜ rɛ·ze^{n} uvas
rascasse ⓕ ras·kas pez diablo, un pescado grotesco pero delicioso, fundamental en la bouillabaisse (mediterráneo)
ratatouille ⓕ ra·ta·tuy 'guiso' de verduras: tomates, calabacín, berenjena, pimientos, cebollas, sazonadas con ajo, hierbas y aceite de oliva, servidas con zumo de limón
reine rɛ^{n} 'al estilo de la reina', un plato con carne de ave
religieuse ⓕ re·li·jœz dos capas de masa, rellenas de crema con sabor a café o chocolate y cubiertas de glaseado
rémoulade ⓕ re·mu·lad salsa clásica elaborada con la mezcla de mayonesa y mostaza, alcaparras, pepinillos cortados, hierbas y anchoas, servido frío con apio rallado o como acompañamiento para carnes frías o mariscos
rillettes ⓕ ri·lɛt carne cocida (normalmente de cerdo), cortada en trozos gruesos que se come untada sobre una tostada o sobre pan

rillons (m) ri·yo^{n} trozos de cerdo o pato hechos hasta que quedan crujientes
ris de veau (m) ri de vo mollejas
rissole (f) ri·sol empanadilla frita o al horno, con relleno de carne, ave o verduras
riz (m) ri arroz
rognon (m) ro·ño^{n} riñón
romarin (m) ro·ma·re^{n} romero
rosbif (m) ros·bif rosbif
rosette de Lyon (f) ro·zɛt de li·o^{n} salchicha de cerdo grande (como el salami)
rôti (m) ro·ti asado
rouget (m) ru·je salmonete
rouille (f) ruy salsa alïoli espesa
roulade (f) ru·lad loncha de carne o pescado enrollada alrededor de un relleno • un soufflé de verduras
roulé(e) (f) ru·le enrollado

~ S ~

sabayon (m) sa·ba·yo^{n} postre cremoso de huevos batidos, azúcar, vino o licor, al que se añade zumo de limón
sablé (m) sa·ble galleta dulce de mantequilla
safran (m) sa·fra^{n} azafrán
saignant(e) (f) sɛ·ña^{n}(t) poco hecho/a (carne)
saisi(e) (f) sɛ·zi dorado/a
salade (f) sa·lad ensalada • lechuga
— composée kom·po·ze ensalada mixta
— verte vɛrt ensalada verde
salé(e) (f) sa·le salteado/a
salmis (m) sal·mi carne de caza o de ave asada parcialmente y luego hervida en vino a fuego lento
sang (m) sa^{n}g sangre
sanglier (sauvage) (m) sa^{n}·gliɛ (so·vaj) jabalí
sanguette (f) sa^{n}·guɛt boudin salchicha (suele ser plana) hecha de sangre de conejo, pato o ganso (Périgord)
sauce (f) sos salsa
saucisse (f) so·sis salchicha
— de Francfort de fra^{n}k·for de Frankfurt
— de Strasbourg de straz·bur de Estrasburgo
— de Toulouse de tu·luz salchicha suave de cerdo
saucisson (m) so·si·so^{n} salchichón
— à l'ail a lai salchichón de ajo
— de Lyon de li·o^{n} salchichón de cerdo larga, curado y sazonado con ajo, pimiento o una salchicha hervida similar al saucisson à l'ail
— sec sɛk salchichón curado (como el salami)
saumon (m) so·mon salmón
sauté(e) (f) so·te salteado
sauvage so·vaj salvaje
savarin (m) sa·va·re^{n} bizcocho en forma de anillo bañado en sirope de ron y relleno de crema o de nata montada y fruta
savoie (f) sa·vua bizcocho ligero hecho con las claras de huevo batidas
sec/sèche (m) sɛk/sɛsh seco/a
séché(e) (f) se·she seco/a
seiche (f) sɛsh sepia
sel (m) sel sal
semoule (f) se·mul sémola
service (m) sɛr·vis servicio (de camarero)
— compris kom·pri servicio incluido (se suele abreviar como s.c. al final de la cuenta), el precio del servicio se incluye en el precio de cada plato. Se paga el total que viene al final
— en sus a^{n} süs se calcula el porcentaje en concepto de servicio una vez que se ha sumado la cuenta de lo que se ha pedido. Se paga el total que viene al final
serviette (f) sɛr·viɛt servilleta
sésame (m) se·zam sésamo

sirop ⓜ si·ro sirope de frutas o refresco concentrado que se sirve mezclado con agua con o sin gas
soja ⓜ so·ja soja
solette ⓕ so·lɛt lenguado pequeño
sorbet ⓜ sor·be sorbete
soubise ⓕ su·biz plato servido con crema de cebolla y arroz
soufflé su·fle soufflé
soupe ⓕ sup sopa, suele ser espesa y abundante
spéciale ⓕ spe·sial ostra de primera calidad
spécialité (de la maison) ⓕ spe·sia·li·te (de la mɛ·zoⁿ) especialidad de la casa
steak ⓜ stek filete
— tartare tar·tar filete a la tártara, carne picada cruda preparada con cebolla, yema de huevo, alcaparras y perejil
sucre ⓜ sükr azúcar
sucré(e) ⓜ ⓕ sü·kre azucarado/a
suprême de volaille ⓕ sü·prɛm de vo·lay pechuga de pollo con hueso en salsa cremosa
sur commande sür ko·maⁿd bajo encargo

~ T ~

table d'hôte ⓕ tabl dot comida a un precio cerrado y a una hora establecida
taboulé ⓜ ta·bu·le tabulé, ensalada de cuscús con perejil, menta, tomates y cebollas, aliñada con aceite de oliva y zumo de limón
tapenade ⓕ ta·pe·nad mezcla para untar hecha de puré de aceitunas, anchoas, alcaparras, aceite de oliva y limón, se come con pan o con huevos duros
tarte ⓕ tart flan • tarta
— aux fraises o frɛz tarta de fresas
— Tatin ta·teⁿ tipo de tarta con masa sobre fruta, normalmente manzanas
tartiflette ⓕ tar·ti·flɛt plato de patatas, queso Reblochon y a veces con bacón (Saboya)
tartine ⓕ tar·tiⁿ rebanada de pan con cualquier alimento por encima o guarnición como mantequilla, jalea, miel, queso fresco
tendron ⓜ taⁿ·droⁿ corte de carne desde el final de las costillas hasta el esternón
terrine ⓕ tɛ·rriⁿ preparación de carne, ave, pescado o caza, asado en un cuenco de cerámica llamado terrina y servido frío
tête ⓕ tɛt cabeza
thé ⓜ te té
— au citron o si·troⁿ té con limón
— au latí o lɛ té con leche
— nature na·tür té solo
thon ⓜ toⁿ atún
timbale ⓕ tim·bal guiso de carne, pescado o marisco que se cocina envuelto en masa tipo empanada • arroz o pasta con verduras, cocinado en un molde redondo, servido con una salsa
tisane ⓕ ti·zaⁿ té de hierbas
— de camomille de ka·mo·miy manzanilla
— de menthe de maⁿt poleo menta
— de tilleul de ti·yœl tila
tomate ⓕ to·mat tomate
topinambour ⓕ to·pi·nam·bur pataca
tournedos ⓜ tur·ne·do filete de ternera, redondo y grueso
— Rossini ro·si·ni tournedos acompañado de foie gras y trufas y servido con salsa de vino de Madeira
tourte ⓕ turt pastel dulce o salado
tourteau ⓜ tur·to cangrejo grande
tourtière ⓕ tur·tiɛr pastel dulce o salado
tout compris tu kom·pri todo incluido(precio)
traiteur ⓜ trɛ·tœr tienda en la que venden delicatessen o platos preparados

tranche ⓕ tra^{n}sh loncha
tranché ⓜ tra^n·she en lonchas
tripes trip callos
— à la mode de Caen a la mod de kaa^n callos con sidra, puerros y zanahorias
troquet ⓜ tro·ke taberna • café • restaurante pequeño
truffe ⓕ trüf trufa
— en chocolat an sho·ko·la trufa de chocolate
truite ⓕ trüit trucha
— au bleu o blœ trucha hecha a fuego lento en un caldo corto de vinagre, vino blanco, hierbas y verduras
tuile ⓕ tüil 'teja', dulce de almendra en forma de teja

~ V ~

vache ⓕ vash vaca
vanille ⓕ va·niy vainilla
vapeur ⓕ va·pœr vapor
vapeur (à la —) va·pœr (a la —) al vapor
varié(e) ⓕ va·rie surtido
veau ⓜ vo ternera
velouté ⓜ ve·lu·te sopa cremosa preparada con verduras, marisco o puré de pescado
venaison ⓕ ve·nɛ·zo^n venado
verdure ⓕ vɛr·dür verdura
viande ⓕ via^{n}d carne
— hachée a·she carne picada
— séchée se·she ternera seca servida en lonchas muy finas como hors d'œuvre
— froide fruad carne fría
viennoiserie ⓕ viɛ·nuaz·ri productos horneados como los cruasanes y brioches
vin ⓜ ve^n vino
— blanc bla^n vino blanco
— doux du vino dulce o de postre
— mousseux mu·sœ vino espumoso
— ordinaire or·di·nɛr vino de mesa
— de pays de pɛi vino de la zona, de calidad aceptable y que por lo general se deja beber
— rouge ruj vino tinto
— sec sɛk vino seco
— de table de tabl vino de mesa, barato y de baja calidad
vinaigre ⓜ vi·nɛgr vinagre
volaille ⓕ vo·lay aves
vol-au-vent ⓜ vol o va^n cestas de hojaldre rellenas de una mezcla de salsa y carne, pescado o verduras

~ W ~

waterzoï ⓜ ua·tɛr·zoi pollo, y a veces pescado, hecho a fuego lento con verduras cortadas (especialmente puerros) y servido con salsa, crema y yema de huevo (norte de Francia)

~ Y ~

yaourt ⓜ ya·urt yogurt
— à boire a buar bebida de yogurt
— brassé bra·se yogurt cremoso
— maigre mɛgr yogurt desnatado

A

Diccionario

ESPAÑOL-FRANCÉS

español–francés

A

a à a
a menudo souvent su·vaⁿ
a tiempo à l'heure a lœr
a tiempo completo à plein temps a plɛⁿ taⁿ
a tiempo parcial à temps partiel a taⁿ par·siɛl
a veces quelquefois kɛlk·fua
abajo en bas aⁿ ba
abandonar,dar de lado laisser tomber lɛ·se toⁿ·be
abarrotado/a bondé(e) boⁿ·de
abeja abeille a·bɛy
abierto/a ouvert(e) u·vɛr(t)
abogado avocat(e) a·vo·ka(t)
abordo à bord a bor
aborto avortement a·vor·te·maⁿ
aborto espontáneo fausse couche fɛr üⁿ fos kush
abrazar embrasser aⁿ·bra·se
abrebotellas ouvre-bouteille uvr bu·tɛy
abrelatas ouvre-boîte uvr buat
abrigo manteau maⁿ·to
abril avril a·vril
abrir ouvrir u·vrir
abuela grand-mère graⁿ mɛr
abuelo grand-père graⁿ pɛr
abuelos grands-parents graⁿ pa·raⁿ
abundancia abondance a·boⁿ·daⁿs
aburrido/a ennuyeux/ennuyeuse aⁿ·nüi·yœ/aⁿ·nüi·yœz
aburrirse s'ennuyer saⁿ·nüi·ye
acabarse manquer de maⁿ·ke de
acantilado falaise fa·lɛz
accidente accident ak·si·daⁿ
aceite huile üil
ácido (droga) acide a· sid
acontecimiento événement e·veⁿ·maⁿ
acoso harcèlement ar·sɛl·maⁿ
activista militant/militante mi·li·taⁿ(t)
actor acteur/actrice ak·tœr/ak·tris
actual actuel(le) ak·tüɛl
actualidad actualité ak·tüa·li·te
actuar joder ju·e
acupuntura acupuncture a·kü·poⁿ·tür
adaptador adaptateur a·dap·ta·tœr
adicción dépendance de·paⁿ·daⁿs
adicción a las drogas toxicomanie tok·si·ko·ma·ni
adicional supplémentaire sü·ple·maⁿ·tɛr
adiós au revoir o re·vuar
adivinar deviner de·vi·ne
administración administration ad·mi·nis·tra·sioⁿ
administrativo/a employé(e) de bureau aⁿ·plua·ye de bü·ro
admirador fan faⁿ
admirar admirer ad·mi·re
admitir admettre ad·metr
adorar adorer a·do·re
aduana douane du·aⁿ
adulto adulte a·dült
adversario adversaire ad·vɛr·sɛr
advertencia avertissement a·vɛr·tis·maⁿ

DICCIONARIO

aerobics aérobic ae·ro·bik
aerograma aérogramme ae·ro·gram
aerolínea ligne aérienne liñ ae·riɛ^n
aeropuerto aéroport ae·ro·por
afección cardiaca maladie de cœur ma·la·di de kœr
afectuoso/a aimant(e) ɛ·ma^n(t)
afeitarse se raser se ra·ze
afición passe-temps pas ta^n
aficionado amateur a·ma·tœr
afilado/a tranchant(e) tra^n·sha^n(t)
África Afrique a·frik
aftas muguet mü·gɛ
afueras (las) banlieue ba^n·liœ
agencia de viajes agence de voyage a·ja^{n}s de vua·yaj
agencia inmobiliaria agence immobilière a·ja^{n}s i·mo·bi·liɛr
agente (policía) agent de police a·ja^n de po·lis
agitar agiter a·ji·te
agosto août ut
agotado/a épuisé(e) e·püi·ze
agradable agréable a·gre·abl
agradecer remercier re·mɛr·sie
agradecido/a reconnaissant(e) re·ko·nɛ·sa^n(t)
agresivo/a agressif/agressive a·gre·sif/a·gre·siv
agricultor agriculteur/agricultrice a·gri·kül·tœr/a·gri·kül·tris
agricultura agriculture a·gri·kül·tür
agua eau o
agua mineral eau minérale o mi·ne·ral
aguja aiguille ɛ·güy
agujero trou tru
ahora maintenant mɛ^{n}t·na^n
aire acondicionado climatisé kli·ma·ti·ze
aire air ɛr
ajedrez échecs e·shɛk
ajustado/a étroit(e) e·trua(t)
al lado de à côté de a ko·te de
al lado del mar bord de la mer bor de la mɛr
alambre fil de fer fil de fɛr
alas ailes ɛl
albergue juvenil auberge de jeunesse o·bɛrj de jœ·nɛs
alcalde maire mɛr
alcanzar atteindre a·tɛ^{n}dr
alcohol alcool al·kol
Alemania Allemagne al·mañ
alergia allergie a·lɛr·ji
alfiler épingle e·pe^{n}gl
alfombra tapis ta·pi
algo quelque chose kelk shoz
algodón coton ko·to^n
alguien quelqu'un kɛl·kœ^n
alguno/a/os/as du/de la/des dü/de la/dɛ
algunos quelques kɛlk
alimentar nourrir nu·rrir
allí là la
almohada oreiller o·rɛ·ye
almuerzo déjeuner de·jœ·ne
alojamiento logement loj·ma^n
alpinismo alpinisme al·pi·nism
alquilar louer lu·e
alquiler de automóviles location de voitures lo·ka·sio^n de vua·tür
alrededor autour o·tur
altar autel o·tɛl
alternativa alternative al·tɛr·na·tiv
altitud altitude al·ti·tüd
¡Alto! Arrêtez! a·rrɛ·te
alto/a haut(e) o(t)
altura hauteur o·tœr
alucinar avoir des hallucinations a·vuar dɛ za·lü·si·na·sio^n
ama de casa femme au foyer fam o fua·ye
amable gentil/gentille ja^n·ti/ja^n·tiy
amanecer aube ob
amante amant(e) a·ma^n(t)
amar aimer ɛ·me
amargo amer/amère a·mɛr
amarillo jaune jo^n
ambos tous les deux tu lɛ dœ
ambulancia ambulance a^n·bü·la^{n}s
amigo/a ami/amie a·mi

amistad amitié a·mi·tie
amistoso/a amical(e) a·mi·kal
amor amour a·mur
amplio ample ampl
ampolla ampoule a^{n}·pul
amueblado/a meublé(e) mœ·ble
analgésico analgésique a·nal·je·zik
análisis de sangre analyse de sang a·na·liz de sa^{n}
ancho large larj
anciano âgé(e) a·je
andar marcher mar·she
anillo bague bag
animal animal a·ni·mal
anterior précédent(e) pre·se·da^{n}(t)
antes avant a·va^{n}
antes de ayer avant-hier a·va^{n}·tiɛr
antibióticos antibiotiques a^{n}·ti·bio·tik
anticonceptivo contraceptif ko^{n}·tra·sɛp·tif
antigüedad antiquité a^{n}·ti·ki·te
antiguo antique a^{n}·tik
antinuclear anti-nucléaire a^{n}·ti nü·kle·ɛr
antiséptico antiseptique a^{n}·ti·sɛp·tik
anual annuel(le) a·nüɛl
anular annuler a·nü·le
anuncio publicité pü·bli·si·te
año année a·ne
aparcamiento parking par·kin
aparcar garer ga·re
apartamento appartement a·part·ma^{n}
apellido nom de famille no^{n} de fa·miy
apéndice appendice a·pa^{n}·dis
aperitivo casse-croûte kas krut
apostar parier pa·rie
apoyar supporter sü·por·te
aprender apprendre a·pra^{n}dr
aproximadamente à peu près a pœ prɛ
apuesta pari pa·ri
aquí ici i·si
araña araignée a·rɛ·ñe
árbitro arbitre ar·bitr
árbol arbre arbr
arena sable sabl
argumento débat de·ba
armario placard pla·kar
arqueología archéologie ar·keo·lo·ji
arquitecto/a architecte(e) ar·shi·tɛkt
arquitectura architecture ar·shi·tɛk·tür
arreglar réparer re·pa·re
arrendamiento bail bay
arrestar arrêter a·rrɛ·te
arriba en haut a^{n} o
arrodillarse se mettre à genoux se metr a je·nu
arroyo crique krik
arroz riz ri
arte art ar
artes marciales arts martiaux ar mar·sio
artesanía artisanat ar·ti·za·na
artista artiste ar·tist
ascender monter mo^{n}·te
ascensor ascenseur a·sa^{n}·sœr
asegurar assurer a·sü·re
aseos toilettes tua·lɛt
Asia Asie a·zi
asiento de niño siège pour enfant siɛj pur a^{n}·fa^{n}
asiento place plas
asistencia social assistance publique a·sis·ta^{n}s pü·blik
asma asthme asm
aspirina aspirine as·pi·ri^{n}
atado/a attaché(e) a·ta·she
atasco bouchon bu·sho^{n}
atletismo athlétisme a·tle·tism
atmósfera atmosphère at·mos·fɛr
atrapar attraper a·tra·pe
atrás arrière a·rriɛr
atravesar, cruzar traverser tra·vɛr·se
aún encore a^{n}·kor
aún no pas encore pa za^{n}·kor
autobús (interurbano) (auto)car (o·to)kar
autobús (urbano) (auto)bus (o·to) büs

automático automatique o·to·ma·tik
automóvil voiture vua·tür
autónomo indépendant(e) ɛn·de·pa^n·da^n(t)
autopista autoroute o·to·rut
autoservicio libre-service libr sɛr·vis
autostop auto-stop o·to stop
avaro avide a·vid
avenida avenue av·nü
aventura liaison liɛ·zo^n
avión avion a·vio^n
avispa guêpe gɛp
ayer hier iɛr
ayuda aide ɛd
ayudar aider ɛ·de
ayuntamiento mairie mɛ·ri
azul bleu(e) blœ

B

bailar danser da^n·se
baile danse da^{n}s
bajar descendre de·sa^{n}dr
bajarse descendre de·sa^{n}dr
bajo bas/basse ba(s)
bajo (debajo de) sous su
bajo/a court(e) kur(t)
balance (saldo) solde sold
balcón balcon bal·ko^n
ballet ballet ba·lɛ
baloncesto basket(ball) bas·kɛt(·bol)
banco banque ba^{n}k
bandera drapeau dra·po
bañador maillot de bain ma·yo de bɛ^n
bañera baignoire bɛ·ñuar
baño (darse un) (prendre un) bain (pra^{n}dr œ^n) bɛ^n
bar bar bar
barato bon marché bo^n mar·she
barca de motor canot automobile ka·no o·to·mo·bil
barco bateau ba·to
barro boue bu
básico fondamental fo^n·da·ma^n·tal
basura ordures or·dür
batería (automóvil) batterie ba·tri
bautismo baptême ba·tɛm
bebé bébé be·be
beber boire buar
bebida boisson bua·so^n
bendición grâce gras
beneficio bénéfice be·ne·fis
besar embrasser a^n·bra·se
beso baiser bɛ·ze
biberón bavoir ba·vuar
biblia bible bibl
biblioteca bibliothèque bi·blio·tɛk
bici vélo ve·lo
bicicleta de montaña vélo tout terrain (VTT) ve·lo tu te·rrɛ^n(ve te te)
bicicleta vélo ve·lo
bien bien bia^n
billar billard américain bi·yar a·me·ri·kɛ^n
billete billet bi·yɛ
billete de banco billet de banque bi·ye de ba^{n}k
billete de ida y vuelta aller retour a·le re·tur
blanco/a blanc/blanche bla^n/bla^{n}sh
bloqueado/a bloqué(e)blo·ke
boca bouche bush
boda mariage ma·rriaj
bohemio/a bohémien/bohémienne bo·e·mia^n/bo·e·miɛ^n
bolígrafo stylo sti·lo
bolsillo poche posh
bolsa sac à main sak a mɛ^n
bolso sac sak
bomba pompe pomp
bombilla ampoule a^n·pul
bonito beau/belle bo/bɛl
bordado broderie bro·dri
borde bord bor
bordillo bord du trottoir bor dü tro·tuar
borracho ivre ivr
bosque forêt fo·rɛ
bota botte bot
botas de senderismo chaussures de marche sho·sür de marsh

bote pot po
botella bouteille bu·tɛy
botiquín trousse à pharmacie trus a far·ma·si
botón bouton bu·to^n
boutique magasin de vêtements ma·ga·ze^n de vɛt·ma^n
boxeo boxe boks
bragas culotte kü·lot
Braille braille brɛy
brazo bras bra
bronquitis bronchite bro^n·shit
brotar pousser pu·se
brújula boussole bu·sol
brumoso brumeux/brumeuse brü·mœ/brü·mœz
budista bouddhiste bu·dist
bueno/a bon/bonne bo^n
buey bœuf bœf
bufanda écharpe e·sharp
bufé buffet bü·fe
bulevar boulevard bul·var
bulto grosseur gro·sœr
buscar chercher shɛr·she
buzón boîte à lettres buat a lɛtr

C

caballo cheval she·val
cabeza tête tɛt
cabina de teléfono cabine téléphonique ka·bi^n te·le·fo·nik
cable câble kabl
cables de arranque câbles de démarrage kabl de de·ma·rraj
cabra chèvre shɛvr
cabrón salaud sa·lo
cacao para labios pommade pour les lèvres po·mad pur lɛ lɛvr
cacerola casserole kas·rol
cachorro chiot shio
cada chaque shak
cadena chaîne shɛ^n
cadena de la bici chaîne de bicyclette shɛ^n de bi·si·klɛt
caer tomber to^n·be
café café ka·fe
caja boîte buat
caja fuerte coffre-fort kofr for
caja registradora caisse (enregistreuse) kɛs (a^n·re·jis·trœz)
cajero automático guichet automatique de banque (GAB) gi·she o·to·ma·tik de ba^{n}k (je a be)
cajero/a caissier/caissière kɛ·sie/kɛ·siɛr
calcetines chaussettes sho·sɛt
calculadora calculatrice kal·kü·la·tris
calefacción chauffage sho·faj
calendario calendrier ka·la^n·drie
calentado/a chauffé(e) sho·fe
calidad qualité ka·li·te
caliente chaud(e) sho(d)
calificación qualification ka·li·fi·ka·sio^n
calle rue rü
callejón ruelle rüɛl
calor chaud(e) sho(d)
calzonzillo caleçon ka·le·so^n
cama de matrimonio grand lit gra^n li
cama lit li
cámara appareil photo a·pa·rɛy fo·to
cámara de aire chambre à air shambr a ɛr
cámara de vídeo magnétoscope ma·ñe·tos·kop
camarero/a serveur/serveuse sɛr·vœr/sɛr·vœz
cambiar changer sha^n·je
cambiar (dinero) échanger e·sha^n·je
caminata randonnée ra^n·do·ne
camino chemin she·me^n
camino de excursión itinéraire de randonnée i·ti·ne·rɛr de ra^n·do·ne
camino para bicis piste cyclable pist si·klabl
camión camion ka·mio^n
camisa chemise she·miz
camiseta maillot ma·yo
camiseta T-shirt ti sher
campamento camp ka^n
campeonato championnat sha^n·pio·na
camping camping ka^n·pi^n

campo campagne, champ ka^n·pañ·sham
campo de golf terrain de golf tɛ·rrɛ^n de golf
Canadá Canada ka·na·da
cáncer cancer ka^n·sɛr
canción chanson sha^n·so^n
candado cadenas kad·na
cansado/a fatigué(e) fa·ti·ge
cantante chanteur/chanteuse sha^n·tœr/sha^n·tœz
cantar chanter sha^n·te
cantidad quantité ka^n·ti·te
capa cape kap
capa de ozono couche d'ozone kush do·zo^n
capitalismo capitalisme ka·pi·ta·lism
cara visage vi·zaj
caracol escargot es·kar·go
caravana caravane ka·ra·va^n
cardenal bleu blœ
carné de identidad carte d'identité kart di·da^n·ti·te
carne viande via^{n}d
carnicería boucherie bush·ri
caro/a cher/chère shɛr
carpintero menuisier me·nüi·zie
carrera (profesional) carrière ka·rriɛr
carrera (deporte) course kurs
carretera route rut
carretera principal grande route gra^{n}d rut
carrito chariot sha·rrio
carrito de bebé poussette pu·sɛt
carta lettre lɛtr
cartas, naipes cartes kart
cartero facteur fak·tœr
casa maison mɛ·zo^n
casado/a marié(e) ma·rie
casarse épouser e·pu·ze
cascada cascade kas·kad
casco casque kask
casi presque presk
castaño brun/brune brœ^n/brü^n
castigar punir pü·nir
castillo château sha·to
casualidad hasard a·zar
catedral cathédrale ka·te·dral
católico/a catholique ka·to·lik
causa cause koz
caza chasse shas
CD CD se de
celebración fête fɛt
celoso/a jaloux/jalouse ja·lu/ja·luz
cementerio cimetière si·me·tiɛr
cena dîner di·ne
cenicero cendrier sa^n·drie
centímetro centimètre sa^n·ti·metr
céntimo cent sa^{n}t
centro centre sa^{n}tr
centro ciudad centre-ville sa^{n}tr vil
centro comercial centre comercial sa^{n}tr ko·mɛr·sial
cepillo brosse bros
cepillo de dientes brosse à dents bros a da^n
cepillo del pelo brosse à cheveux bros a she·vœ
cerámica poterie po·tri
cerca près de prɛ de
cerca de à côté de a ko·te de
cercano/a proche prosh
cerdo cochon ko·sho^n
cerillas allumettesa·lü·mɛt
cero zéro ze·ro
cerrado/a fermé(e) fɛr·me
cerrar con llave fermer à clé fɛr·me a kle
cerrar fermer fɛr·me
cerrojo serrure se·rrür
certificado certificat sɛr·ti·fi·ka
cerveza bière biɛr
césped gazon ga·zo^n
cesta panier pa·niɛ
chaleco maillot de corps ma·yo de kor
chaleco salvavidas gilet de sauvetage ji·le de sov·taj
champán champagne sha^n·pañ
champú shampooing sha^n·puɛ^n
chaqueta veste vɛst
charla, conferencia exposé eks·po·ze
charlar bavarder ba·var·de

chef chef de cuisine shɛf de küi·zi^n
cheque chèque shɛk
cheques de viaje chèque de voyage shɛk de vua·yaj
chicle chewing-gum shui^n gom
chiste plaisanterie plɛ·za^n·tri
chocolate chocolat sho·ko·la
chupete tétine te·ti^n
ciber café cybercafé si·bɛr·ka·fe
ciclismo cyclisme si·klism
ciclista cycliste si·klist
ciego aveugle a·vœgl
cielo ciel siɛl
cien cent sa^n
ciencia ficción science-fiction sia^{n}s fik·sio^n
ciencia science sia^{n}s
científico/a scientifique sia^n·ti·fik
cierto/a certain(e) sɛr·tɛ^n
cigarrillo cigarette si·ga·rɛt
cima cime sim
cinco cinq se^{n}k
cine cinéma si·ne·ma
cinta de vídeo bande vidéo ba^{n}d vi·de·o
cinturón de seguridad ceinture de sécurité sɛ^n·tür de se·kü·ri·te
circo cirque sirk
círculo cercle sɛrkl
circunvalación (boulevard) périphérique (BP) (bul·var) pe·ri·fe·rik (be pe)
cita rendez-vous ra^n·de vu
citología frottis fro·ti
ciudad ville vil
ciudadanía citoyenneté si·tua·ye·nɛ·te
ciudadano/a citoyen(ne) si·tua·ya^n/ si·tua·yɛ^n
claro/a clair(e) klɛr
clase classe klas
clase business classe affaires klas a·fɛr
clase turista classe touriste klas tu·rist
clásica classique kla·sik
cliente client(e) kli·a^n(t)
cobrador (autobús, tren) receveur res·vœr
cobrar (un cheque) encaisser a^n·kɛ·se
cocaína cocaïne ko·ka·i^n
coche cama wagon-lit va·go^n li
coche de policía voiture de police vua·tür de po·lis
cocina cuisine küi·zi^n
cocinar cuire küir
cocinero/a cuisinier/cuisinière küi·zi·nie/küi·zi·niɛr
cóctel cocktail kok·tɛl
código postal code postal kod pos·tal
coger prendre pra^{n}dr
cola queue kœ
colada(la) linge le^{n}j
colchón matelas mat·la
colección accumulation a·kü·mü·la·sio^n
coleccionar collectionner ko·lek·sio·ne
colega collègue ko·lɛg
colegio école e·kol
colina colline ko·li^n
collar collier ko·lie
color couleur ku·lœr
columna vertebral colonne vertébrale ko·lo^n vɛr·te·bral
combinación combinaison kom·bi·nɛ·zo^n
comedia comédie ko·me·di
comenzar commencer ko·ma^n·se
comer manger ma^n·je
comercio commerce ko·mɛrs
comida de bebé bouillie bui·yi
comida nourriture nu·rri·tür
comida (desayuno, cena, merienda...) repas re·pa
comienzo commencement ko·ma^{n}s·ma^n
comisaría de policía commissariat ko·mi·sa·ria
comisión commission ko·mi·sio^n
como comme kom
cómo comment ko·ma^n
cómodo confortable ko^n·for·tabl

compañero/a compagnon/compagne kom·pa·ño^n/kom·pañ
compartir partager par·ta·je
competición compétition ko^n·pe·ti·sio^n
completo/a complet/complète kom·ple/ko^n·plɛt
comprar acheter ash·te
compra (hacer la) faire des courses fɛr dɛ kurs
comprender comprendre kom·pra^{n}dr
compresa serviette hygiénique sɛr·viɛt i·jie·nik
compromiso fiançailles fia^n·say
común commun(e) ko·mœ^n/ko·mü^n
comunidad communauté ko·mü·no·te
comunismo communisme ko·mü·nism
comunista communiste ko·mü·nist
con avec a·vɛk
conchas coquillage ko·ki·yaj
concierto concert ko^n·sɛr
conducir conduire ko^n·düir
conejo lapin la·pe^n
conexión rapport ra·por
conferencia colloque ko·lok
confesión confession ko^n·fe·sio^n
confianza confiance ko^n·fia^{n}s
confiar faire confiance à fɛr ko^n·fia^{n}s
confirmar confirmer ko^n·fir·me
confundir confondre ko^n·fo^{n}dr
confundirse avoir tort a·vuar tor
congelado/a gelé(e) je·le
congelar geler je·le
congreso congrès ko^n·grɛ
conmoción commotion cérébrale ko·mo·sio^n se·re·bral
conocer connaître ko·nɛtr
consejo conseil ko^n·sɛy
conservante conservateur/conservatrice ko^n·sɛr·va·tœr/ko^n·sɛr·va·tris
consigna consigne ko^n·siñ
construir construire ko^{n}s·trüir
consulado consulat ko^n·sü·la
contaminación pollution po·lü·sio^n
contar, enumerar compter ko^n·te
contar (una historia, un cuento) raconter ra·ko^n·te
contestar répondre re·po^{n}dr
contra contre ko^{n}tr
contrato contrat ko^n·tra
control contrôle ko^n·trol
control remoto télécommande te·le·ko·ma^{n}d
controlador contrôleur ko^n·tro·lœr
convento couvent ku·va^n
conversación conversation ko^n·vɛr·sa·sio^n
cooperar coopérer ko·o·pe·re
copa (de alcohol) verre vɛrr
corazón cœur kœr
cordel ficelle fi·sɛl
cordillera chaîne de montagnes shɛ^n de mo^n·tañ
cornisa rebord re·bor
correa del ventilador courroie de ventilateur ku·rrua de va^n·ti·la·tœr
correcto/a correct(e) ko·rrɛkt
correos poste post
correr courir ku·rrir
correspondencia courrier ku·rrie
corriente (eléctrica) courant ku·ra^n
corriente ordinaire or·di·nɛr
corrupto/a corrompu(e) ko·rom·pü
cortar couper ku·pe
cortauñas coupe-ongles ku·po^{n}gl
corte de pelo coupe kup
cosa chose shoz
cosecha culture kül·tür
coser coudre kudr
costa côte kot
coste coût ku
coste por cubierto couvert ku·vɛr
crecer grandir gra^n·dir
crédito crédit kre·di
creencia croyance krua·ya^{n}s
creer croire kruar
crema crème krɛm
crema acondicionadora après-shampooing a·prɛ sha^n·puɛ^n

crema bronceadora crème de bronzage krɛm de bro^{n}·zaj
crema de afeitar mousse à raser mus a ra·ze
crema hidratante crème hydratante krɛm i·dra·ta^{n}t
cremallera fermeture éclair fɛr·me·tür e·klɛr
cristiano/a chrétien(ne) kre·tia^{n}/kre·tiɛ^{n}
crítica critique kri·tik
crudo/a cru(e) krü
cruz croix krua
cuaderno cahier ka·iɛ
cuadro tableau ta·blo
cuál quel(le)(adjetivo) kɛl
cualquier cosa n'importe quoi ne^{n}·port kua
cualquier sitio n'importe où ne^{n}·por·tu
cualquier/a n'importe quel/quelle ne^{n}·port kɛl/kɛl
cuando quand ka^{n}
cuarentena quarantaine ka·ra^{n}·tɛ^{n}
cuarto de baño salle de bain sal de bɛ^{n}
cuarto quart kar
cuatro quatre katr
cubiertos couverts ku·vɛr
cubo de la basura poubelle pu·bɛl
cubo seau so
cucaracha cafard ka·far
cuchara cuillère küi·yɛr
cucharita petite cuillère pe·tit küi·yɛr
cuchilla de afeitar lame de rasoir lam de ra·zuar
cuchillo couteau ku·to
cuenco bol bol
cuenta addition a·di·sio^{n}
cuenta bancaria compte bancaire ko^{n}t ba^{n}·kɛr
cuerda corde kord
cuerda de tender corde à linge kord a le^{n}j
cuero cuir küir
cuerpo corps kor
cueva grotte grot
¡Cuidado! Attention! a·ta^{n}·sio^{n}
cuidador/a (de niños) baby-sitter ba·bi si·tœr
cuidadoso/a soigneux/soigneuse sua·ñœ/sua·ñœz
cuidar soigner sua·ñe
culo cul kül
culpa faute fot
culpable coupable ku·pabl
cumpleaños anniversaire a·ni·vɛr·sɛr
cupón coupon ku·po^{n}
cura prêtre prɛtr
curriculum CV se ve

D

daños dégâts de·ga
dar donner do·ne
dar forma façonner fa·so·ne
dar la bienvenida accueillir a·kœ·yir
dar un masaje masser ma·se
darse cuenta de se rendre compte de se ra^{n}dr ko^{n}t de
de de de
de derechas de droite de druat
de izquierdas de gauche de gosh
de la entrada (precio) prix d'entrée pri da^{n}·tre
de lujo de luxe de lüks
de nuevo encore a^{n}·kor
debajo sous su
deber devoir de·vuar
deberes devoirs de·vuar
débil faible fɛbl
decidirse se décider se de·si·de
decir dire dir
decisión décision de·si·zio^{n}
dedo doigt dua
dedo gordo (del pie) orteil or·tɛy
defectuoso défectueux/défectueuse e·fek·tüœ/de·fek·tü·œz
definitivo déterminé de·tɛr·mi·ne
deforestación déboisement de·buaz·ma^{n}
dejar laisser lɛ·se

dejar, abandonar quitter ki·te
del otro lado de de l'autre côté de de lotr ko·te de
delante de devant de·va^{n}
delgado maigre mɛgr
delicatessen charcuterie shar·kü·tri
delito délit de·li
demasiado trop tro
democracia démocratie de·mo·kra·si
demostración manifestation ma·ni·fes·ta·sio^{n}
denegar denier de·ni·e
dentista dentiste da^{n}·tist
dentro dans da^{n}
deporte sport spor
deportista sportif/sportive spor·tif/spor·tiv
depósito dépôt de·po
derecha à droite a druat
derecho droit drua
derechos civiles droits civils drua si·vil
derechos humanos droits de l'homme drua de lom
desarrollo développement de·ve·lop·ma^{n}
desastre désastre de·zastr
desayuno petit déjeuner pe·ti de·jœ·ne
descanso repos re·po
descendiente descendant(e) de·sa^{n}·da^{n}(t)
descubir découvrir de·ku·vrir
descuento remise re·miz
desde depuis de·püi
deseo souhaiter su·ɛ·te
desfase horario fatigue due au décalage horaire fa·tig dü o de·ka·laj o·rɛr
desfile parade pa·rad
deshonesto malhonnête mal·o·nɛt
desierto désert de·zɛr
desilusionado/a déçu(e) de·sü
desinfectante désinfectant de·zɛ^{n}·fek·ta^{n}
desodorante déodorant de·o·do·ra^{n}
desordenado en désordre a^{n} de·sordr
despertador réveil re·vey
despertar a alguien réveiller re·vɛ·ye
despertarse se réveiller se re·vɛ·ye
después après a·prɛ
después del afeitado après-rasage a·prɛ ra·saj
destino destination des·ti·na·sio^{n}
destruir détruire de·trüir
detallar détaillé(e) de·ta·ye
detalle détail de·tay
detrás derrière de·rriɛr
Día de Año Nuevo Jour de l'An jur de la^{n}
Día de Navidad Jour de Noël jur de no·ɛl
día jour jur
diabetes diabète dia·bɛt
diafragma diaphragme dia·fragm
diapositiva diapositive dia·po·zi·tiv
diario agenda a·ja^{n}·da
diario (prensa) quotidien(ne) ko·ti·dia^{n}/ko·ti·diɛ^{n}
diarrea diarrhée dia·rre
dibujar dessiner de·si·ne
dibujos animados dessin animé de·se^{n} a·ni·me
diccionario dictionnaire dik·sio·nɛr
dicha joie jua
diciembre décembre de·sa^{n}br
diente dent da^{n}
diesel gas-oil gaz·ual
diez dix di(s)
diferencia horaria décalage horaire de·ka·laj o·rɛr
diferente différent(e) di·fe·ra^{n}(t)
difícil difficile di·fi·sil
dinero argent ar·ja^{n}
dios dieu diœ
diploma diplôme di·plom
dirección adresse a·dres
dirección direction di·rek·sio^{n}
directo direct(e)di·rɛkt
director (cine) réalisateur/réalisatrice rea·li·za·tœr/rea·li·za·tris
director/a directeur/directrice di·rek·tœr/di·rek·tris

dirigir (una película) réaliser rea·li·ze
dirigir diriger di·ri·je
discapacitado handicapé(e) a^{n}·di·ka·pe
disco disque disk
discoteca boîte buat
discriminación discrimination dis·kri·mi·na·sio^{n}
discurso discours dis·kur
discutir se disputer se dis·pü·te
diseñar concevoir ko^{n}s·vuar
disparar tirer ti·re
disponible disponible dis·po·nibl
disputa dispute dis·püt
disquete disquette dis·kɛt
distancia distance dis·ta^{n}s
distribuidor concessionnaire ko^{n}·se·sio·nɛr
DIU stérilet ste·ri·lɛ
divertido/a drôle drol
divertirse s'amuser sa·mü·ze
divorciado/a divorcé(e) di·vor·se
doble double dubl
docena douzaine du·zɛ^{n}
documento bancario traite bancaire trɛt ba^{n}·kɛr
documento de propiedad del automóvil carte grise kart griz
todo tout tu
dólar dollar do·lar
dolor de cabeza mal à la tête mal a la tɛt
dolor de muelas mal aux dents mal o da^{n}
dolor douleur du·lœr
dolor menstrual règles douloureuses rɛgl du·lu·rœz
doloroso/a douloureux/douloureuse du·lu·rœ/du·lu·rœz
domingo dimanche di·ma^{n}sh
dónde où u
dormir dormir dor·mir
dormitorio chambre à coucher shambr a ku·she
dos camas individuales deux lits jumeaux dœ li jü·mo
dos deux dœ
dos veces deux fois dœ fua
dosis dose doz
drama (teatro) théâtre teatr
droga drogue drog
ducha douche dush
dulce sucré(e) su·kre
durante la noche pendant la nuit pa^{n}·da^{n} la nüi
durante pendant pa^{n}·da^{n}
duro dur(e) dür

E

economía économie e·ko·no·mi
eczema eczéma eg·ze·ma
edad âge aj
edificio bâtiment ba·ti·ma^{n}
editor rédacteur/rédactrice re·dak·tœr/re·dak·tris
educación éducation e·dü·ka·sio^{n}
EE UU les USA lɛ zü·es·a
efecto effet e·fɛ
egoista égoïste e·go·ist
ejemplo exemple eg·za^{n}pl
ejercicio exercice eg·zɛr·sis
el cual, la cual (pronombre) lequel/laquelle le·kɛl/la·kɛl
él il il
el/la más grande le/la plus grand(e) le/la plü gra^{n}(d)
el/la mejor le/la meilleur(e) le/la mɛ·yœr
el/lo/la más cercano/a le/la plus proche le/la plü prosh
elección choix shua
electricidad électricité e·lek·tri·si·te
elegir choisir shua·zir
elevar soulever sul·ve
ella elle ɛl
ellos ils/elles il/ɛl
elogio rave rav
e-mail e-mail ɛ·mɛl
embajada ambassade a^{n}·ba·sad
embajador/a ambassadeur/ambassadrice a^{n}·ba·sa·dœr/a^{n}·ba·sa·dris
embarazada enceinte a^{n}·sɛ^{n}t

embarazoso gênant(e) jɛ·na^{n}(t)
embarcar monter(à bord de) mo^{n}·te (a bor de)
embrague embrayage a^{n}·bra·yaj
emotivo facilement ému fa·sil·ma^{n} e·mü
empate match nul mach nül
empinado raide rɛd
empleado/a employé(e) a^{n}·plua·ye
empleador employeur a^{n}·plua·yœr
empresa entreprise a^{n}·tre·priz
empujar pousser pu·se
en à a
en blanco y negro (película) noir et blanc nuar e bla^{n}
en el extranjero à l'étranger a le·tra^{n}·je
en huelga en grève a^{n} grɛv
en la esquina au coin o kua^{n}
encaje dentelle da^{n}·tɛl
encantador/a charmant(e) shar·ma^{n}(t)
enchufe prise priz
encima au-dessus o de·sü
encima par-dessus par de·sü
encontrar trouver tru·ve
encontrarse rencontrer ra^{n}·ko^{n}·tre
energía énergie e·nɛr·ji
energía nuclear énergie nucléaire e·nɛr·ji nü·kleɛr
enero janvier ja^{n}·viɛ
enfadado/a fâché(e) fa·she
enfermedad maladie ma·la·di
enfermedad venérea maladie vénérienne ma·la·di ve·ne·riɛ^{n}n
enfermera infirmier/infirmière e^{n}·fir·miɛ/e^{n}·fir·miɛr
enfermo malade ma·lad
enfrente en face de o^{n} fas de
engañar tromper trom·pe
enorme énorme e·norm
entonces alors a·lor
entrada entrée a^{n}·tre
entrar entrer a^{n}·tre
entre entre a^{n}tr
entre parmi par·mi
entre, más o menos environ a^{n}·vi·ro^{n}
entregar livrer li·vre
entrenador entraîneur a^{n}·trɛ·nœr
entrevista entrevue a^{n}·tre·vü
entusiasta enthousiaste a^{n}·tu·ziast
enviar envoyer a^{n}·vua·ye
epilepsia épilepsie e·pi·lep·si
equipaje bagages ba·gaj
equipaje permitido franchise fra^{n}·shiz
equipo de submarinismo équipement de plongée e·kip·ma^{n} de plo^{n}·je
equipo équipe e·kip
equipo équipement e·kip·ma^{n}
equivocado/a faux/fausse fo/fos
error erreur e·rrœr
es est ɛ
escalada en roca varappe va·rap
escalar monter mo^{n}·te
escalera automática escalier roulant es·ka·lie ru·la^{n}
escalera escalier es·ka·lie
escapar échapper e·sha·pe
escasez manque ma^{n}k
escenario scène sɛ^{n}
Escocia Ecosse ɛ·kos
escribir écrire e·krir
escritor écrivain e·kri·vɛ^{n}
escuchar écouter e·ku·te
escuela de formación profesional école professionnelle e·kol pro·fe·sio·nɛl
escultura sculpture skülp·tür
esgrima escrime es·krim
esguince entorse a^{n}·tors
esnórkel nager avec un tuba na·je a·vɛk œ^{n} tü·ba
espacio espace es·pas
espalda dos do
España Espagne es·pañ
español espagnol ɛs·pa·ñol
esparadrapo sparadrap spa·ra·dra
especiado/a épicé(e) e·pi·se
especial spécial(e) spe·sial
especialista spécialiste spe·sia·list

especie en peligro de extinción espèce menacée de disparition es·pɛs me·na·se de dis·pa·ri·sio^n
espectáculo spectacle spɛk·takl
espejo miroir mi·ruar
esperanza espoir es·puar
esperar attendre a·ta^{n}dr
esperar espérer es·pe·re
espíritu esprit es·pri
esposa femme fam
esquí acuático ski nautique ski no·tik
esquí skier ski·e
esquiar ski ski
esquina coin kua^n
ésa cela se·la
esta noche ce soir se suar
estacas piquets de tente pi·kɛ de ta^{n}t
estación saison sɛ·zo^n
estación de autobuses gare routière gar ru·tiɛr
estación de metro station de métro sta·sio^n de me·tro
estación de servicio station-service sta·sio^n sɛr·vis
estación de trenes gare gar
estadio stade stad
estado civil situation familiale si·tua·sio^n fa·mi·lial
estanco bureau de tabac bü·ro de ta·ba
estanque étang e·ta^n
estantería étagère e·ta·jɛr
estar acatarrado être enrhumé ɛtr a^n·rü·me
estar de acuerdo être d'accord ɛtr da·kor
estar equivocado avoir tort a·vuar tor
estar mareado avoir la tête qui tourne a·vuar la tɛt ki tur^n
éste ce/cette se/sɛt
éste ceci se·si
esterilla petit tapis pe·ti ta·pi
estilo style stil
estómago estomac es·to·ma
estrellas étoiles e·tual
estreñimiento constipation ko^{n}s·ti·pa·sio^n
estropeado (tombé) en panne (ton·be) a^n pa^n
estropearse tomber en panne to^n·be a^n pa^n
estudiar étudier e·tü·die
estudio atelier a·te·lie
estufa réchaud re·sho
estupefaciente stupéfiant stü·pe·fia^n
estúpido stupide stü·pid
etiqueta del equipaje étiquette e·ti·kɛt
euro euro œ·ro
Europa Europe œ·rop
eutanasia euthanasie œ·ta·na·zi
evidente évident(e) e·vi·da^n(t)
exactamente exactement eg·zak·te·ma^n
examen examen eg·za·mɛ^n
excelente excellent(e) ek·sɛ·la^n(t)
excepto sauf sof
exceso (equipaje) excédent ek·se·da^n
excluido pas compris pa ko^n·pri
excursión randonnée ra^n·do·ne
excursionismo randonnée ra^n·do·ne
exigir exiger eg·zi·je
experiencia de trabajo stage en entreprise staj a^n a^n·tre·priz
experiencia expérience eks·pe·ria^{n}s
explicar expliquer eks·pli·ke
explotación exploitation eks·plua·ta·sio^n
exportar exporter eks·por·te
exposición exposition ek·spo·zi·sio^n
exprés (correo) exprès eks·prɛs
éxtasis ecstasy eks·ta·zi
extranjero étranger/étrangère e·tra^n·je/e·tra^n·jɛr
extraño étrange e·tra^{n}j
extraordinario extraordinaire eks·tra·or·di·nɛr

F

fábrica usine ü·zi^n

fácil facile fa·sil
facturación (mostrador de) enregistrement an·re·jis·tre·man
falda jupe jüp
falso/a faux/fausse fo/fos
falta (fútbol) faute fot
faltar; echar de menos manquer man·ke
familia famille fa·miy
famoso célèbre se·lɛbr
farmacia pharmacie far·ma·si
faro phare far
fe foi fua
febrero février fe·vriɛ
fecha date dat
fecha de nacimiento date de naissance dat de nɛ·sans
felicitaciones félicitations fe·li·si·ta·sion
feliz heureux/heureuse e·rœ/e·rœz
femenino féminin fe·mi·nen
feo/a laid(e) lɛ/lɛd
ferretería quincaillerie ken·kay·ri
ficción fiction fik·sion
fiebre fièvre fiɛvr
fiesta fête fɛt
fiesta (nocturna) soirée sua·re
filtro solar écran solaire e·kran so·lɛr
fin bout bu
fin de semana week-end uik end
firma signature si·ña·tür
fisioterapeuta kinésithérapeute ki·ne·zi·te·ra·pœt
fisioterápia kinésithérapie ki·ne·zi·te·ra·pi
flor fleur flœr
florista fleuriste flœ·rist
folio feuille fœy
follar baiser bɛ·ze
folleto brochure bro·shür
forma (manera) façon fa·son
forma forme form
fortuna fortune for·tün
foto photo fo·to
fotografía photographie fo·to·gra·fi
fotógrafo photographe fo·to·graf
fotómetro posemètre poz·mɛtr
fracaso échec e·shɛk
frágil fragile fra·jil
franqueo tarifs postaux ta·rif pos·to
frase expression ek·spre·sion
frecuente fréquent(e) fre·kan(t)
freír faire frire fɛr frir
frenos freins fren
fresco/a frais/fraîche frɛ/frɛsh
frío/a froid(e) frua(d)
frontera frontière fron·tiɛr
fruta fruit frui
fuego feu fœ
fuera dehors de·or
fuera de juego hors jeu or·jœ
fuera de servicio hors service or sɛr·vis
fuerte fort(e) for(t)
fumar fumer fü·me
funda de almohada taie d'oreiller tɛ do·rɛ·ye
funeral enterrement an·terr·man
furgoneta camionnette ka·mio·nɛt
fútbol football fut·bol
futuro avenir av·nir

G

gafas de sol lunettes de soleil lü·nɛt de so·lɛy
gafas lunettes lü·nɛt
galería de arte musée • galerie mü·ze·gal·ri
gallo coq kok
ganador/a gagnant(e) ga·ñan(t)
ganar gagner ga·ñe
garaje garage ga·raj
garantizado/a garanti(e) ga·ran·ti
garganta gorge gorj
gas gaz gaz
gasolina essence e·sans
gastar dépenser de·pan·se
gastroenteritis gastro-entérite gas·tro an·te·rit
gatito chaton sha·ton
gato chat sha

gay homosexuel(le) o·mo·sek·suɛl
gemelos jumeaux/jumelles jü·mo/jü·mɛl
gendarme gendarme ja^n·darm
general général(e) je·ne·ral
generoso/a généreux/généreuse je·ne·rœ/je·ne·rœz
genial génial(e) je·nial
gente gens ja^n
gerente (restaurante, hotel) gérant(e)je·ra^n(t)
gimnasia gymnastique jim·nas·tik
gimnasio gymnase jim·naz
ginecólogo/a gynécologue ji·ne·ko·log
girar tourner tur·ne
glotón gourmand(e) gur·ma^n(d)
gobierno gouvernement gu·vɛr^n·ma^n
grabación enregistrement a^n·re·jis·tre·ma^n
grabar enregistrer a^n·re·jis·tre
gramo gramme gram
grande grand(e) gra^n(d)
grandes almacenes grand magasin gra^n ma·ga·ze^n
granja ferme fɛrm
graso/a gras/grasse gra/gras
gratuito/a gratuit(e) gra·tüi (t)
grifo robinet ro·bi·nɛ
gripe grippe grip
gris gris(e) gri(z)
gritar crier kri·e
grosero impoli(e) ɛ^n·po·li
grua dépanneuse de·pa·nœz
grueso/a épais/épaisse e·pɛ/e·pɛs
grupo (música) bande ba^{n}d
grupo de rock groupe de rock grup de rok
grupo sanguíneo groupe sanguin grup sa^n·ge^n
guantes gants ga^n
guapo/a beau/belle bo/bɛl
guardameta gardien de but gar·dia^n de büt
guardarropa vestiaire ves·tiɛr
guardería garderie gard·ri
guerra guerre gɛrr
guía de teléfono annuaire a·nüɛr
guía del ocio programme des spectacles pro·gram dɛ spek·takl
guía guide gid
guión scénario se·na·rio
guionista scénariste se·na·rist
guitarra guitare gi·tar
gusanos vers vɛr
gustar aimer ɛ·me

H

habilidad compétence kom·pe·ta^{n}s
habitación chambre shambr
habitación doble chambre pour deux personnes shambr pur dœ pɛr·so^n
habitación individual chambre pour une personne shambr pur ü^n pɛr·so^n
habitaciones libres chambre libre shambr libr
habitualmente habituellement a·bi·tüɛl·ma^n
hablar parler par·le
hacer faire fɛr
hacer huelga se mettre en grève se mɛtr a^n grɛv
hacer la compra faire les courses fɛr lɛ kurs
hacer skateboard skateboard sket·bord
hacer snowboard surf (des neiges) sürf (dɛ nej)
hacer windsurf faire de la planche à voile fɛr de la pla^{n}sh a vual
hachís shit shi
hacia vers vɛr
halal halal a·lal
hamaca hamac a·mak
hasta jusqu'à jüs·ka
hecho a mano fait/faite à le main fɛ/fɛt a la mɛ^n
hecho fait fɛ
hecho de en a^n
helado glace glas
hembra femelle fe·mɛl
hemisferio norte hémisphère nord e·mis·fɛr nor

hemisferio sur hémisphère sud e·mis·fɛr süd
hepatitis hépatite e·pa·tit
herborista herboriste ɛr·bo·rist
herida blessure ble·sür
herido/a blessé(e) ble·se
hermana sœur sœr
hermano frère frɛr
heroína héroïne e·ro·i^n
hielo glace glas
hierba herbe ɛrb
hierbas aromáticas fines herbes fi^n·zɛrb
hígado foie fua
hija fille fiy
hijo fils fis
hilo dental fil dentaire fil da^n·tɛr
hindú hindou(e) e^n·du
historia histoire is·tuar
histórico historique is·to·rik
HIV VIH (virus immunodéfici-tairehumain) ve i ash(vi·rüs i·mü·no·de·fi·si·tɛr ü·mɛ^n)
hockey hockey o·kɛ
hockey sobre hielo hockey sur glace o·kɛ sür glas
hoja feuille fœy
hombre homme om
hombre/mujer de negocios hom-me/femmed'affaire om/fam da·fɛr
hombro épaule e·pol
homosexual homosexuel(le) o·mo·sɛk·süɛl
honesto honnête o·nɛt
hora heure œr
horario de apertura heures d'ouverture œr do·vɛr·tür
horario horaire o·rɛr
hormiga fourmi fur·mi
horno four fur
horóscopo horoscope o·ros·kop
horrible affreux/affreuse a·frœ/a·frœz
hospital hôpital o·pi·tal
hospital privado clinique privée kli·nik pri·ve
hospitalidad hospitalité os·pi·ta·li·te
hotel hôtel o·tɛl
hoy aujourd'hui o·jur·düi
hueso os os
Humanidades Humanités ü·ma·ni·te
humano humain ü·mɛ^n
humo fumée fü·me
humor humour ü·mur

I

ida y vuelta (billete) aller retour a·le re·tur
ida (billete) aller simple a·le se^{n}pl
idea idée i·de
idioma langue la^{n}g
idiota idiot(e) i·dio(t)
iglesia église e·gliz
ignorante ignorant(e) i·ño·ra^n(t)
igual égale e·gal
igualdad égalité e·ga·li·te
igualdad de oportunidades égalité des chances e·ga·li·te dɛ sha^{n}s
ilegal illégal(e) i·le·gal
imagen image i·maj
imaginación imagination i·ma·ji·na·sio^n
impermeable imperméabl ɛ^n·pɛr·me·abl
importante important(e) ɛ^n·por·ta^n(t)
importar importer ɛ^n·por·te
imposible impossible ɛ^n·po·sibl
impresora imprimante ɛ^n·pri·ma^{n}t
impuesto de venta taxe à la vente taks a la va^{n}t
impuesto sobre la renta impôt sur le revenu ɛn·po sür le rev·nü
impuesto taxe taks
incierto/a incertain(e) ɛ^n·sɛr·tɛ^n
incluido/a compris(e) kom·pri(z)
incómodo inconfortable ɛ^n·ko^n·for·tabl
inconveniente inopportun(e) i·no·por·tœ^n/i·no·por·tü^n
independiente indépendant(e) ɛ^n·de·po^n·da^n(t)
India Inde i^{n}d
indicador de velocidad compteur (de vitesse) ko^n·tœr (de vi·tɛs)
indicar indiquer e^n·di·ke

indigestión indigestion ɛ^n·di·jes·tio^n
indirecto non-direct no^n di·rɛkt
individuo individu ɛ^n·di·vi·dü
industría industrie ɛ^n·düs·tri
industrial industriel/industrielle ɛ^n·düs·tri·ɛl
infección infection ɛ^n·fek·sio^n
inflamación inflammation ɛ^n·fla·ma·sio^n
influencia influence ɛ^n·flü·a^{n}s
información renseignements ra^n·sɛñ·ma^n
informática informatique ɛ^n·for·ma·tik
infracción délit de·li
ingeniería ingénierie e^n·ye·nie·ri
ingeniero ingénieur e^n·je·niœr
Inglaterra Angleterre a^n·gle·tɛrr
inglés anglais(e) a^n·glɛ(z)
ingrediente ingrédient ɛ^n·gre·dia^n
ingresos revenus rev·nü
injusticia injuste ɛ^n·jüst
inmediatamente immédiatement i·me·diat·ma^n
inmigración immigration i·mi·gra·sio^n
inocente innocent(e) i·no·sa^n (t)
inquilino locataire lo·ka·tɛr
insecto insecte ɛ^n·sɛkt
instituto lycée li·se
inteligente intelligent(e) ɛ^n·te·li·ja^n(t)
intercambiar échanger e·sha^n·je
interesante intéressant(e) ɛ^n·te·re·sa^{n}t)
intermedio entracte a^n·trakt
intermitente clignotant kli·ño·ta^n
internacional international(e) ɛ^n·tɛr·na·sio·nal
Internet Internet ɛ^n·tɛr·ne
intérprete interprète ɛ^n·tɛr·prɛt
intersección carrefour karr·fur
íntimo intime ɛ^n·tim
inundación inondation i·no^n·da·sio^n
investigación recherche re·shɛrsh
invierno hiver i·vɛr
invitado/a invité(e) ɛ^n·vi·te
invitar inviter ɛ^n·vi·te
inyección piqûre pi·kür
inyectar injecter ɛ^n·jek·te
ir aller a·le
ir a ver aller voir a·le vuar
ir de escaparates faire du lèche-vitrines fɛr dü lɛsh vi·tri^n
Irlanda Irlande ir·la^{n}d
irse a la cama se coucher se ku·she
irse partir par·tir
isla île il
itinerario itinéraire i·ti·ne·rɛr
izquierda à gauche a gosh

J

jabón savon sa·vo^n
jamás jamais ja·mɛ
jamón jambon ja^n·bo^n
Japón Japon ja·po^n
jarabe syrop si·ro
jardín jardin jar·de^n
jardín botánico jardin botanique jar·de^n bo·ta·nik
jardín de infancia jardin d'enfants jar·de^n da^n·fa^n
jardinería jardinage jar·di·naj
jeep jeep jip
jeringuilla seringue se·re^{n}g
jersey pull pül
joven jeune jœ^n
joyas bijoux bi·ju
jubilado/a retraité(e) re·trɛ·te
judío/a juif/juive jüif/jüiv
juego jeu jœ
juego de ordenador jeu électronique jœ e·lek·tro·nik
Juegos Olímpicos Les Jeux Olympiques lɛ jœ·zo·lɛ^n·pik
jueves jeudi jœ·di
juez juge jüj
jugar jouer ju·e
jugar a jouer au ju·e o
julio juillet jüi·yɛ
junio juin jüe^n
juntos ensemble a^n·sambl
justicia justice jüs·tis

K

kilo kilo ki·lo
kilogramo kilogramme ki·lo·gram
kilómetro kilomètre ki·lo·mɛtr
kosher casher/kascher ka·shɛr

L

labio lèvre lɛvr
lado côté ko·te
ladrón/a voleur/voleuse vo·lœr/vo·lœz
lagarto lézard le·zar
lago lac lak
lámpara lampe lamp
lana laine lɛ^n
lápiz crayon kra·yo^n
larga ditancia long-courrier lo^n ku·rriɛ
largo (sustantivo) longueur lo^n·gœr
largo/a (adjetivo) long/longue lo^{n}g
lata boîte buat
lavadero laverie lav·ri
lavadora machine à laver ma·shi^n a la·ve
lavandería blanchisserie bla^n·shis·ri
lavar laver la·ve
lavarse se laver se la·ve
laxante laxatif lak·sa·tif
leal loyal(e) lua·yal
leche lait lɛ
leer lire lir
legal légal(e) le·gal
legislación législation le·jis·la·sio^n
lejos lointain(e) lua^n·tɛ^n
lencería lingerie le^{n}j·ri
lentamente lentement la^{n}t·ma^n
lentes de contacto verres de contact vɛrr de ko^n·takt
lento/a lent(e) la^n(t)
leña bois de chauffage bua de sho·faj
lesbiana lesbienne les·biɛ^n
levantar soulever sul·ve
ley loi lua
libertad liberté li·ber·te
libra (moneda, peso) livre livr
libre libre libr
librería librairie li·brɛ·ri
libro livre livr
libro de expresiones recueil d'expressions re·kœy dek·spre·sio^n
líder chef shɛf
liebre lièvre liɛvr
ligar draguer dra·ge
ligero/a léger/légère le·jɛ/le·jɛr
límite de velocidad limitation de vitesse li·mi·ta·sio^n de vi·tɛs
limpiar nettoyer ne·tua·ye
limpieza nettoyage ne·tua·yaj
limpio propre propr
línea de ferrocarríl chemin de fer she·me^n de fɛr
línea ligne liñ
lino lin le^n
linterna lampe de poche lamp de posh
listo/a prêt(e) prɛ/prɛt
llamada a cobro revertido appel en PCV a·pɛl a^n pe se ve
llamar appeler ap·le
llamar por teléfono téléphoner te·le·fo·ne
llave clé kle
llegadas arrivées a·rri·ve
llegar arriver a·rri·ve
llenar remplir ran·plir
lleno plein(e) plɛ^n
llevar porter por·te
llorar pleurer plœ·re
llover pleuvoir ple·vuar
lluvia pluie plü
local local(e) lo·kal
loco/a fou/folle fu/fol
logro réussite re·ü·sit
loncha tranche tra^{n}sh
lubricante lubrifiant lü·bri·fia^n
luego puis püi
lugar endroit a^n·drua
lugar lieu liœ
lugar de acampada terrain de camping te·rrɛ^n de ka^n·pi^n

lugar de nacimiento lieu de naissance lioe de nɛ·sa^{n}s
lujo luxe lüks
luna de miel lune de miel lü^n de miɛl
lunes lundi lœ^n·di
luz lumière lü·miɛr

M

madera bois bua
madre mère mɛr
mago/a magicien/magicienne ma·ji·sia^n/ma·ji·siɛ^n
maleducado/a impoli(e) ɛ^n·po·li
maleta valise va·liz
malo/a mauvais(e) mo·vɛ(z)
mamá maman ma·ma^n
mamografía mammographie ma·mo·gra·fi
mandíbula mâchoire ma·shuar
manera façon fa·so^n
manillar guidon gi·do^n
mano main mɛ^n
manta couverture ku·vɛr·tür
mantel nappe nap
manual manuel(le) ma·nüɛl
mañana demain de·mɛ^n
mañana matin ma·te^n
mañana por la mañana demain matin de·mɛ^n ma·te^n
mañana por la noche demain soir de·mɛ^n suar
mañana por la tarde demain après-midi de·mɛ^n a·prɛ mi·di
mapa carte kart
mapa de carreteras carte routière kart ru·tiɛr
maquillaje maquillage ma·ki·yaj
máquina automática de billetes distributeur de tickets dis·tri·bü·tœr de ti·kɛ
máquina de fax fax faks
máquina machine ma·shi^n
maquinilla rasoir ra·zuar
mar mer mɛr
maravilloso/a merveilleux/merveilleuse mɛr·vɛ·yœ/mɛr·vɛ·yœz
marcador tableau d'affichage ta·blo da·fi·shaj
marea marée ma·re
marearse avoir le mal de mer a·vuar le mal de mɛr
mareo mal des transports mal dɛ tra^{n}s·por
marido mari ma·ri
marihuana marihuana ma·ri·ua·na
mariposa papillon pa·pi·yo^n
marrón marron ma·rro^n
martes mardi mar·di
martillo marteau mar·to
marzo mars mars
más plus plü
más grande plus grand(e) plü gra^n(d)
más tarde plus tard plü tar
masaje massage ma·saj
masajista masseur/masseuse ma·sœr/ma·sœz
mascota animal a·ni·mal
mata-mosquitos anti-moustique a^n·ti·mus·tik
matar tuer tü·e
material matériel ma·te·riɛl
matrícula del automóvil immatriculation i·ma·tri·kü·la·sio^n
mayo mai mɛ
mayoría (la) plupart(la)plü·par (la)
mayoría majorité ma·jo·ri·te
mecánico/a mécanicien/mécanicienne me·ka·ni·sia^n/me·ka·ni·siɛ^n
mechero briquet bri·ke
medianoche minuit mi·nüi
medias bas ba
medias collant ko·la^n
medicamento médicament me·dik·ma^n
medicina médecine med·si^n
médico médecin med·se^n
medio ambiente environnement a^n·vi·ro^n·ma^n
medio litro demi-litre de·mi litr
mediodía midi mi·di
medios de comunicación médias me·dia

meditación méditation me·di·ta·sio^n
mejor meilleur(e) mɛ·yœr
mejorar améliorer a·me·lio·re
melodía air ɛr
memoria mémoire me·muar
menos de moins de mua^n de
menos moins mua^n
menstruación menstruation ma^{n}s·trüa·sio^n
mentir mentir ma^n·tir
mentira mensonge ma^n·so^{n}j
mentiroso/a menteur/menteuse ma^n·tœr/ma^n·tœz
mercadillo braderie bra·dri
mercadillo marché aux puces mar·she o püs
mercado marché mar·she
mes mois mua
mesa table tabl
metal métal me·tal
metro (medida) mètre mɛtr
metro (transporte) métro me·tro
mezclar mélanger me·la^n·je
mezquita mosquée mos·ke
mi mon/ma/mes mo^n/ma/mɛ
microondas micro-ondes mi·kro o^{n}d
miedo peur pœr
miedoso/a effrayé(e) e·fra·ye
miembro membre mambr
miercóles mercredi mɛr·kre·di
migraña migraine mi·grɛ^n
milenario millénaire mi·le·nɛr
milenio millénaire mi·le·nɛr
milímetro millimètre mi·li·mɛtr
militar militaire mi·li·tɛr
millón million mi·lio^n
minoría minorité mi·no·ri·te
minúsculo minuscule mi·nüs·kül
minuto minute mi·nüt
mirar regarder re·gar·de
misa messe mɛs
mitad moitié mua·tie
mochila sac à dos sak a do
moda mode mod
modem modem mo·dɛm
moderno moderne mo·dɛrn
mojado/a mouillé(e) mu·ye
molestar déranger de·ra^n·je
molesto/a gêné(e) jɛ·ne
monarquía monarchie mo·nar·shi
monasterio monastère mo·nas·tɛr
monedas pièces piɛs
monedero porte-monnaie port mo·nɛ
monja religieuse re·li·jiœz
mono singe se^{n}j
mono/a mignon/mignonne mi·ño^n/mi·ño^{n}n
mononucleosis infecciosa mononucléose infectieuse mo·no·nü·kleoz e^n·fek·siœz
montaña montagne mo^n·tañ
montar a (caballo) monter à (cheval) mo^n·te a (she·val)
montar a caballo équitation e·ki·ta·sio^n
montar en bici faire du vélo fɛr dü ve·lo
monumento monument mo·nü·ma^n
morado violet vio·le
morder mordre mordr
mordisco morsure mor·sür
morir mourir mu·rir
mosca mouche mush
mosquitera moustiquaire mus·ki·tɛr
mosquito moustique mus·tik
mostrador · barra comptoir ko^{n}p·tuar
mostrar montrer mo^n·tre
mote surnom sür·nom
motel motel mo·tɛl
motocicleta moto mo·to
motor moteur mo·tœr
moverse bouger bu·je
móvil portable por·tabl
muchedumbre foule ful
mucho (de) beaucoup (de) bo·ku (de)
mucho très trɛ
muebles meubles mœbl
muelle ressort re·sor
muerte mort mor
muerto/a mort(e) mor(t)
mujer femme fam
multa amende a·ma^{n}d

multimedia multimédia mül·ti·me·dia
mundo monde mo^{n}d
muñeca poignet pua·ñɛ
muñeca poupée pu·pe
muro mur mür
músculo muscle müskl
museo musée mü·ze
música musique mü·zik
músico musicien/musicienne mü·zi·sia^n/mü·zi·siɛ^n
músico callejero musicien(ne) des rues mü·zi·sia^n/mü·zi·siɛ^n dɛ rü
musulmán musulman(e) mü·zül·ma^n

N

nacido/a né(e) ne
nacionalidad nationalité na·sio·na·li·te
nada rien ria^n
nadar nager na·je
naranja orange o·ra^{n}j
nariz nez ne
naturaleza nature na·tür
naturópata naturopathe na·tü·ro·pa·ti
náusea nausée no·ze
náuseas matinales nausées matinales no·ze ma·ti·nal
navaja canif ka·nif
navegar voile vual
Navidad Noël no·ɛl
navío navire na·vir
necesario nécessaire ne·se·sɛr
necesitar avoir besoin de a·vuar be·zua^n de
negarse refuser re·fü·ze
negocios affaires a·fɛr
negro/a noir(e) nuar
nevar neiger nɛ·je
nevera réfrigérateur re·fri·je·ra·tœr
ni ni ni
nieto/a petit-fils/petite-fille pe·ti fis/pe·tit fiy
nieve neige nɛj
ninguno/a aucun(e) o·kœ^n/o·kü^n
niña fille fiy
niño enfant a^n·fa^n
niño/a gamin/gamine ga·me^n/ga·mi^n
nivel niveau ni·vo
no está mal pas mal pa mal
no fumador non-fumeur no^n fü·mœr
no non no^n
noche nuit nüi
noche, atardecer soir suar
Nochebuena Veille de Noël vɛy de no·ɛl
Nochevieja Nuit de la Saint-Sylvestre nüi de la sɛ^n sil·vɛstr
nombre nom nom
normal normal(e) nor·mal
norte nord nor
nosotros nous nu
nostálgico nostalgique nos·tal·jik
noticias (en TV) les actualités lɛ·zak·tüa·li·te
novela roman ro·ma^n
novia petite amie pe·ti·ta·mi
novio petit ami pe·ti a·mi
nube nuage nüaj
nublado nuageux/nuageuse nüa·jœ/nüa·jœz
nuestro notre notr
nueve neuf nœf
nuevo nouveau/nouvelle nu·vo/nu·vɛl
número numéro nü·me·ro
número de habitación numéro de chambre nü·me·ro de shambr
número de matrícula plaque d'immatriculation plak di·ma·tri·kü·la·sio^n
número de pasaporte numéro de passeport nü·mɛ·ro de pas·por

O

o ou u
objetivo objectif ob·jɛk·tif
objeto objet ob·jɛ
objetos de valor de valeur ob·jɛ de va·lœr
objetos perdidos bureau des objets trouvés bü·ro dɛ·zob·jɛ tru·ve
obra (teatro) pièce de théâtre piɛs de te·atr

obrero ouvrier/ ouvrière u·vrie/u·vriɛr
obtener obtenir ob·te·nir
océano océan o·se·a^{n}
ocho huit uit
ocupación occupation o·kü·pa·sio^{n}
ocupado/a occupé(e) o·kü·pe
ocuparse de s'occuper de so·kü·pe de
odiar détester de·tes·te
oeste ouest uɛst
oficial officier o·fi·sie
oficina bureau bü·ro
oficina de turismo office de tourisme o·fis de tu·rism
ojo œil œy
ojos yeux iœ
ola vague vag
oler sentir sa^{n}·tir
olla pot po
olor odeur o·dœr
olvidar oublier u·blie
ópera opéra o·pe·ra
operación opération o·pe·ra·sio^{n}
operador opérateur/opératrice o·pe·ra·tœr/o·pe·ra·tris
opinión avis a·vi
oportunidad occasion o·ka·zio^{n}
oración prière priɛr
ordenador ordinateur or·di·na·tœr
ordenador portatil ordinateur portable or·di·na·tœr por·tabl
ordenar ramasser ra·ma·se
oreja oreille o·rɛy
organización organisation or·ga·ni·za·sio^{n}
organizar organiser or·ga·ni·ze
orgasmo orgasme or·gasm
original original(e) o·ri·ji·nal
oro or or
oscuro (color) foncé(e) fo^{n}·se
oscuro/a (falta de luz) obscur(e) obs·kür
otoño automne o·to^{n}
otro autre otr
otro/a un/une autre œ^{n}/ü^{n} otr
oveja mouton mu·to^{n}
oxígeno oxygène ok·si·jɛ^{n}

P

padre père pɛr
padres parents pa·ra^{n}
pagar payer pɛ·ye
página page paj
pago paiement pɛy·ma^{n}
país pays pɛ·i
paisaje paysage pɛ·i·zaj
Países Bajos Pays-Bas pei ba
pájaro oiseau ua·zo
palabra mot mo
palacio palais pa·lɛ
palillo cure-dent kür da^{n}
pan pain pɛ^{n}
panadería boulangerie bu·la^{n}j·ri
pantalla écran e·kra^{n}
pantalón pantalon pa^{n}·ta·lo^{n}
pantalón corto short short
pañal couche kush
pañuelo mouchoir mu·shuar
pañuelos de papel mouchoirs en papier mu·shuar a^{n} pa·pie
papá papa pa·pa
papel papier pa·piɛ
papel higiénico papier hygiénique pa·pie i·gie·nik
papeleo paperasserie pa·pras·ri
papelería papeterie pa·pe·tri
paquete paquet pa·kɛ
paquete postal colis ko·li
par paire pɛr
para pour pur
para siempre pour toujours pur tu·jur
parabrisas pare-brise par briz
parada arrêt a·rrɛ
parada de autobús arrêt d'autobus a·rrɛ do·to·büs
parada de taxi station de taxi sta·sio^{n} de tak·si
parado/a (en el paro) chômeur/ chômeuse sho·mœr/sho·mœz
paraguas parapluie pa·ra·plü
parapléjico paraplégique pa·ra·ple·jik
parar arrêter a·rrɛ·te

pararse s'arrêter sa·rrɛ·te
paro chômage sho·maj
parque nacional parc national park na·sio·nal
parque parc park
parte partie par·ti
participar participer par·ti·si·pe
particular particulier/particulière par·ti·kü·lie/par·ti·kü·liɛr
partida de nacimiento acte de naissance akt de nɛ·sa^{n}s
partido (deportes) match mach
partido (político) parti par·ti
pasado mañana après-demain a·prɛ de·mɛ^{n}
pasado pas frais/fraîche pa frɛ/frɛsh
pasado passé pa·se
pasajero/a voyageur/voyageuse vua·ya·jœr/vua·ya·jœz
pasaporte passeport pas·por
pasar passer pa·se
pase passe pas
pasillo (en avión) couloir ku·luar
paso marche marsh
pasta de dientes dentifrice da^{n}·ti·fris
pastelería pâtisserie pa·tis·ri
patada (dar una) coup de pied (donner un) do·ne œ^{n} ku de piɛ
patinar roller ro·lɛr
pato canard ka·nar
paz paix pɛ
peatón piéton pie·to^{n}
pecho poitrine pua·tri^{n}
pedal pédale pe·dal
pedido ordre ordr
pedir ordonner or·do·ne
pegamento colle kol
peine peigne pɛñ
pelea bagarre ba·garr
película (cámara) pellicule pe·li·kül
película film film
peligroso dangereux/dangereuse da^{n}·je·rœ/da^{n}·je·rœz
pelo cheveux she·vœ
pelota (tenis/fútbol) balle/ballon bal/ba·lo^{n}
peluquero/a coiffeur/coiffeuse kua·fœr/kua·fœz
pena peine pɛ^{n}
pendientes boucles d'oreille bukl do·rey
pene pénis pe·nis
penicilina pénicilline pe·ni·si·lin
pensar penser pa^{n}·se
pensión pension (de famille) pa^{n}·sio^{n} (de fa·miy)
pensión pension pa^{n}·sio^{n}
peón manoeuvre ma·nœvr
peor pire pir
pequeño/a petit(e) pe·ti(t)
perdedor/a perdant(e) pɛr·da^{n}(t)
perder perdre pɛrdr
pérdida perte pɛrt
perdido/a perdu(e) pɛr·dü
perdonar pardonner par·do·ne
perezoso paresseux/paresseuse pa·re·sœ/pa·re·sœz
perfecto/a parfait(e) par·fɛ(t)
perfume parfum par·fœ^{n}
periódico journal jur·nal
periodista journaliste jur·na·list
permanente permanent(e) pɛr·ma·na^{n}(t)
permiso permis pɛr·mi
permiso permission pɛr·mi·sio^{n}
permiso de conducir permis de conduire pɛr·mi de ko^{n}·düir
permiso de trabajo permis de travail pɛr·mi de tra·vay
permitir permettre pɛr·mɛtr
pero mais mɛ
perro chien shia^{n}
perro guía chien d'aveugle shia^{n} da·vœgl
persona personne pɛr·so^{n}
personal personnel(le) pɛr·so·nɛl
personalidad personnalité pɛr·so·na·li·te
pesado/a lourd(e lur(d)
pesar peser pe·ze
pescadería poissonnerie pua·so^{n}·ri
pescado poisson pua·so^{n}

pescar pêche pɛsh
peso poids pua
petición pétition pe·ti·sio^n
petróleo pétrole pe·trol
picadura piqûre pi·kür
picnic pique-nique pik nik
picor démangeaison de·ma^n·jɛ·zo^n
pie pied piɛ
piedra pierre piɛrr
piel peau po
pierna jambe jamb
pieza morceau mor·so
pila pile pil
píldora pilule pi·lül
pinchazo crevaison kre·vɛ·zo^n
ping pong tennis de table te·nis de tabl
pintalabios rouge à lèvres ruj a lɛvr
pintar peinture pɛ^n·tür
pintor peintre pɛ^{n}tr
pinzas de depilar pince à épiler pe^{n}s a e·pi·le
piojo poux pu
pipa pipe pip
piscina piscine pi·si^n
piso étage e·taj
pista court kur
pista de tenis court de tennis kur de te·nis
pista de atletismo champ de courses sha^n de kurs
pistola pistolet pis·to·le
plancha fer à repasser fɛr a re·pa·se
planchar repasser re·pa·se
planeta planète pla·nɛt
plano plan pla^n
plano/a plat(e) pla(t)
plástico plastique plas·tik
plata argent ar·ja^n
plataforma quai kɛ
plato assiette a·siɛt
plato plat pla
playa plage plaj
plaza mayor place centrale plas sa^n·tral
plaza place plas
pobre pauvre povr
pobreza pauvreté po·vre·te
poco común peu commun(e) pœ ko·mœ^n/ko·mü^n
poco peu pœ
poco profundo peu profond pœ pro·fo^n(d)
poder nuclear puissance nucléaire pui·sa^{n}s nü·kleɛr
poder pouvoir pu·vuar
poesía poésie po·e·zi
polén pollen po·la^n
poli flic (familiarmente) flik
policía police po·lis
policía policier po·li·sie
polideportivo terrain de sport tɛ·rre^n de spor
política politique po·li·tik
polítítico/a homme/femme politique om/fam po·li·tik
pollo poulet pu·lɛ
polvo poussière pu·siɛr
polvos de talco talc talk
poner mettre mɛtr
popular populaire po·pü·lɛr
por avión par avion par a·vio^n
por correo certificado en recomman-dé a^n re·ko·ma^n·de
por correo exprés par exprès par eks·prɛs
por lo tanto donc do^{n}k
por par par
por qué pourquoi pur·kua
por vía marítima voie maritime vua ma·ri·tim
por vía terrestre voie de terre vua de tɛr
porcentaje pour cent pur sa^n
porque parce que pars ke
porquería, basura ordures or·dür
posible possible po·sibl
positivo/a positif/positive po·zi·tif/ po·zi·tiv
postal carte postale kart pos·tal
postre dessert de·sɛr
practicar pratiquer pra·ti·ke

práctico pratique pra·tik
precio prix pri
preferir préférer pre·fe·re
pregunta question kɛs·tio^n
preguntar (algo) demander de·ma^n·de
preguntar (hacer una pregunta) poser po·ze
preocupado/a inquiet/inquiète ɛ^n·kiɛ/ɛ^n·kiɛt
preocuparse s'inquiéter se^n·kie·te
preparar préparer pre·pa·re
prescripción ordonnance or·do·na^{n}s
presentar présenter pre·za^n·te
presente présent pre·za^n
preservativo préservatif pre·zɛr·va·tif
presidente président pre·zi·da^n
presión pression pre·sio^n
prestar emprunter a^n·prœ^n·te
presupuesto budget büd·je
pretender faire semblant fɛr sa^n·bla^n
prevenir empêcher a^n·pɛ·she
prever prévoir pre·vuar
previsión prévision pre·vi·zio^n
previsión metereológica météo me·te·o
primavera printemps pre^n·ta^n
primer ministro premier ministre pre·miɛ mi·nistr
primera clase première classe pre·miɛr klas
primero/a premier/première pre·miɛ/pre·miɛr
principal principal(e) pre^n·si·pal
prisa pressé(e) pre·se
prisión prison pri·zo^n
prisionero/a prisonnier/prisonnière pri·zo·niɛ /pri·zo·niɛr
privado/a privé(e) pri·ve
probable probable pro·babl
probadores (en tienda) cabine d'essayage ka·bi^n de·sɛ·yaj
probar essayer e·se·ie
problema problème pro·blɛm
producir produire pro·düir
profesional professionnel(le) pro·fe·sio·nɛl
profesor de universidad professeur (à l'université) pro·fe·sœr (a lü·ni·vɛr·si·te)
profesor professeur pro·fe·sœr
profundo/a profond(e) pro·fo^n(d)
programa programme pro·gram
prolongación prolongation pro·lo^n·ga·sio^n
promesa promesse pro·mɛs
prometer promettre pro·mɛtr
prometido/a fiancé(e) fia^n·se
promocionar promouvoir pro·mu·vuar
pronto bientôt bia^n·to
propietario/a propriétaire pro·prie·tɛr
propina pourboire pur·buar
prostituta prostituée pros·ti·tüe
protección protection pro·tek·sio^n
protección solar total écran solaire total e·kra^n so·lɛr to·tal
proteger protéger pro·te·je
protegido/a protégé(e) pro·te·je
protesta manif(estation) ma·nif(es·ta·sio^n)
protestar manifester ma·ni·fes·te
provisiones provisions pro·vi·zio^n
proyector projecteur pro·jek·tœr
prudencia prudence prü·da^{n}s
prueba de embarazo test de grossesse test de gro·sɛs
pruebas nucleares essai nucléaire e·sɛ nü·kleɛr
psicoterapia psychothérapie psi·ko·te·ra·pi
públio public pü·blik
pueblo village vi·laj
puente pont po^n
puerta porte port
puerto port por
puesta de sol coucher du soleil ku·she dü so·lɛy
pulga puce püs

pulmón poumon pu·mo^{n}
punto point pua^{n}t
puntuación score skor
puro cigare si·gar
puro/a pur(e) pür
puta salope sa·lop

Q

qué (cosas) quel(le) kɛl
qué (personas) qui ki
quedarse rester res·te
queja plainte plɛ^{n}t
quejarse se plaindre se plɛ^{n}dr
quemadura brûlure brü·lür
quemadura de sol coup de soleil ku de so·lɛy
quemar brûler brü·le
querer vouloir vu·luar
queso fromage fro·maj
quien qui ki
quienquiera n'importe qui ne^{n}·port ki
quince días quinze jours ke^{n}z jur
quiosco kiosque kiosk

R

racismo racisme ra·sism
radiador radiateur ra·dia·tœr
radical radical(e) ra·di·kal
radio radio ra·dio
raíl garde-fou gard fu
rana grenouille gre·nuy
rancio rassis(e) ra·si(z)
rápido/a rapide ra·pid
raqueta raquette ra·kɛt
raro rare rar
rata rat ra
ratón souris su·ri
raza race ras
razón raison rɛ·zo^{n}
real vrai(e) vrɛ
realidad réalité rea·li·te
realista réaliste rea·list
realmente vraiment vrɛ·ma^{n}
recibir recevoir res·vuar
recibo reçu re·sü
reciclable recyclable re·si·klabl
reciclado recyclage re·si·klaj
reciclar recycler re·si·kle
recientemente récemment re·se·ma^{n}
recogida de equipaje retrait des bagages re·trɛ dɛ ba·gaj
recolecta récolte re·kolt
recolecta de fruta cueillette de fruits kœ·yɛt de frui
recomendar recommander re·ko·ma^{n}·de
reconocer reconnaître re·ko·nɛtr
recordar se souvenir se suv·nir
recuerdo souvenir suv·nir
red filet fi·le
red réseau rɛ·zo
redondo/a rond(e) ro^{n}(d)
reducir réduire re·düir
reembolso remboursement ra^{n}·burs·ma^{n}
referencia référence re·fe·ra^{n}s
refugiado/a réfugié(e) re·fü·jie
refugio abri a·bri
regalo cadeau ka·do
régimen régime re·jim
región région re·jo^{n}
reglas règles rɛgl
reina reine rɛ^{n}
reino royaume rua·yom
reír rire rir
relación relation re·la·sio^{n}
relajarse se reposer se re·po·ze
relevante pertinent(e) pɛr·ti·na^{n}(t)
religión religion re·li·jo^{n}
religioso/a religieux/religieuse re·li·jœ/re·li·jœz
reloj montre mo^{n}·tre
reloj pendule pa^{n}·dül
remo aviron a·vi·ro^{n}
remoto/a éloigné(e) e·lua·ñe
representar représenter re·pre·za^{n}·te
república république re·pü·blik
reserva réservation re·zɛr·va·sio^{n}
reservar réserver re·zɛr·ve
residuos nucleares déchets nucléaires de·she nü·kleɛr

respirar respirer res·pi·re
responder répondre re·po^{n}dr
respuesta réponse re·po^{n}z
restaurante restaurant res·to·ra^{n}
retirada retrait re·trɛ
retraso retard re·tard
revista magazine ma·ga·zi^{n}
revolución révolution re·vo·lü·sio^{n}
rey roi rua
riachuelo ruisseau rüi·so
rico riche rish
riesgo risque risk
río rivière ri·viɛr
rítmo rythme ritm
robar voler vo·le
robo vol vol
roca rocher ro·she
rodilla genou je·nu
rojo rouge ruj
romántico romantique ro·ma^{n}·tik
romper casser ka·se
ropa vêtements vɛt·ma^{n}
ropa blanca draps dra
ropa blanca linge le^{n}j
ropa de cama literie lit·ri
ropa interior sous-vêtements su vɛt·ma^{n}
ropero penderie pa^{n}·dri
rosa rose roz
roto/a cassé(e) ka·se
rotonda rond-point ro^{n} pua^{n}
rueda (coche) pneu pnœ
rueda roue ru
rugby rugby rüg·bi
ruidoso/a bruyant(e) brü·ya^{n}(t)
ruinas ruines rüi^{n}

S

sábado samedi sam·di
sábana drap dra
saber savoir sa·vuar
sabor goût gu
sabroso/a délicieux/délicieuse de·li·siœ/ de·li·siœz
sacacorchos tire-bouchon tir bu·sho^{n}
sacar una foto prendre en photo pra^{n}dr a^{n} fo·to
saco de dormir sac de couchage sak de ku·shaj
sal sel sel
sala de espera salle d'attente sal da·ta^{n}t
sala de tránsito salle de transit sal de tra^{n}·zit
salario salaire sa·lɛr
salida del sol lever du soleil le·ve dü so·lɛy
salida départ de·par
salida sortie sor·ti
salir sortir sor·tir
salir (partir) partir par·tir
salir con alguien sortir avec sor·tir a·vɛk
salir con sortir avec sor·tir a·vɛk
salir de noche soirée sua·re
salón de belleza salon de beauté sa·lo^{n} de bo·te
saltar sauter so·te
salud santé sa^{n}·te
salvaje sauvage so·vaj
salvar sauver so·ve
salva-slip protège-slips pro·tej slip
sandalias sandales sa^{n}·dal
sangre sang sa^{n}
santo/a saint(e) sɛ^{n}(t)
santuario lieu saint liœ sɛ^{n}
sarampión rougeole ru·jol
sarpullido rougeur ru·jœr
sartén poêle pual
sastre tailleur tɛ·yœr
satisfecho/a satisfait(e) sa·tis·fɛ / sa·tis·fɛt
sauna sauna so·na
secar sécher se·she
seco/a sec/sèche sɛk/sɛsh
secretaria secrétaire se·kre·tɛr
secreto secret se·kre
seda soie sua
seguir suivre süivr
segunda clase de seconde classe de se·go^{n}d klas

segunda mano d'occasion do·ka·zio^{n}
segundo seconde se·go^{n}d
seguridad sécurité se·kü·ri·te
seguridad social sécurité sociale se·kü·ri·te so·sial
seguro assurance a·sü·ra^{n}s
seguro sans danger sa^{n} da^{n}·je
seguro/a sûr(e) sür
seis six sis
sello timbre te^{n}br
semáforo feux fœ
semana semaine se·mɛ^{n}
seminario séminaire se·mi·nɛr
sendero de montaña chemin de montagne she·me^{n} de mo^{n}·tañ
sendero sentier sa^{n}·tie
seno sein sɛ^{n}
sensación sensation sa^{n}·sa·sio^{n}
sensibilidad de la película sensibilité de la pellicule sa^{n}·si·bi·li·te de la pe·li·kül
sensible raisonnable rɛ·zo·nabl
sensual sensuel(le) sa^{n}·süɛl
sentarse s'asseoir sa·suar
sentimiento sentiment sa^{n}·ti·ma^{n}
señal signe siñ
separado/a séparé(e) se·pa·re
septiembre septembre sɛp·tambr
ser/estar être ɛtr
serie série se·ri
serie de TV série se·ri
serio/a sérieux/sérieuse se·riœ/se·riœz
seropositivo séropositif/séropositive se·ro·po·si·tif/se·ro·po·si·tiv
serpiente serpent sɛr·pa^{n}
servicio militar service militaire sɛr·vis mi·li·tɛr
servicio service sɛr·vis
servilleta serviette sɛr·viɛt
sexismo sexisme sek·sism
sexista sexiste sek·sist
sexo sexe seks
sexo seguro rapports sexuels protégés ra·por sek·süɛl pro·te·je
sexy sexy sek·si
sí oui ui
si si si
SIDA SIDA si·da
siempre toujours tu·jurs
siete sept sɛt
siguiente prochain(e) pro·shɛ^{n}
silbato siffler si·fle
silla chaise shɛz
silla de bebé poussette pu·sɛt
silla de ruedas fauteuil roulant fo·tœy ru·la^{n}
silla selle sɛl
sillón fauteuil fo·tey
similar semblable sam·blabl
simple simple sempl
sin sans sa^{n}
sin amueblar non-meublé(e) no^{n} mœ·ble
sin plomo sans plomb sa^{n} plom
sin techo sans-abri sa^{n}·za·bri
sinagoga synagogue si·na·gog
sindicato syndicat sɛ^{n}·di·ka
síndrome premenstrual syndrome prémenstruel se^{n}·drom pre·me^{n}s·trüɛl
Singapur Singapour se^{n}·ga·pur
sintético synthétique se^{n}·te·tik
situación situation si·tüa·sio^{n}
sobornar suborner sü·bor·ne
soborno pot-de-vin po de ve^{n}
sobre enveloppe a^{n}v·lop
sobre sur sür
sobredosis overdose o·vɛr·doz
sobrevivir survivre sür·vivr
socialismo socialisme so·sia·lism
socialista socialiste so·sia·list
sociedad societé so·sie·te
software logiciel lo·ji·siɛl
sol soleil so·lɛy
soldado soldat sol·da
soleado/a ensoleillé(e) a^{n}·so·lɛ·ye
sólido solide so·lid
solo/a seule(e) sœl
solo/a tout(e) seul(e) tu(t) sœl
soltero célibataire se·li·ba·tɛr
sombra ombre ombr

sombrero chapeau sha·po
somnífero somnifère som·ni·fɛr
sonreir sourire su·rir
sonrisa sourire su·rir
soñar rêver rɛ·ve
sordo/a sourd(e) sur(d)
sorprendente stupéfiant(e) stü·pe·fia^n(t)
sorpresa surprise sür·priz
Sr. Monsieur me·siœ
Sra. Madame ma·dam
Srta. Mademoiselle mad·mua·zɛl
su leur/leurs lœr
su/s son/sa/ses so^n/sa/sɛ
suave doux/douce du/dus
subasta vente aux enchères va^{n}t o·za^n·shɛr
subir lever le·ve
submarinismo plongée sous-marine plo^n·je su ma·ri^n
subsidio de desempleo allocation de chômage a·lo·ka·sio^n de sho·maj
subtítulos sous-titres su titr
sucio sale sal
suegra belle-mère bɛl mɛr
suegro beau-père bo pɛr
suelo plancher pla^n·she
suelto (monedas) monnaie mo·nɛ
sueño sommeil so·mɛy
suerte chance sha^{n}s
suficiente assez a·se
sufrir souffrir su·frir
sujetador soutien-gorge su·tia^n gorj
suma (dinero) somme som
supermercado supermarché sü·pɛr·mar·she
superstición superstition sü·pɛrs·ti·sio^n
sur sud süd
surf surfer sür·fe
suyo/a votre/vos votr/vo

T

tabaco tabac ta·ba
tabla de surf planche de surf pla^{n}sh de sürf
tabla de windsurf planche à voile pla^{n}sh a vual
tablero de ajedrez échiquier e·shi·kiɛr
tacto toucher tu·she
tal vez peut-être pœ·tɛtr
talla taille tay
también aussi o·si
tambor tambour ta^n·bur
tampón tampon ta^n·po^n
tanga cache-sexe khas sɛks
tapón bonde bo^{n}d
tarde après-midi a·prɛ mi·di
tarde en retard a^n re·tar
tareas domésticas ménage me·naj
tarifa tarif ta·rif
tarjeta de crédito carte de crédit kart de kre·di
tarjeta de embarque carte d'embarquement kart da^n·bar·ke·ma^n
tarjeta de teléfono télécarte te·le·kart
tasa de aeropuerto taxe d'aéroport tax dae·ro·por
tasa de cambio taux de change to de sha^{n}j
taxi taxi tak·si
taza tasse tas
teatro théâtre te·atr
tebeo bande dessinée (BD) ba^{n}d de·si·ne (be de)
teclado clavier kla·viɛ
técnica technique tek·nik
tejado toit tua
tela tissu ti·sü
teleférico téléphérique te·le·fe·rik
teléfono público téléphone public te·le·fo^n pü·blik
teléfono téléphone te·le· fo^n
telegrama télégramme te·le·gram
telescopio télescope te·les·kop
telesilla télésiège te·le·siɛj
televisión télé(vision) te·le(vi·zio^n)
temperatura température ta^n·pe·ra·tür
templo temple ta^{n}pl

temprano tôt to
tenedor fourchette fur·shɛt
tener avoir a·vuar
tener cuidado faire attention fɛr a·ta^n·sio^n
tener dolor de estómago avoir mal au ventre a·vuar mal o va^{n}tr
tener fiebre avoir de la fièvre a·vuar de la fiɛvr
tener hambre avoir faim a·vuar fɛm
tener necesidad de avoir besoin de a·vuar be·zua^n de
tener razón avoir raison a·vuar rɛ·zo^n
tener sed avoir soif a·vuar suaf
tener sueño avoir sommeil a·vuar so·mɛy
tener suerte avoir de la chance a·vuar de la sha^{n}s
tenis tennis te·nis
tensión arterial tension artérielle ta^n·sio^n ar·te·riɛl
tercero troisième trua·ziɛm
terminado/a fini(e) fi·ni
terminar finir fi·nir
termo bouillotte bu·yot
terreno terre tɛr
terrible affreux/affreuse a·frœ/a·frœz
terrina pot po
terrorismo terrorisme te·rro·rism
terremoto tremblement de terre tram·ble·ma^n de tɛrr
test essai e·sɛ
testigo témoin te·mua^n
tía tante ta^{n}t
tiempo temps ta^n
tienda de deportes magasin de sports ma·ga·zen de spor
tienda de música disquaire dis·kɛr
tienda de recuerdos magasin de souvenirs ma·ga·ze^n de suv·nir
tienda de vinos y licores magasin de vins et spiritueux ma·ga·ze^n de ve^n e spi·ri·tüœ
tienda magasin ma·ga·ze^n
tienda tente ta^{n}t
tierra (la) Terre tɛrr
tijeras ciseaux si·zo
timbre (de teléfono) sonner so·ne
tímido timide ti·mid
timo arnaque ar·nak
típico typique ti·pik
tipo genre ja^{n}r
tipo type tip
tirar jeter je·te
tirar tirer ti·re
tobillo cheville she·viy
tocar (instrumento) jouer de ju·e de
tocar toucher tu·she
todo el mundo tout le monde tu le mo^{n}d
todo recto tout droit tu drua
todo tout tu
todo/a tout entier/toute entière tu ta^n·tie/tut ta^n·tiɛr
todos los días tous les jours tu lɛ jur
tono para marcar tonalité to·na·li·te
tormenta orage o·raj
torneo tournoi tur·nua
tos toux tu
tostada pain grillé pɛ^n gri·ye
tostador grille-pain griy pɛn
trabajar travailler tra·va·ye
trabajo dentro de un bar travail dans un bar tra·vay da^n zœ^n bar
trabajo temporal travail intermittent tra·vay e^n·tɛr·mi·ta^n
trabajo travail tra·vay
traducir traduire tra·düir
traer (una cosa) apporter a·por·te
traer (una persona) amener am·ne
traficante de drogas trafiquant de drogue tra·fi·ka^n de drog
tráfico circulation sir·kü·la·sio^n
tramposo/a tricheur/tricheuse tri·shœr/tri·shœz
tranquilo/a tranquille tra^n·kil
transferencia transfert tra^{n}s·fɛr
transporte transport tra^{n}s·por
trasero cul kü
tratamiento traitement trɛt·ma^n

tren train trɛ^n
tres trois trua
tribunal tribunal tri·bü·nal
tricotar tricot tri·ko
triste triste trist
truco ruse rüz
tú tu tü
tubo de escape pot d'échappement po de·shap·ma^n
tumba tombe tomb
tumbarse s'allonger sa·lo^n·je
turista touriste tu·rist
tuyo/a ton/ta/tes to^n/ta/tɛ
TV télé te·le

U

último dernier/dernière dɛr·niɛ/dɛr·niɛr
ultramar outre-mer utr mɛr
ultramarinos épicerie e·pis·ri
ultramarinos supérette de quartier sü·pe·rɛt de kar·tiɛ
un poco un peu œ^n pœ
un/a un(e) œ^n/ü^n
una vez une fois ü^n fua
uniforme uniforme ü·ni·form
unión union ü·nio^n
unir joindre jua^{n}dr
universidad université ü·ni·vɛr·si·tɛr
universo univers ü·ni·vɛr
uno/a un(e) œ^n/ü^n
urgencia cas urgent ka ür·ja^n
urgente urgent(e) ür·ja^n(t)
usted vous vu
útil utile ü·til
utilizar utiliser ü·ti·li·ze

V

vaca vache vash
vacaciones vacances va·ka^{n}s
vacío vide vid
vacuna vaccination vak·si·na·sio^n
vagina vagin va·je^n
vagón restaurante wagon-restaurant va·go^n res·to·ra^n
validar valider va·li·de
valiente courageux/courageuse ku·ra·gœ/ku·ra·gœz
valla barrière ba·rriɛr
valle vallée va·le
valor valeur va·lœr
vaqueros jean ji^n
varios plusieurs plü·ziœr
vaso verre vɛr
vegetariano/a végétarien/végétarienne ve·je·ta·rie^n/ve·je·ta·riɛ^n
vehículo véhicule ve·i·kül
vela bougie bu·ji
vela (barco) voile vual
velocidad vitesse vi·tɛs
vena veine vɛ^n
vendaje pansement pa^{n}s·ma^n
vendedor de prensa marchand de journaux mar·sha^n de jur·no
vender vendre va^{n}dr
venenososo/a venimeux/venimeuse ve·ni·mœ/ve·ni·mœz
venir venir ve·nir
venta vente va^{n}t
ventana fenêtre fe·nɛtr
ventanilla de venta de billetes guichet gi·shɛ
ventilador ventilateur va^n·ti·la·tœr
ver voir vuar
verano été e·te
verdad vérité ve·ri·te
verde vert(e) vɛr(t)
verdulería marchand de légumes mar·sha^n de le·güm
verdura légume le·güm
verificar vérifier ve·ri·fie
verja barrière ba·rriɛr
vertedero de basura décharge de·sharj
vestíbulo hall ol
vestido robe rob
vestirse s'habiller sa·bi·ye
vía via vi·a
viajar voyager vua·ya·je
viaje de negocios voyage d'affaires vua·yaj da·fɛr

viaje voyage vua·yaj
vid vigne viñ
vida vie vi
viejo/a vieux/vieille viœ/viεy
viento vent va^n
viernes vendredi va^n·dre·di
vino vin ve^n
viñedo vignoble vi·ñobl
violar violer vio·le
virus virus vi·rüs
visado visa vi·za
visita guiada visite guidée vi·zit gi·de
visitante visiteur/visiteuse vi·zi·tœr/vi·zi·tœz
visitar visiter vi·zi·te
vista vue vü
vitamina vitamine vi·ta·mi^n
viuda veuve vœv
viudo veuf vœf
vivir (residir) habiter a·bi·te
vivir vivre vivr
vivo/a vivant(e) vi·va^n(t)
volar voler vo·le
volumen volume vo·lüm
voluntariado bénévole be·ne·vol
voluntario/a volontaire vo·lo^n·tεr
volver revenir rev·nir
volverse devenir dev·nir
vomitar vomir vo·mir
votar voter vo·te
vuelo vol vol
vuelta, paseo promenade prom·nad

Y

y et e
ya déjà de·ja
yo je je
yo moi mua
yoga yoga yo·ga

Z

zambullirse plonger plo^n·je
zapatería magasin de chaussures ma·ga·ze^n de sho·sür
zapato chaussure sho·sür
zona de juego terrain de jeux te·rrε^n de jœ
zoo zoo zo

Diccionario

FRANCÉS-ESPAÑOL

Français-Español

A

à a en
à bord a bor al borde de
à côté de a ko·te de al lado de
à droite a druat a la derecha
à gauche a gosh a la izquierda
à l'étranger a le·tra^n·je en el extranjero
à l'heure a lœr a tiempo
à la maison a la mɛ·zo^n en casa
à peu près a pœ prɛ aproximadamente
à plein temps a plɛ^n ta^n a tiempo completo
à temps partiel a ta^n par·siɛl a tiempo parcial
abeille a·bɛy abeja
abondance a·bon·da^{n}s abundancia
abri a·bri refugio
accepter ak·sɛp·te aceptar
accident ak·si·da^n accidente
accueillir a·kœ·yir acoger
accumulation a·kü·mü·la·sio^n acumulación
acheter ash·te comprar
acide a·sid ácido (droga)
acte de naissance akt de nɛ·sa^{n}s partida de nacimiento
acteur/actrice ak·tœr/ak·tris actor/actriz
actualités ak·tüa·li·te noticias
actuel(le) ak·tüɛl actual
acupuncture a·kü·po^{n}k·tür acupunctura
adaptateur a·dap·ta·tœr adaptador
addition a·di·sio^n cuenta
admettre ad·mɛtr admitir
administration ad·mi·nis·tra·sio^n administración
admirer ad·mi·re admirar
adorer a·do·re adorar
adresse a·drɛs dirección
adulte a·dült adulto
adversaire ad·vɛr·sɛr adversario
aérobic ae·ro·bik aerobic
aérogramme ae·ro·gram aerograma
aéroport ae·ro·por aeropuerto
affaires a·fɛr negocios
affreux/affreuse a·frœ/a·frœz terrible
Afrique a·frik África
âge aj edad
âgé(e) a·je mayor, de edad
agence de voyage a·ja^{n}s de vua·yaj agencia de viajes
agence immobilière a·ja^{n}s i·mo·bi·liɛr agencia inmobiliaria
agenda a·ja^n·da diario
agent de police a·ja^n de po·lis agente de policía
agent immobilier a·ja^n i·mo·bi·liɛ agente inmobiliario
agiter a·ji·te agitar
agréable a·grɛ·abl agradable
agressif/agressive a·grɛ·sif/a·grɛ·siv agresivo/a
agriculteur/agricultrice a·gri·kül·tœr /a·gri·kül·tris agricultor
agriculture a·gri·kül·tür agricultura

aide ɛd ayuda
aider ɛ·deayudar
aiguille ɛ·güy aguja
ailes ɛl alas
aimant(e) ɛ·ma^{n}(t) afectuoso/a
aimer ɛ·me gustar•amar
air ɛr aire
alcool al·kol alcohol
Allemagne al·mañ Alemania
aller a·le ir
aller retour a·le re·tur billete de ida y vuelta
aller voir a·le vuar visitar
allergie a·lɛr·ji alergia
allocation de chômage a·lo·ka·sio^{n} de sho·maj subsidio de desempleo
allume-feu anti-moustiques a·lüm fœ a^{n}·ti mus·tik espiral anti-mosquitos
allumettes a·lü·mɛt cerillas
alors a·lor entonces
alpinisme al·pi·nism alpinismo
alternative al·tɛr·na·tiv alternativa
altitude al·ti·tüd altitud
amant(e) a·ma^{n}(t) amante
amateur a·ma·tœr aficionado
ambassade a^{n}·ba·sad embajada
ambassadeur/ambassadrice a^{n}·ba·sa·dœr/a^{n}·ba·sa·dris embajador/a
ambulance a^{n}·bü·la^{n}s ambulancia
améliorer a·me·lio·re mejorar
amende a·ma^{n}d multa
amener am·ne traer (una persona)
amer/amère a·mɛr amargo/a
ami/amie a·mi amigo/a
amical(e) a·mi·kal amistoso/a
amitié a·mi·tie amistad
amour a·mur amor
ample anpl amplio
ampoule a^{n}·pul ampolla•bombilla
analgésique a·nal·je·sik analgésico
analyse de sang a·na·liz de sa^{n} análisis de sangre
anglais(e) a^{n}·glɛ(z) inglés
Angleterre a^{n}·gle·tɛr Inglaterra
animal a·ni·mal animal
animal domestique a·ni·mal do·mes·tik mascota
anneau a·no anular
année a·ne año
anniversaire a·ni·vɛr·sɛr cumpleaños
annuaire a·nü·ɛr guía de teléfonos
annuel(le) a·nüɛl anual
annuler a·nü·le cancelar
antibiotiques a^{n}·ti·bio·tik antibióticos
anti-nucléaire a^{n}·ti nü·kle·ɛr anti-nuclear
antique a^{n}·tik antiguo
antiquité a^{n}·ti·ki·te antigüedad
antiseptique a^{n}·ti·sɛp·tik antiséptico
août ut agosto
appareil acoustique a·pa·rɛy a·kus·tik audífono
appareil de chauffage a·pa·rɛy de sho·faj calentador
appareil photo a·pa·rɛy fo·to cámara
appel en PCV a·pɛl a^{n} pe se ve llamada a cobro revertido
appeler ap·le llamada
appendice a·pa^{n}·dis apéndice
apporter a·por·te traer (una cosa)
apprendre a·pra^{n}dr aprender
après a·prɛ después
après-demain a·prɛ de·mɛ^{n} pasado mañana
après-midi a·prɛ mi·di tarde, después de mediodía.
après-rasage a·prɛ ra·zaj después del afeitado
après-shampooing a·prɛ sha^{n}·puɛ^{n} acondicionador
araignée a·rɛ·ñe araña
arbitre ar·bitr árbitro
arbre arbr árbol
archéologie ar·kɛ·o·lo·ji arqueología
architecte(e) ar·shi·tɛkt arquitecto/a
architecture ar·shi·tek·tür arquitectura
argent ar·ja^{n} dinero•plata
arnaque ar·nak timo(argot)
arrêt a·rrɛ parada

arrêt d'autobus a·rɛ do·to·büs parada de autobús
arrêter a·rrɛ·te parar
arrière a·riɛr atrás
arrivées a·rri·ve llegadas
arriver a·rri·ve llegar
art ar arte
artisanat ar·ti·za·na artesanía
artiste ar·tist artista
arts martiaux ar mar·sio artes marciales
ascenseur a·sa^{n}·sœr ascensor
Asie a·zi Asia
aspirine as·pi·ri^{n} aspirina
assez a·se suficiente
assiette a·siɛt plato
assistance publique a·sis·ta^{n}s pü·blik seguridad social
assurance a·sü·ra^{n}s seguro
assurer a·sü·re asegurar
asthme as·me asma
atelier a·te·lie estudio
athlétisme a·tle·tism atletismo
atmosphère at·mos·fɛr atmósfera
attaché(e) a·ta·she atado/a
atteindre a·tɛ^{n}dr alcanzar
attendre a·ta^{n}dr esperar
Attention! a·ta^{n}·sio^{n} ¡Cuidado!
attraper a·tra·pe atrapar
au coin o kua^{n} en la esquina
au revoir o re·vuar adiós
aube ob amanecer
auberge de jeunesse o·bɛrj de jœ·nɛs albergue juvenil
aucun(e) o·kœ^{n}/o·kü^{n} ninguno/a
au-dessus o de·sü encima
aujourd'hui o·jur·düi hoy
aussi o·si también
Australie os·tra·li Australia
autel o·tɛl altar
autobus o·to·büs autobús (urbano)
autocar o·to·kar autobús (interurbano)
automatique o·to·ma·tik automático
automne o·to^{n} otoño
autoroute o·to·rut autopista
autour o·tur alrededor
autre otr otro
avant a·va^{n} antes
avant-hier a·va^{n}·tiɛr antes de ayer
avec a·vɛk con
avenir av·nir futuro
avenue av·nü avenida
avertissement a·vɛr·tis·ma^{n} advertencia
aveugle a·vœgl ciego
avide a·vid avaro
avion a·vio^{n} avión
aviron a·vi·ro^{n} remo
avis a·vi opinión
avocat(e) a·vo·ka(t) abogado
avoir a·vuar tener
— besoin de be·zua^{n} de necesidad de
— de la chance de la sha^{n}s suerte
— des hallucinations dɛ za·lü·si·na·sio^{n} alucinaciones
— faim fɛm hambre
— la tête qui tourne la tɛt ki turn la cabeza que da vueltas
— le mal de mer le mal de mɛr mareos
— mal au ventre mal o va^{n}tr dolor de estómago
— mal aux dents mal o da^{n} dolor de muelas
— raison rɛ·zo^{n} razón
— soif suaf sed
— sommeil so·mɛy sueño
— tort tor (estar) equivocado
avortement a·vort·ma^{n} aborto
avril a·vril abril

B

baby-sitter ba·bi si·ter canguro
bac bak ferry
bagages ba·gaj equipaje
bagarre ba·garr pelea
bague bag anillo
baignoire be·ñuar bañera
bail bay arrendamiento
bain bɛ^{n} (darse un) baño

baiser bɛ·ze follar
baiser bɛ·ze beso
balcon bal·ko^{n} balcón
balle (de tennis) bal (de te·nis) bola (de tenis)
ballet ba·lɛ ballet
ballon (de football) ba·lo^{n} (de fut·bol) balón de fútbol
bande dessinée ba^{n}d de·si·ne tebeo
bande ba^{n}d grupo (de música)
bande vidéo ba^{n}d vi·de·o cinta de vídeo
banlieue ba^{n}·liœ barrio de las afueras
banque ba^{n}k banco
baptême bap·tɛm bautismo
bar bar bar • pub
barrière ba·rriɛr valla
bas ba medias
bas/basse ba(s) bajo/a
baseball bez·bol béisbol
basket(ball) bas·kɛt(bol) baloncesto
bateau ba·to barco
bâtiment ba·ti·ma^{n} edificio
batterie ba·tri batería
bavarder ba·var·de charlar
bavoir ba·vuar biberón
beau/belle bo/bɛl guapo/a
beaucoup (de) bo·ku (de) mucho (de)
beaucoup de bo·ku de en abundancia
beau-père bo pɛr suegro
bébé bɛ·bɛ bebé
belle-mère bɛl mɛr suegra
bénéfice be·ne·fis beneficio
bible bibl biblia
bibliothèque bi·blio·tɛk biblioteca
bien bia^{n} bien
bien déterminé bia^{n} de·tɛr·mi·ne definitivo
bientôt bia^{n}·to pronto
bière biɛr cerveza
bijoux bi·ju joya
billard américain bi·yar a·me·ri·kɛ^{n} billar
billet bi·yɛ billete
— de banque de ba^{n}k billete de banco
— stand-by sta^{n}d·bai billete stand-by
blanc/blanche bla^{n}/bla^{n}sh blanco/a
blanchisserie bla^{n}sh·ri lavandería
blessé(e) ble·se herido
blessure ble·sür herida
bleu blœ cardenal
bleu(e) blœ azul
bloqué(e) blo·ke bloqueado/a
bœuf bœf buey
bohémien/bohémienne bo·e·mia^{n}/bo·e·miɛ^{n} bohemio/a
boire buar bebida
bois bua madera
bois de chauffage bua de sho·faj leña
boisson bua·so^{n} bebida
boîte buat envase • caja • discoteca
boîte aux lettres buat a lɛtr buzón
bol bol cenco
bon/bonne bo^{n} bueno/buena
bon marché bo^{n} mar·she barato
bonde bo^{n}d tapón
bondé(e) bo^{n}·de abarrotado/a
bord bor borde
— de la mer de la mɛr del mar
— du trottoir dü tro·tuar bordillo
botte bot bota
bouche bush boca
boucherie bush·ri carnicería
bouchon bu·sho^{n} atasco
boucles d'oreille bukl do·rɛy pendientes
bouddhiste bu·dist budista
boue bu barro
bouger bu·je moverse
bougie bu·ji vela
bouillie bui·yi comida de bebé
bouillotte bui·yot termo de agua
boulangerie bu·la^{n}j·ri panadería
boulevard bul·var bulevar
boussole bu·sol brújula
bout bu finalidad
bouteille bu·tɛy botella
bouton bu·to^{n} botón
boxe boks boxeo
boxer-short bok·sɛr short calzoncillos
braderie bra·dri mercadillo

braille bray braille
bras bra brazo
briquet bri·kɛ mechero
brochure bro·shür folleto
broderie bro·dri bordado
bronchite bro^n·shit bronquitis
brosse bros cepillo
— à dents a da^n de dientes
— à cheveux a she·vœ del pelo
brûler brü·le quemar
brûlure brü·lür quemadura
brumeux/brumeuse brü·mœ/brü·mœz brumoso
brun/brune brœ^n/brü^n marrón
bruyant(e) brü·ya^n(t) ruidoso/a
budget büd·jɛ presupuesto
buffet bü·fe bufé
bureau bü·ro oficina
— de poste de post de correos
— de tabac de ta·ba estanco
— des objets trouvés dɛ zo·je tru·ve de objetos perdidos
bus büs autobús (urbano)
but büt objetivo

C

cabine téléphonique ka·bi^n te·le·fo·nik cabina de teléfono
câble kabl cable
cache-sexe kash seks tanga
cadeau ka·do regalo
cadenas kad·na candado
cafard ka·far cucaracha
café ka·fe café
caisse (enregistreuse) kɛs (a^n·re·jis·trœz) caja registradora
caissier/caissière kɛ·siɛ/kɛ·siɛr cajero/a
calculatrice kal·kü·la·tris calculadora
calendrier ka·la^n·drie calendario
camion ka·mio^n camión
camionnette ka·mio·nɛt camioneta
camp ka^n campamento
campagne ka^n·pañ campo
camping ka^n·pi^n camping
Canada ka·na·da Canadá
canard ka·nar pato
cancer ka^n·sɛr cáncer
canif ka·nif navaja
canot automobile ka·no o·to·mo·bil lancha motora
cape kap capa
capitalisme ka·pi·ta·lism capitalismo
car kar autobús (interurbano)
caravane ka·ra·va^n caravana
carnet kar·nɛ cuaderno
carrefour kar·fur intersección, cruce
carrière ka·rriɛr carrera
carte kart carta
carte kart mapa
— de crédit kart de kre·di tarjeta de crédito
— d'embarquement kart da^n·bar·ke·ma^n tarjeta de embarque
— d'identité kart di·da^n·ti·te carné de identidad (DNI)
— grise kart griz documento de propiedad del automóvil
— postale kart pos·tal postal
— routière kart ru·tiɛr mapa de carreteras
cartouche de gaz kar·tush de gaz bombona de gas
cas urgent ka ür·ja^n urgencia
cascade kas·kad cascada
casher ka·shɛr kosher
casque kask casco
cassé(e) ka·se roto/a
casse-croûte kas krut aperitivo
casser ka·se romper
casserole kas·rol olla
cassette ka·sɛt casete
cathédrale ka·te·dral catedral
catholique ka·to·lik católico/a
cause koz causa
CD se de CD
ce soir se suar esta noche
ce se ése
ceci se·si éste
ceinture de sécurité sɛ^n·tür de se·kü·ri·te cinturón de seguridad
cela se·la ése/a

célèbre se·lɛbr famoso
célibataire se·li·ba·tɛr soltero
cendrier sa^{n}·drie cenicero
cent sa^{n} cien
cent se^{n}t céntimo
centimètre sa^{n}·ti·mɛtr centímetro
centre sa^{n}tr centro
centre commercial sa^{n}tr ko·mɛr·sial centro comercial
centre-ville sa^{n}tr vil centro ciudad
céramique se·ra·mik cerámica
cercle sɛrkl círculo
certain(e) sɛr·tɛ^{n}/sɛr·tɛ^{n}n cierto/a
certificat sɛr·ti·fi·ka certificado
cette sɛt esta•este
chaîne shɛ^{n} cadena•canal
— de bicyclette de bi·si·klɛt cadena de bicicleta
— de montagnes de mo^{n}·tañ cordillera
— hi-fi i·fi equipo de alta fidelidad
chaise shɛz silla
chaleur sha·lœr calor
chambre sha^{n}br habitación
— à air a ɛr cámara de aire
— à coucher a ku·she dormitorio
— libre libr habitaciones libres
— pour deux personnes pur dœ pɛr·so^{n} habitación doble
— pour une personne pur ü^{n} pɛr·so^{n} habitación individual
champ sha^{n} campo
champ de courses sha^{n} de kurs pista de atletismo
champagne sha^{n}·pañ champán
championnat sha^{n}·pio·na campeonato
chance sha^{n}s suerte
changer sha^{n}·je cambiar
chanson sha^{n}·so^{n} canción
chanter sha^{n}·te cantar
chanteur/chanteuse sha^{n}·tœr/sha^{n}·tœz cantante
chapeau sha·po sombrero
chaque shak cada
charcuterie shar·kü·tri delicatessen
chariot sha·rrio carrito
charmant(e) shar·ma^{n}(t) encantador/a
chasse shas caza
chat sha gato
château sha·to castillo
chaton sha·to^{n} gatito
chaud(e) sho(d) caliente
chauffé(e) sho·fe calentado/a
chaussettes sho·sɛt calcetines
chaussure sho·sür zapato
chaussures de marche sho·sür de marsh botas de montaña
chef de cuisine shɛf de küi·zi^{n} chef
chef shɛf líder
chemin she·me^{n} sendero • camino
— de fer de fɛr vías de ferrocarril
— de montagne de mo^{n}·tañ sendero de montaña
chemise she·miz camisa
chèque shɛk cheque
chèque de voyage shɛk de vua·yaj cheque de viaje
cher/chère shɛr caro/a querido
chercher shɛr·she buscar
cheval she·val caballo
cheveux she·vœ pelo
cheville she·viy tobillo
chèvre shɛvr cabra
chien shia^{n} perro
chien d'aveugle shia^{n} da·vœgl perro guía
chiot shio cachorro
chocolat sho·ko·la chocolate
choisir shua·zir elegir
choix shua elección
chômage sho·maj paro
chômeur/chômeuse sho·mœr/sho·mœz parado/a
chose shoz cosa
chrétien(ne) kre·tia^{n}/kre·tiɛ^{n} cristiano/a
ciel siɛl cielo
cigare si·gar puro
cigarette si·ga·rrɛt cigarrillo
cime sim cima

cimetière si·me·tiɛr cementerio
cinéma si·ne·ma cine
cinq se^{n}k cinco
circulation sir·kü·la·sio^n tráfico
cirque sirk circo
ciseaux si·zo tijeras
citoyen(ne) si·tua·ya^n /si·tua·yɛ^n ciudadano/a
citoyenneté si·tua·yɛ^n·te ciudadanía
clair(e) klɛr claro
classe klas clase
— affaires klas a·fɛr business
— touriste klas tu·rist turista
classique kla·sik clásica
clavier kla·vie teclado
clé kle llave
client(e) kli·a^n(t) cliente
clignotant kli·ño·ta^n intermitente
climatisé kli·ma·ti·ze aire acondicionado
clinique privée kli·nik pri·ve hospital privado
cocaïne ko·ka·i^n cocaína
cochon ko·sho^n cerdo
cocktail kok·tɛl cóctel
code postal kod pos·tal código postal
cœur kœr corazón
coffre-fort kofr for caja fuerte
coiffeur/coiffeuse kua·fœr/kua·fœz peluquero/a
coin kua^n esquina
colis ko·li paquete
collant ko·la^n medias
colle kol pegamento
collectionner ko·lɛk·sio·ne coleccionista
collègue ko·lɛg colega
collier ko·lie collar
colline ko·li^n colina
colloque ko·lok coloquio
colonne vertébrale ko·lo^n vɛr·te·bral columna vertebral
combinaison kom·bi·nɛ·zo^n combinación
comédie ko·me·di comedia
comme kom como
commencement ko·ma^{n}s·ma^n comienzo
commencer ko·ma^n·se empezar
comment ko·ma^n como
commerce ko·mɛrs comercio
commissariat ko·mi·sa·ria comisaría de policía
commission ko·mi·sio^n comisión
commotion cérébrale ko·mo·sio^n se·re·bral conmoción
commun(e) ko·mœ^n/ko·mü^n común
communauté ko·mü·no·te comunidad
communisme ko·mü·nism comunismo
communiste ko·mü·nist comunista
compagnon/compagne kom·pa·ño^n/ kom·pañ compañero/a
compétence kom·pe·ta^{n}s competencia
compétition kom·pe·ti·sio^n competición
complet/complète kom·plɛ/kom·plɛt lleno • completo
composition directe kom·po·zi·sio^n di·rɛkt marcación directa
comprendre kom·pra^{n}dr comprender
compris(e) kom·pri(z) incluido/a
compte ko^{n}t cuenta
compte bancaire ko^{n}t ba^n·kɛr cuenta bancaria
compter ko^n·te contar
compteur (de vitesse) ko^n·tœr (de vi·tɛs) indicador de velocidad
comptoir ko^n·tuar mostrador, barra
concert ko^n·sɛr concierto
concessionnaire ko^n·se·sio·nɛr distribuidor
concevoir ko^{n}s·vuar diseñar
conduire ko^n·düir conducir
confession ko^n·fe·sio^n confesión
confiance ko^n·fia^{n}s confianza
confirmer ko^n·fir·me confirmar
confondre ko^n·fo^{n}dr confundir

confortable ko^{n}·for·tabl confortable
congrès ko^{n}·grɛ congreso
connaître ko·nɛtr conocer
conseil ko^{n}·sɛy consejo
conservateur/conservatrice ko^{n}·sɛr·va·tœr/ko^{n}·sɛr·va·tris conservador/a
consigne ko^{n}·siñ consigna
consigne automatique ko^{n}·siñ o·to·ma·tik consigna automática
constiptation ko^{n}s·ti·pa·sio^{n} estreñimiento
construire ko^{n}s·trüir construir
consulat ko^{n}·sü·la consulado
contraceptif ko^{n}·tra·sɛp·tif anticonceptivo
contrat ko^{n}·tra contrato
contre ko^{n}tr contra
contrôle ko^{n}·trol control
contrôleur ko^{n}·tro·lœr revisor
conversation ko^{n}·vɛr·sa·sio^{n} conversación
coopérer ko·o·pe·re cooperar
coq kok gallo
coquillage ko·ki·yaj concha
corde à linge kord a le^{n}j cuerda de tender
corde kord cuerda
corps kor cuerpo
correct(e) ko·rrɛkt correcto/a
corrompu(e) ko·rrom·pü corrupto/a
côté ko·te lado
côte kot costa
coton ko·to^{n} algodón
couche kush pañales
couche d'ozone kush do·zo^{n} capa de ozono
coucher du soleil ku·she dü so·lɛy puesta de sol
coudre kudr coser
couleur ku·lœr color
couloir ku·luar pasillo
coup de soleil ku de so·lɛy quemadura de sol
coupable ku·pabl culpable
coupe kup corte de pelo
coupe-ongles kup o^{n}gl cortaúñas
couper ku·pe corte
coupon ku·po^{n} cupón
courageux/courageus ku·ra·jœ/ku·ra·jœz valiente
courant ku·ra^{n} corriente (eléctrica)
courir ku·rrir correr
courrier ku·rrie correspondencia
courroie de ventilateur ku·rrie de va^{n}·ti·la·tœr correa del ventilador
course kurs carrera
court kur pista
court(e) kur(t) bajo/a
court de tennis kur de te·nis pista de tenis
coût ku coste
couteau ku·to cuchillo
coutume ku·tüm costumbre
couvent ku·va^{n} convento
couvert ku·vɛr coste por cubierto
couverts ku·vɛr cubertería
couverture ku·vɛr·tür sábana
crayon kra·yo^{n} lápiz de color
crèche krɛsh guardería
crédit kre·di crédito
crème krɛm crema
— de bronzage de bro^{n}·zaj bronceadora
— hydratante i·dra·ta^{n} hidratante
crevaison kre·vɛ·zo^{n} pinchazo
crier kri·e grito
crique krik arroyo
critique kri·tik crítica
croire kruar creer
croix krua cruz
croyance krua·ya^{n}s creencia
cru(e) krü crudo/a
cueillette de fruits kœ·yɛt de früi recolección de fruta
cuillère küi·yɛr cuchara
cuir küir cuero
cuire küir cocinar
cuisine küi·zi^{n} cocina
cuisinier/cuisinière küi·zi·nie/küi·zi·niɛr cocinero/a

cul kü culo
cul kew trasero
culture kül·tür cosecha
cure-dent kür da^n palillo
CV se ve CV
cybercafé si·bɛr·ka·fe ciber café
cyclisme si·klism ciclismo
cycliste si·klist ciclista

D

dangereux/dangereuse da^n·je·rœ/da^n·je·rœz peligroso/a
dans da^n dentro
danse da^{n}s baile
danser da^n·se bailar
date dat fecha
date de naissance dat de nɛ·sa^{n}s fecha de nacimiento
de de de
— droite druat derechas
— gauche gosh izquierdas
— la la alguno
— l'autre côté de lotr ko·te de del otro lado de
— luxe lüks lujo
— seconde classe se·ko^{n}d klas segunda clase
— valeur va·lœr valor
débat de·ba argumento
déboisement de·buaz·ma^n deforestación
décalage horaire de·ka·laj o·rɛr diferencia horaria
décembre de·sa^{n}br diciembre
décharge de·sharj cubo de basura
déchets nucléaires de·she nü·kleɛr residuo nuclear
déchets toxiques de·she tok·sik residuo tóxico
décision de·si·zio^n decisión
découvrir de·ku·vrir descubrir
déçu(e) de·sü desilusionado/a
dedans de·da^n dentro
défectueux/défectueuse de·fek·tüœ/de·fek·tüœz defectuoso/a
dégâts de·ga daño
dehors de·or fuera
déjà de·ja ya
déjeuner de·jœ·ne almuerzo
délicieux/délicieuse de·li·siœ/de·li·siœz sabroso/a
délit de·li crimen
demain de·mɛ^n mañana
— après-midi a·prɛ mi·di por la tarde
— matin ma·te^n por la mañana
— soir suar por la noche
demander de·ma^n·de preguntar por (algo)
démangeaison de·ma^n·jɛ·zo^n picor
demi-litre de·mi litr medio litro
démocratie de·mo·kra·si democracia
dent da^n diente
dentelle da^n·tɛl encaje
dentifrice da^n·ti·fris pasta de dientes
dentiste da^n·tist dentista
dents da^n dientes
déodorant de·o·do·ra^n desodorante
dépanneuse de·pa·nœz grúa
départ de·par salida
dépendance de·pa^n·da^{n}s dependencia
dépenser de·pa^n·se gastar
dépôt de·po depósito
depuis de·püi desde
déranger de·ra^n·je molestar
dernier/dernière dɛr·nie/dɛr·niɛr último/a
derrière de·rriɛr detrás
des dɛ algunos
désastre de·zastr desastre
descendant(e) dɛ·sa^n·da^n(t) descendiente
descendre dɛ·sa^{n}dr bajarse de (un tren, etc.) • bajar
désert de·zɛr desierto
désinfectant de·ze^n·fek·ta^n desinfectante
dessert de·sɛr postre
dessin animé de·se^n a·ni·me tebeo
dessiner de·si·ne dibujar
destin des·te^n destino

destination des·ti·na·sio^n destino
détail de·tay detalle
détaillé(e) de·ta·ye detallar
détester de·tes·te odiar
détruire de·trüir destruir
deux dœ dos
deux fois dœ fua dos veces
devant de·va^n delante de
développement de·ve·lop·ma^n desarrollo
devenir dev·nir volverse
deviner de·vi·ne adivinar
devoir de·vuar deber
diabète dia·bɛt diabetes
diaphragme dia·fragm diafragma
diapositive dia·po·zi·tiv diapositiva
diarrhée dia·rre diarrea
dictionnaire dik·sio·nɛr diccionario
dieu diœ dios
différent(e) di·fe·ran(t) diferente
difficile di·fi·sil difícil
dimanche di·ma^{n}j domingo
dîner di·ne cena
diplôme di·plom diploma
dire dir decir
direct(e) di·rɛkt directo/a
directeur/directrice di·rek·tœr/di·rek·tris director/a
direction di·rek·sio^n dirección
diriger di·ri·je dirigir
discours dis·kur discurso
discrimination dis·kri·mi·na·sio^n discriminación
discuter dis·kü·te discutir
diseuse de bonne aventure di·zœz de bo^n a·va^n·tür adivino
disponible dis·po·nibl disponible
dispute dis·püt pelea
disquaire dis·kɛr tienda de música
disquette dis·kɛt disquete
distance dis·ta^{n}s distancia
distributeur de billets dis·tri·bü·tœr de bi·yɛ máquina de billetes
divorcé(e) di·vor·se divorciado/a
dix di(s) diez
doigt dua dedo
dollar do·lar dólar
donc do^{n}k por lo tanto
donner do·ne dar • repartir
dormir dor·meer dormir
dos do espalda
dose doz dosis
douane du·a^n aduana
double dubl doble
douche dush ducha
douleur du·lœr dolor
douloureux/douloureuse du·lu·rœ/du·lu·rœz doloroso/a
doux/douce du/dus suave
douzaine du·zɛ^n docena
draguer dra·ge ligar
drap dra sábana
drapeau dra·po bandera
draps dra ropa blanca
drogué dro·ge drogadicto
drogue drog droga
droit drua derecho
droit(e) drua(t) recto/a
droite drua derecho
droits civils drua si·vil derechos civiles
droits de l'homme drua de lom derechos humanos
drôle drol divertido
du dü algunos
dur(e) dür duro/a

E

eau o agua
eau minérale o mi·ne·ral agua mineral
échange e·sha^{n}j intercambio
échanger e·sha^n·je cambiar
échapper e·sha·pe escapar
écharpe e·sharp bufanda
échec e·shɛk derrota
échecs e·shɛk ajedrez
échiquier e·shi·kie tablero de ajedrez
école e·kol colegio
école professionnelle e·kol pro·fe·sio·nɛl escuela de formación profesional
économie e·ko·no·mi economía

Ecosse ɛ·kos Escocia
écouter e·ku·te escuchar
écran e·kra^{n} pantalla
— solaire so·lɛr solar
— solaire total so·lɛr to·tal de protección total
écrire e·krir escribir
écrivain e·kri·vɛ^{n} escritor
ecstasy eks·ta·zi éxtasis
eczéma eg·ze·ma eczema
éducation e·dü·ka·sio^{n} educación
effet e·fe efecto
effrayé(e) e·frɛ·ye miedoso/a
égale e·gal igual
égalité e·ga·li·te igualdad
égalité des chances e·ga·li·te dɛ sha^{n}s igualdad de oportunidades
église e·gliz iglesia
égoïste e·go·ist egoísta
élection e·lek·sio^{n} elección
électricité e·lek·tri·si·te electricidad
elle ɛl ella
elles ɛl ellas
éloigné(e) e·lua·ñe remoto
e-mail ɛ mɛl correo electrónico
embrasser a^{n}·bra·se beso
embrayage a^{n}·bra·yaj agarrar
empêcher a^{n}·pɛ·she prevenir
employé(e) de bureau a^{n}·plua·ye de bü·ro administrativo
employé/employée a^{n}·plua·ye empleado/a
employeur a^{n}·plua·yœr empleador
emprunter a^{n}·prü^{n}·te tomar prestado
en a^{n} hecho de (algodón, etc.)
— avant a·va^{n} delante
— bas ba debajo
— désordre de·zordr desordenado
— face de fas de enfrente de
— grève grɛv en huelga
— haut o arriba
— panne pa^{n} estropeado
— recommandé re·ko·ma^{n}·de correo certificado (por)
— retard re·tar tarde
encaisser a^{n}·kɛ·se cobrar
enceinte a^{n}·sɛ^{n}t embarazada
encore a^{n}·kor otra vez
endroit a^{n}·drua lugar
énergie e·nɛr·ji energía
énergie nucléaire e·nɛr·ji nü·kle·ɛr energía nuclear
enfant a^{n}·fa^{n} niño /a
ennuyeux/ennuyeuse a^{n}·nü·yœ/ a^{n}·nü·yœz aburrido/a
énorme e·norm enorme
enregistrement a^{n}·re·jis·tre·ma^{n} mostrador de facturación
enregistrer a^{n}·re·jis·tre grabar
ensemble a^{n}·sa^{n}bl juntos
ensoleillé(e) a^{n}·so·lɛ·ye soleado
entendre a^{n}·ta^{n}dr escuchar
enterrement a^{n}·tɛrr·ma^{n} funeral
enthousiaste a^{n}·tu·ziast entusiasta
entorse a^{n}·tors esguince
entracte a^{n}·trakt intermedio
entraîneur a^{n}·trɛ·nœr árbitro
entre a^{n}tr entre
entrée a^{n}·tre entrada
entreprise a^{n}·tre·priz compañía
entrer a^{n}·tre entrar
entrevue a^{n}·tre·vü entrevista
enveloppe a^{n}v·lop sobre
envers a^{n}·vɛr hacia
environ a^{n}·vi·ro^{n} entre, más o menos
environnement a^{n}·vi·ro^{n}·ma^{n} medio ambiente
envoyer a^{n}·vua·ye enviar
épais/épaisse e·pɛ/e·pɛs grueso/a
épaule e·pol hombro
épicé(e) e·pi·se especiado/a
épicerie e·pis·ri ultramarinos
épilepsie e·pi·lep·si epilepsia
épingle e·pe^{n}gl alfiler
épouser e·pu·ze casarse
épuisé(e) e·püi·ze agotado/a
équipe e·kip equipo
équipement e·kip·ma^{n} equipamiento
équipement de plongée e·kip·ma^{n} de plo^{n}·je equipo de submarinismo
équitation e·ki·ta·sio^{n} equitación
erreur e·rrœr error

escalier es·ka·lie escalera
escalier roulant es·ka·lie ru·la^{n} escaleras mecánicas
escargot es·kar·go caracol
escrime es·krim esgrima
espace es·pas espacio
Espagne es·pañ España
espèce menacée de disparition es·pɛs me·na ·se de dis·pa·ri·sio^{n} especie en peligro de extinción
espérer es·pe·re esperar
espoir es·puar esperanza
esprit es·pri mente
esprit es·pri espíritu
essai e·sɛ test
essayer e·sɛ·ye probar
essence e·sa^{n}s gasolina
est ɛst este (punto cardinal)
estomac es·to·ma estómago
et e y
établissement d'enseignement secondaire e·ta·blis·ma^{n} de^{n}·sɛñ·ma^{n} se·ko^{n}·dɛr instituto
étage e·taj piso
étagère e·ta·jɛr estantería
étang e·ta^{n} estanque
été e·te verano
étiquette e·ti·kɛt etiqueta del equipaje
étoiles e·tual estrellas
étrange e·tra^{n}j extraño
étranger/étrangère e·tra^{n}·je/e·tra^{n}·jɛr extranjero/a
être ɛtr ser/estar
être d'accord ɛtr da·kor estar de acuerdo
être enrhumé ɛtr a^{n}·rü·me estar acatarrado
étroit(e) e·trua(t) ajustado/a
étudiant(e) e·tü·dia^{n}(t) estudiante
étudier e·tü·die estudiar
euro œ·ro euro
Europe œ·rop Europa
euthanasie œ·ta·na·zi eutanasia
événement e·ve^{n}·ma^{n} acontecimiento
évident(e) e·vi·da^{n}(t) obvio
exactement eg·zak·te·ma^{n} exactamente
examen eg·za·ma^{n} examen
excédent ek·se·da^{n} exceso (equipaje)
excellent(e) ek·se·la^{n} excelente
exemple eg·za^{n}pl ejemplo
exercice eg·zɛr·sis ejercicio
exiger eg·zi·je exigir
expérience eks·pe·ria^{n}s experiencia
expliquer eks·pli·ke explicar
exploitation eks·plua·ta·sio^{n} explotación
exporter eks·por·te exportar
exposé eks·po·ze exposición, conferencia
exposition eks·po·zi·sio^{n} exposición
exprès eks·prɛs urgente (correo)
expression eks·pre·sio^{n} frase
extraordinaire eks·tra·or·di·nɛr extraordinario

F

fâché(e) fa·she enfadado/a
facile fa·sil fácil
facilement ému fa·sil·ma^{n} e·mü emotivo
façon fa·so^{n} forma
façon fa·so^{n} manera, modo
facteur fak·tœr cartero
faible fɛbl débil
faire fɛr hacer
— attention a·ta^{n}·sio^{n} tener cuidado
— confiance à ko^{n}·fia^{n}s a tener confianza
— de la planche à voile de la pla^{n}sh a vual windsurf
— des courses dɛ kurs la compra
— du lèche-vitrines dü lɛsh vi·tri^{n} ir de escaparates
— du stop dü stop autoestop
— du vélo dü ve·lo ciclismo
— frire frir freír
— la randonnée la ra^{n}·do·ne excursionismo
— les courses lɛ kurs la compra
— semblant sa^{n}·bla^{n} pretender

— **ses dévotions** sɛ de·vo·sio^{n} adorar
— **une fausse couche** ü^{n} fos kush tener un aborto espontáneo
fait fɛt hecho
fait/faite à le main fɛ/fɛt a la mɛ^{n} hecho a mano
falaise fa·lɛz precipicio
famille fa·miy familia
fan fa^{n} admirador
fasciste fa·shist fascista
fatigué(e) fa·ti·ge cansado/a
faute fot falta
fauteuil fo·tœy sillón
fauteuil roulant fo·tœy ru·la^{n} silla de ruedas
faux/fausse fo/fos falso/a • erróneo/a
fax faks máquina de fax
félicitations fe·li·si·ta·sio^{n} felicitaciones
femelle fe·mɛl femenino
femme fam mujer • esposa
— **au foyer** o fua·ye ama de casa
— **d'affaires** da·fɛr de negocios
fenêtre fe·nɛtr ventana
fer à repasser fɛr a re·pa·se plancha
ferme fɛrm granja
fermé(e) fɛr·me cerrado/a
fermé(e) à clé fɛr·me a kle cerrado/a con llave
fermer fɛr·me cerrar
fermeture éclair fɛr·me·tür e·klɛr cremallera
fête fɛt celebración • fiesta
feu fœ fuego
feuille fœy hoja
feux fœ semáforo
février fe·vriɛ febrero
fiançailles fia^{n}·say compromiso
fiancé fia^{n}·se prometido
fiancée fia^{n}·se prometida
ficelle fi·sɛl cordel
fiction fik·sio^{n} ficción
fièvre fiɛvr fiebre
fil de fer fil de fɛr alambre
fil dentaire fil da^{n}·tɛr hilo dental
filet fi·lɛ red
fille fiy hija • chica
film film cine
fils fis hijo
fines herbes fi^{n} zɛrb finas hierbas
fini(e) fi·ni terminado/a
finir fi·nir terminar
fleur flœr flor
fleuriste flœ·rist florista
flic flik poli
foi fua fe
foie fua hígado
foncé(e) fo^{n}·se oscuro
fondamental fo^{n}·da·ma^{n}·tal fundamental
foot(ball) fut(bol) fútbol
forêt fo·rɛ bosque
forme form forma
fort(e) for(t) fuerte
fortune for·tü^{n} fortuna
fou/folle fu/fol loco/a
foule ful muchedumbre
four fur horno
four à micro-ondes fur a mi·kro o^{n}d microondas
fourchette fur·shɛt tenedor
fourmi fur·mi hormiga
fragile fra·jil frágil
frais/fraîche frɛ/frɛsh fresco
franchise fra^{n}·shiz equipaje permitido
freins frɛ^{n} frenos
fréquent(e) fre·ka^{n}(t) frecuente
frère frɛr hermano
froid(e) frua(d) frío
frontière fro^{n}·tiɛr frontera
frottis fro·ti citología
fruit früi fruta
fumée fü·me humo
fumer fü·me fumar

G

gagnant(e) ga·ña^{n}(t) ganador
gagner ga·ñe ganar
galerie gal·ri galería de arte
gamin/gamine ga·me^{n}/ga·mi^{n} niño/a

gant de toilette ga^n de tua·lɛt guante de cara
gants ga^n guantes
garage ga·raj garaje
garanti(e) ga·ra^n·ti garantía
garçon gar·so^n chico
garde-fou gard fu raíl
garderie gard·ri guardería
gardien de but gar·diɛ^n de büt guardameta
gare gar estación de trenes
gare routière gar ru·tiɛr estación de autobuses
garer ga·re aparcar
gas-oil gaz ual diesel
gastro-entérite gastro a^n·te·rit gastroenteritis
gaz gaz gas
gazon ga·zo^n césped
gel jel helar
gelé(e) je·le helado/a
geler je·le helar
gênant(e) jɛ·na^n(t) molesto
gendarme ja^n·darm gendarme
gêné(e) jɛ·ne molesto
gêner jɛ·ne molestar
général(e) je·ne·ral general
généreux/généreus je·ne·rœ/ je·ne·rœz generoso/a
génial(e) je·nial brillante
genou je·nu rodilla
genre ja^{n}r tipo
gens ja^n gente
gentil/gentile ja^n·ti gentil
gérant(e) je·ra^n(t) director
gilet de sauvetage ji·lɛ de sov·taj chaleco salvavidas
glace glas helado
gorge gorj garganta
gourmand(e) gur·ma^n(d) glotón
goût gu sabor
gouvernement gu·vɛrn·ma^n gobierno
grâce gras bendición
gramme gram gramo
grand lit gra^n li cama de matrimonio
grand magasin gra^n ma·ga·ze^n grandes almacenes
grand(e) gra^n(d) grande • alto/a
grande route gra^{n}d rut carretera principal
grand-mère gra^n mɛr abuela
grand-père gra^n pɛr abuelo
grands-parents gra^n pa·ra^n abuelos
gras/grasse gra/gras gordo/a
gratuit(e) gra·tüi(t) gratis
grenouille gre·nuy rana
grille-pain griy pɛ^n tostador
grippe grip gripe
gris(e) gri(z) gris
grosseur gro·sœr bulto
grotte grot cueva
groupe de rock grup de rok grupo de rock
groupe sanguin grup sa^n·gue^n grupo sanguíneo
guêpe gɛp avispa
guerre gɛrr guerra
guichet gi·shɛ mostrador de billetes
guichet automatique de banque (GAB) gi·shɛ o·to·ma·tik de ba^{n}k(je a be) cajero automático
guide gid guía
guidon gi·do^n manillar
guitare gi·tar guitarra
gym (nastique) jim(nas·tik) gimnasia
gym jim gimnasia
gymnase jim·naz gimnasio
gynécologue ji·ne·ko·log ginecólogo/a

H

habiter a·bi·te vivir
habitude a·bi·tüd costumbre
habituellement a·bi·tüɛl·ma^n habitualmente
halal a·lal halal
hall ol vestíbulo
hamac a·mak hamaca
handicapé(e) a^n·di·ka·pe discapacitado/a
harcèlement ar·sɛl·ma^n acoso

hasard a·zar azar
haut(e) o(t) alto/a
hauteur o·tœr altura
hémisphère sud e·mis·fɛr süd hemisferio sur
hémisphère nord e·mis·fɛr nor hemisferio norte
hépatite e·pa·tit hepatitis
herbe ɛrb hierba (marihuana)
herboriste ɛr·bo·rist herborista
héroïne e·ro·i^{n} heroína
heure œr hora
heures d'ouverture œr do·vɛr·tür horario de apertura
heureux/heureuse œ·rœ/œ·rœz feliz
hier iɛr ayer
hindou(e) e^{n}·du hindú
histoire is·tuar historia
historique is·to·rik histórico
hiver i·vɛr invierno
hockey o·kɛ hockey
hockey sur glace o·kɛ sür glas hockey sobre hielo
homme om hombre
homme d'affaires om da·fɛr hombre de negocios
homme/femme politique om/fam po·li·tik político
homosexuel(le) o·mo·sek·süɛl homosexual
honnête o·nɛt honestidad
hôpital o·pi·tal hospital
horaire o·rɛr horario
horoscope o·ros·kop horóscopo
hors jeu or jœ fuera de juego
hors service or sɛr·vis fuera de servicio
hospitalité os·pi·ta·li·te hospitalidad
hôtel o·tɛl hotel
huile üil aceite
huit üit ocho
humain ü·mɛ^{n} humano
humour ü·mur humor

I

ici i·si aquí
idée i·de idea
idiot(e) i·dio(t) idiota
ignorant(e) i·ño·ra^{n}(t) ignorante
il il él
île il isla
illégal(e) i·le·gal ilegal
ils il ellos
image i·maj ilustración
imagination i·ma·ji·na·sio^{n} imaginación
immatriculation i·ma·tri·kü·la·sio^{n} matrícula
immédiatement i·me·diat·ma^{n} inmediatamente
immigration i·mi·gra·sio^{n} inmigración
imperméable ɛ^{n}·pɛr·me·abl chubasquero
impoli(e) ɛ^{n}·po·li grosero/a • maleducado/a
important(e) ɛ^{n}·por·ta^{n}(t) importante
importer ɛ^{n}·por·te importar
impossible ɛm·po·sibl imposible
impôt sur le revenu ɛ^{n}·po sür le rev·nü impuesto sobre la renta
imprimante ɛ^{n}·pri·ma^{n}t impresora
incertain(e) ɛ^{n}·sɛr·tɛ^{n} inseguro/a
inconfortable ɛ^{n}·ko^{n}·for·tabl incómodo
Inde ɛ^{n}d India
indépendant(e) ɛ^{n}·de·pa^{n}·da^{n}(t) independiente • autónomo
indigestion ɛ^{n}·di·jes·tio^{n} indigestión
indiquer ɛ^{n}·di·ke punto
individu ɛ^{n}·di·vi·dü individuo
industrie ɛ^{n}·düs·tri industria
industriel/industrielle ɛ^{n}·düs·triɛl industrial
infection ɛ^{n}·fek·sio^{n} infección
infirmier/infirmière ɛ^{n}·fir·miɛ/ɛ^{n}·fir·miɛr enfermero/a
inflammation ɛ^{n}·fla·ma·sio^{n} inflamación
influence ɛ^{n}·flü·a^{n}s influencia
informatique ɛ^{n}·for·ma·tik informática
ingénierie ɛ^{n}·je·nie·ri ingeniería

ingénieur ɛⁿ·je·niœr ingeniero
ingrédient ɛⁿ·gre·diaⁿ ingrediente
injecter ɛⁿ·jek·te inyección
injuste ɛⁿ·jüst injusto
innocent(e) i·no·saⁿ(t) inocente
inondation i·noⁿ·da·sioⁿ inundación
inopportun(e) i·no·por·tœⁿ/i·no·por·tüⁿ inoportuno
inquiet/inquiète ɛⁿ·kie/ɛⁿ·kiɛt inquieto/a
insecte ɛⁿ·sekt insecto
intelligent(e) ɛⁿ·te·li·jaⁿ(t) inteligente
intéressant(e) ɛⁿ·te·re·saⁿ(t) interesante
international(e) ɛⁿ·tɛr·na·sio·nal internacional
Internet ɛⁿ·tɛr·nɛt Internet
interprète ɛⁿ·tɛr·prɛt intérprete
intime ɛⁿ·tim íntimo
invité(e) ɛⁿ·vi·te visitante
inviter ɛⁿ·vi·te invitar
Irlande ir·land Irlanda
itinéraire i·ti·ne·rɛr itinerario
itinéraire de randonnée i·ti·ne·rɛr de raⁿ·do·ne itinerario de la excursión
ivre ivr borracho

J

jaloux/jalouse ja·lu/ja·luz celoso
jamais ja·mɛ nunca
jambe jamb pierna
jambon jam·boⁿ jamón
janvier jaⁿ·viɛ enero
Japon ja·poⁿ Japón
jardin jar·deⁿ jardín
— botanique bo·ta·nik botánico
— d'enfants daⁿ·faⁿ de infancia
jardinage jar·di·naj jardinería
jaune joⁿ amarillo
je je yo
jean jiⁿ vaqueros
jeep jip jeep
jeter je·te tirar
jeu jœ juego
jeu électronique jœ e·lek·tro·nik juego de ordenador
jeudi jœ·di jueves
jeune jœⁿ joven
jockey jo·kɛ jockey
jogging jo·geⁿ correr
joie jua alegría
joindre juaⁿdr unir
joli(e) jo·li guapo/a
jouer ju·e actuar • jugar
jouet juɛ juguete
jour jur día
— de l'An de laⁿ Día de Año Nuevo
— de Noël de no·ɛl Día de Navidad
journal jur·nal periódico
journalist jur·na·list periodista
juge jüj juez
juif/juive jüif/jüiv judío
juillet jüi·yɛ julio
juin jüeⁿ junio
jumeaux/jumelles jü·mo/jü·mɛl gemelos/as
jupe jüp falda
jusqu'à jus·ka hasta
justice jüs·tis justicia

K

kascher ka·sher kosher
kilo ki·lo kilo
kilogramme ki·lo·gram kilogramo
kilomètre ki·lo·mɛtr kilómetro
kinésithérapeute ki·ne·zi·te·ra·pœt fisioterapeuta
kinésithérapie ki·ne·zi·te·ra·pi fisioterapia
kiosque kiosk quiosco

L

là la allí
lac lak lago
laid(e) lɛ/lɛd feo/a
laine lɛⁿ lana
laisser lɛ·se dejar
laisser tomber lɛ·se tom·be dejar, dejar de lado
lait lɛ leche

lame de rasoir lam de ra·zuar cuchilla de afeitar
lampe lamp lámpara
— de poche de posh linterna
langue la^{n}g idioma
lapin la·pe^n conejo
large larj ancho, grande
laver la·ve lavar
laverie lav·ri lavandería
laxatif lak·sa·tif laxante
le plus petit/la plus petite le plü pe·ti/la plü pe·tit el/la más pequeño/a
le/la plus grand(e) le/la plü gra^n(d) el/la mayor
le/la plus proche le/la plü prosh el/la más cercano/a
le/lameilleur(e) le/la mɛ·yœr mejor
légal(e) le·gal legal
léger/légère le·je/le·jɛr ligero/a
législation le·jis·la·sio^n legislación
légume le·güm verduras
lent(e) la^n(t) despacio
lentement la^{n}t·ma^n lentamente
lequel/laquelle le·kɛl/la·kɛl cuál
Les Jeux Olympiques lɛ jœ zo·lɛ^n·pik Juegos Olímpicos
lesbienne les·biɛ^n lesbiana
lettre lɛtr carta
lettres classiques lɛtr kla·sik humanidades
leur/leurs lœr su/sus
lever le·ve elevar
lever du soleil le·ve dü so·lɛy amanecer
lèvre lɛvr labio
lézard lɛ·zar lagarto
liaison lyay·zo^n aventura
liberté li·bɛr·te libertad
librairie li·brɛ·ri librería
libre libr libre
libre-service libr sɛr·vis auto servicio
lieu liœ lugar
— de naissance de nɛ·sa^{n}s lugar de nacimiento
— saint sɛ^n santuario
lièvre liɛvr liebre
ligne aérienne liñ ae·riɛ^n aerolínea
ligne liñ línea
limitation de vitesse li·mi·ta·sio^n de vi·tɛs límite de velocidad
lin le^n lino
linge le^{n}j sopa sucia
lingerie le^{n}j·ri lencería
lire lir leer
lit li cama
literie lit·ri ropa de cama
lits jumeaux li jü·mo dos camas individuales
livre livr libro
livre livr libra (moneda, peso)
livrer li·vre entregar
local(e) lo·kal local
locataire lo·ka·tɛr inquilino
location de voitures lo·ka·sio^n de vua·tür alquiler de automóvil
logement loj·ma^n alojamiento
logiciel lo·ji·siɛl software
loi lua ley
lointain(e) lua^n·tɛ^n lejos
long lo^{n}g largo
long-courrier lo^{n}g ku·rrie larga distancia(vuelo)
longue lo^{n}g largo
longueur lo^n·gœr longitud
louer lu·e alquilar
louer à bail lu·e a bay arrendamiento
lourd(e) lur(d) pesado/a
loyal(e) lua·yal fiel
lubrifiant lü·bri·fia^n lubricante
lumière lü·miɛr luz
lundi lœ^n·di lunes
lune de miel lü^n de miɛl luna de miel
lunettes lü·nɛt gafas
lunettes de soleil lü·nɛt de so·lɛy gafas de sol
luxe lüks lujo

M

ma ma mi
machine ma·shi^n máquina
machine à laver ma·shi^n a la·ve lavadora

mâchoire ma·shuar mandíbula
Madame ma·dam Sra.
Mademoiselle mad·mua·zɛl Srta.
magasin ma·ga·ze^n tienda
— de chaussures de sho·sür zapateria
— de souvenirs de suv·nir de recuerdos
— de sports de spor de deportes
— de vêtements de vɛt·ma^n de ropa
— de vins et spiritueux de ve^n e spi·ri·tüœ de vinos y licores
— pour équipement de camping pur e·kip·ma^n de ka^n·pi^n de equipo de acampada
— qui vend des appareils électriques ki va^n dɛ za·pa·rɛy e·lɛk·trik de material de electridad
magazine ma·ga·zi^n revista
magicien/magicienne ma·ji·siɛ^n / ma·ji·siɛ^{n}n mago/a
magnétoscope ma·ñe·tos·kop grabador de vídeo
mai mɛ mayo
maigre mɛgr delgado
maillot de corps ma·yo de kor chaleco
maillot de bain ma·yo de bɛ^n bañador
main mɛ^n mano
maintenant mɛ^{n}t·na^n ahora
maire mɛr alcalde
mairie mɛ·ri ayuntamiento
mais mɛ pero
maison mɛ·zo^n casa
majorité ma·jo·ri·te mayoría
mal à la tête mal a la tɛt dolor de cabeza
mal des transports mal dɛ tra^{n}s·por mareo
malade ma·lad enfermo
maladie ma·la·di enfermedad
— vénérienne ve·ne·riɛ^n venérea
— de cœur de kœr afección cardiaca
malhonnête mal·o·nɛt deshonesto
maman ma·ma^n mamá
mammographie ma·mo·gra·fi mamografía
manger mo^n·je comer
manif(estation) ma·nif(ɛs·ta·sio^n) protesta
manifester ma·ni·fɛs·te protestar
manoeuvre ma·nœvr obrero
manque ma^{n}k escasez
manquer ma^n·ke echar de menos
manquer de ma^n·ke de acabarse
manteau ma^n·to abrigo
maquillage ma·ki·yaj maquillaje
marchand mar·sha^n tendero
— de journaux de jur·no el que vende prensa
— de légumes de le·güm verdulero
marche marsh escalón
marché mar·she mercado
marché aux puces mar·she o püs mercadillo
marcher mar·she andar
mardi mar·di martes
marée ma·re marea
mari ma·ri marido
mariage ma·rriaj boda
marié(e) ma·rie casado/a
marihuana ma·ri·ua·na marihuana
mars mars marzo
marteau mar·to martillo
massage ma·saj masaje
masser ma·se dar un masaje
masseur/masseuse ma·sœr/ma·sœz masajista
match mach partido
match nul mach nül empate
matelas mat·la colchón
matériel ma·te·riɛl material
matin ma·te^n mañana
mauvais(e) mo·vɛ(z) malo/a • (dirección) equivocada
mécanicien/mécanicienne me·ka·ni·siɛ^n/ me·ka·ni·siɛ^{n}n mecánico/a
médecin med·se^n médico
médecine med·si^n medicina
médias me·dia medios de comunicación

médicament me·di·ka·ma^{n} medicamento
méditation me·di·ta·sio^{n} meditación
meilleur(e) mɛ·yœr mejor
mélanger me·la^{n}·je mezcla
membre ma^{n}br miembro
même mɛm igual
mémoire me·muar memoria
ménage me·naj tareas domésticas
mensonge ma^{n}·so^{n}j mentira
menstruation ma^{n}s·trüa·sio^{n} menstruación
menteur/menteuse ma^{n}·tœr/ma^{n}·tœz mentiroso/a
mentir ma^{n}·tir mentir
menuisier me·nüi·zie carpintero
mer mɛr mar
mercredi mɛr·kre·di miércoles
mère mɛr madre
merveilleux/merveilleuse mɛr·vɛ·yœ/mɛr·vɛ·yœz maravilloso/a
mes mɛ mi
message mɛ·saj mensaje
messe mɛs misa
métal me·tal metal
météo me·te·o previsión meteorológica
mètre mɛtr metro
métro me·tro metro
mettre mɛtr poner
meublé(e) mœ·ble amueblado/a
meubles mœbl muebles
midi mi·di mediodía
mignon/mignonne mi·ño^{n}/mi·ño^{n}n mono/a
migraine mi·grɛ^{n} migraña
militaire mi·li·tɛr militar
militant/militante mi·li·ta^{n}(t) activista
millénaire mi·le·nɛr milenio
millimètre mi·li·mɛtr milímetro
million mi·lio^{n} millón
minorité mi·no·ri·te minoría
minuit mi·nüi medianoche
minuscule mi·nis·kül minúsculo
minute mi·nüt minuto
miroir mi·ruar espejo
mode mod moda
modem mo·dem modem
moderne mo·dɛrn moderno
moi mua yo
moins de mua^{n} de menos de
moins mua^{n} menos
mois mua mes
moitié mwa·tyay mitad
mon mo^{n} mi
monarchie mo·nar·shi monarquía
monastère mo·nas·tɛr monasterio
monde mo^{n}d mundo
monnaie mo·nɛ cambio (monedas)
mononucléose infectieuse mo·no·nü·kleoz ɛ^{n}·fɛk·siœz mononucleosis infecciosa
Monsieur me·siœ Sr.
montagne mo^{n}·tañ montaña
monter mo^{n}·te montar
— à (cheval) a (she·val) a (caballo)
— à bord de a bor de embarcar
montre mo^{n}·trer reloj
montrer mo^{n}·tre mostrar
monument mo·nü·ma^{n} monumento
morceau mor·so trozo
mordre mordr morder
morsure mor·sür mordisco
mort mor muerte
mort(e) mor(t) muerto/a
mosquée mos·ke mezquita
mot mo palabra
motel mo·tɛl motel
moteur mo·tœr motor
moto mo·to motocicleta
mouche mush mosca
mouchoir mu·shuar pañuelo
mouchoirs en papier mu·shuar a^{n} pa·pie pañuelo de papel
mouillé(e) mui·ye mojado
mourir mu·rir morir
mousse à raser mus a ra·ze crema de afeitar
moustiquaire mus·ti·kɛr mosquitera
moustique mus·tik mosquito
mouton mu·to^{n} oveja
muguet mü·gɛ aftas • lirio del valle

multimédia mül·ti·me·dia multimedia
mur mür muro
muscle müskl músculo
musée mü·ze museo
musée mü·ze galería de arte
musicien(ne) des rues müzi·sie^{n}/ mü·zi·sie^{n} dɛ rü músico callejero
musicien/musicienne mü·zi·sie^{n} / mü·zi·siɛ^{n} músico
musique mü·zik música
musulman(e) mü·zül·ma^{n} musulmán

N

n'importe où nɛ^{n}·por·tu cualquier sitio
n'importe quel/quelle nɛ^{n}·port kɛl cualquier/a
n'importe qui nɛ^{n}·port ki quienquiera
n'importe quoi nɛ^{n}·port kua cualquier cosa
nager na·je nadar
nager avec un tuba na·je a·vɛk œ^{n} tü·ba snórkel
nappe nap mantel
nationalité na·sio·na·li·te nacionalidad
nature na·tür naturaleza
naturopathe na·tü·ro·pat naturópata
nausée no·ze náusea
nausées matinales no·ze ma·ti·nal náuseas matutinas
navire na·vir navío
né(e) ne nacido/a
nécessaire ne·se·sɛr necesario
neige nɛj nieve
neiger nɛ·je nevar
nettoyage ne·tua·yaj limpieza
nettoyer ne·tua·ye limpiar
neuf nœf nueve
nez nɛ nariz
ni ni ni
nier ni·e denegar
niveau ni·vo nivel
Noël no·ɛl Navidad
noir(e) nuar negro/a
noir et blanc nuar e bla^{n} (película) en blanco y negro
nom nom nombre
— de famille de fa·miy apellido
non no^{n} no
non-direct no^{n} di·rɛkt no directo
non-fumeur no^{n} fü·mœr no fumador
non-meublé(e) no^{n} mœ·ble sin amueblar
nord nor norte
normal(e) nor·mal normal
nostalgique nos·tal·jik nostalgia
notre notr nuestro
nourrir nu·rrir alimentar
nourriture nü·rri·tür comida
nous nu nosotros
nouveau/nouvelle nu·vo/ nu·vɛl nuevo/a
Nouvelle-Zélande nu·vɛl ze·land Nueva Zelanda
nuage nüaj nube
nuageux/nuageuse nüa·je/nüa·jœz nublado/a
nuit nüi noche
numéro nü·me·ro número
— de chambre de sha^{n}br número de habitación
— de passeport de pas·por número de pasaporte

O

objectif ob·jɛk·tif objetivo
objet ob·jɛ propósito
objets artisanaux ob·jɛ ar·ti·za·no artesanía
obscur(e) obs·kür oscuro
obtenir ob·te·nir obtener
occasion o·ka·zio^{n} oportunidad
occupation o·kü·pa·sio^{n} ocupación
occupé(e) o·kü·pe ocupado/a
océan o·se·a^{n} océano
odeur o·dœr olor
œil œy ojo
office de tourisme o·fis de tu·rism oficina de turismo
officier o·fi·sie oficial
oiseau ua·zo pájaro
ombre ombr sombra

opéra o·pe·ra ópera
opérateur/opératrice o·pe·ra·tœr/o·pe·ra·tris operador/a
opération o·pe·ra·sio^{n} operación
or or oro
orage o·raj tormenta
orange o·ra^{n}j naranja
ordinaire or·di·nɛr corriente
ordinateur or·di·na·tœr ordenador
ordinateur portable or·di·na·tœr por·tabl ordenador portátil
ordonnance or·do·na^{n}s prescripción
ordonner or·do·ne ordenar
ordre ordr orden
ordures or·dür basura
oreille o·rɛy oreja
oreiller o·rɛ·ye almohada
organisation or·ga·ni·za·sio^{n} organización
organiser or·ga·ni·ze organizar
orgasme or·gasm orgasmo
original(e) o·ri·ji·nal original
orteil or·tɛy dedo gordo (del pie)
os os hueso
ou u o
où u dónde
ouate de coton uat de ko·to^{n} bolas de algodón
oublier u·bli·e olvidar
ouest uɛst oeste
oui ui si
outre-mer utr mɛr ultramar
ouvert(e) u·vɛr(t) abierto/a
ouvre-boîte uvr buat abrelatas
ouvre-bouteille uvr bu·tɛy abrebotellas
ouvrier/ouvrière u·vrie/u·vriɛr obrero
ouvrier/ère d'usine u·vrie dü·zi^{n} operario
ouvrir u·vrir abrir
overdose o·vɛr·doz sobredosis
oxygène ok·si·jɛ^{n} oxígeno

P

pacemaker pes·mɛ·ker marcapasos
page paj página
paiement pɛ·ma^{n} pago
pain pɛ^{n} pan
pain grillé pɛ^{n} gri·ye tostada
paire pɛr par
paix pɛ paz
palais pa·lɛ palacio
panier pa·nie cesta
panne pa^{n} estropearse
pansement pa^{n}s·ma^{n} vendaje
pantalon pa^{n}·ta·lo^{n} pantalones
papa pa·pa papá
paperasserie pa·pras·ri papeleo
papeterie pa·pet·ri librería
papier pa·pie papel
papier hygiénique pa·pie i·jie·nik papel higiénico
papillon pa·pi·yo^{n} mariposa
Pâques pak Pascua
paquet pa·kɛ paquete
par par por
— avion a·vio^{n} avión
— exprès ɛks·prɛs correo urgente
— voie de terre vua de tɛrr vía terrestre
— voie maritime vua ma·ri·tim vía marítima
parade pa·rad desfile
paraplégique pa·ra·ple·jik parapléjico
parapluie pa·ra·plüi sombrilla
parc park parque
parc national park na·sio·nal parque nacional
parce que pars ke porque
par-dessus par de·sü encima
pardonner par·do·ne perdonar
pare-brise par briz parabrisas
parents pa·ra^{n} padres
paresseux/paresseuse pa·rœ·sœ / pa·rœ·sœz vago/a
parfait(e) par·fɛ(t) perfecto/a
parfum par·fœ^{n} perfume
pari pa·ri apuesta
parier pa·rie apostar
parking par·ki^{n} aparcar
parler par·le hablar
parmi par·mi entre
partager par·ta·je compartir

parti par·ti partido
participer par·ti·si·pe participar
particulier/particulière par·ti·kü·lie/par·ti·kü·liɛr particular
partie par·ti parte
partir par·tir irse
pas compris pa ko^n·pri excluido
pas encore pa za^n·kor aún no
pas frais/fraîche pa frɛ/frɛsh rancio
pas mal pa mal no está mal
passe pas pase
passé pa·se pasado
passeport pas·por pasaporte
passer pa·se pasar
passe-temps pas ta^n afición
pâtisserie pa·tis·ri pastelería
pauvre povr pobre
pauvreté po·vre·te pobreza
payer pɛ·ye pagar
pays pɛ·i país
paysage pɛ·i·zaj escenario
Pays-Bas pɛ·i ba Países Bajos
peau po piel
pêche pɛsh pesca
pédale pe·dal pedal
peigne pɛñ peine
peine pɛ^n pena
peintre pɛ^{n}tr pintor
peinture pɛ^n·tür pintura
pellicule pe·li·kül carrete
pendant pa^n·da^n durante
pendant la nuit pa^n·da^n la nüi durante la noche
penderie pa^n·dri ropero
pendule pa^n·dül reloj
pénicilline pe·ni·si·li^n penicilina
pénis pe·nis pene
penser pa^n·se pensar
pension pa^n·sio^n pensión
pension (de famille) pa^n·sio^n (de fa·miy) casa de huéspedes
perdant(e) pɛr·da^n(t) perdedor/a
perdre pɛrdr perder
perdu(e) pɛr·dü perdido/a
père pɛr padre
permanent(e) pɛr·ma·na^n(t) permanente
permettre pɛr·mɛtr permitir
permis pɛr·mi permiso
— de travail de tra·vay de trabajo
— de conduire de ko^n·düir de conducir
permission pɛr·mi·sio^n permiso
personnalité pɛr·so·na·li·te personalidad
personne pɛr·so^n persona
personnel(le) pɛr·so·nɛl personal
perte pɛrt pérdida
pertinent(e) pɛr·ti·na^n(t) relevante
peser pe·ze peso
petit(e) pe·ti(t) pequeño/a
— ami/e pe·ti·ta·mi novio/a
— déjeuner pe·ti de·jœ·ne desayuno
— tapis ta·pi esterilla
— cuillère pe·ti küi·yɛr cucharilla
— monnaie pe·ti mo·nɛ suelto
petite-fille pe·tit fiy nieta
petit-fils pe·ti fis nieto
pétition pe·ti·sio^n petición
pétrole pe·trol petróleo
peu pœ poco
— commun(e) ko·mœ^n/ko·mü^n común
— profond(e) pro·fo^n(d) profundo/a
peur pœr miedo
peut-être pœ·tɛtr tal vez
phares far faros
pharmacie far·ma·si farmacia
pharmacien(ne) far·ma·sie^n/far·ma·siɛ^n farmacéutico/a
photo fo·to foto
photographe fo·to·graf fotográfo/a
photographie fo·to·gra·fi fotografía
pièce (de théâtre) piɛs (de teatr) obra (de teatro)
pièce d'identité piɛs di·da^n·ti·te carné de identidad
pièces piɛs monedas
pied piɛ pie
pierre piɛr piedra
piéton pie·to^n peatón

pile pil batería
pilule pi·lül píldora
pince à épiler pe^{n}s a e·pi·le pinzas
pipe pip pipa
pique-nique pik nik picnic
piquets de tente pi·kɛ de ta^{n}t estacas
piqûre pi·kür picar (insecto) • inyección
pire pir peor
piscine pi·si^n piscina
piste pist pista
piste cyclable pist si·klabl carríl bici
pistolet pis·to·lɛ pistola
placard pla·kar armario
place plas asiento • plaza
place centrale plas sa^n·tral plaza central
plage plaj playa
plainte plɛ^{n}t queja
plaisanterie plɛ·za^n·tri chiste
plan pla^n plano
planche à voile pla^{n}sh a vual tabla de windsurf
planche de surf pla^{n}sh de serf tabla de surf
plancher pla^n·she suelo
planète pla·nɛt planeta
plaque d'immatriculation plak di·ma·tri·kü·la·sio^n matrícula
plastique plas·tik plástico
plat pla plato
plat(e) pla(t) plano/a
plein(e) plɛ^n lleno/a
pleurer plœ·re llorar
pleuvoir plœ·vuar llover
plongée (sous-marine) plo^n·je (su ma·ri^n) submarinismo
plonger plo^n·je zambullirse
pluie plüi lluvia
plus plü más
plus de plü de la mayoría
plus grand(e) plü gra^n(d) más grande
plus petit(e) plü pe·ti(t) más pequeño/a
plus tard plü tar más tarde
plusieurs plü·ziœr varios
pneu pnœ rueda
poche posh bolsillo
poêle pual sartén
poésie po·e·zi poesía
poids pua peso
poignet pua·ñɛ muñeca
pointe pua^{n}t punto
poisson pua·so^n pescado
poissonnerie pua·so^n·ri pescadería
poitrine pua·tri^n pecho
police po·lis policía
policier po·li·sie agente de policía
politique po·li·tik política
pollen po·le^n polen
pollution po·lü·sio^n contaminación
pommade pour les lèvres po·mad pur lɛ lɛvr cacao para labios
pompe pomp bomba
pont po^n puente
populaire po·pü·lɛr popular
port por puerto
porte port puerta
porte-monnaie port mo·nɛ monedero
porter por·te llevar
posemètre poz·mɛtr fotómetro
poser po·ze preguntar
positif/positive po·zi·tif/po·zi·tiv positivo/a
possible po·sibl posible
poste post correos
pot po jarro•bote
pot d'échappement po de·shap·ma^n tubo de escape
pot-de-vin po de ve^n soborno
poterie po·tri cerámica
poubelle pu·bɛl cubo de basura
poulet pu·lɛ pollo
poumon pu·mo^n pulmón
poupéepu·pe muñeca
pour pur para
— cent sa^n porcentaje
pourboire pur·buar propina
pourquoi pur·kua por qué
pousser pu·se crecer
poussette pu·sɛt silla de bebé

poussière pu·siɛr polvo
pouvoir pu·vuar tener permiso
pouvoir pu·vuar poder
poux pu piojo
pratique pra·tik práctico
pratiquer pra·ti·ke practicar
précédent(e) pre·se·da^{n}(t) anterior
préférer pre·fe·re preferir
premier/première pre·miɛ/pre·miɛr primero/a
premier ministre pre·miɛ mi·nistr primer ministro
première classe pre·miɛ klas primera clase
prendre pra^{n}dr coger
prendre en photo pra^{n}dr a^{n} fo·to sacar una foto
prénom prɛ·no^{n} nombre
préparer pre·pa·re preparar
près de prɛ de cerca
présent pre·za^{n} presente
présenter pre·za^{n}·te introducir
préservatif pre·zɛr·va·tif preservativo
président pre·si·da^{n} presidente
presque presk casi
pressé(e) pre·se (tener) prisa
pression pre·sio^{n} presión
prêt(e) prɛ/prɛt preparado/a
prêtre prɛtr cura
prévenir prev·nir prevenir
prévision pre·vi·zio^{n} previsión
prévoir pre·vuar prever
prière priɛr oración
principal(e) pre^{n}·si·pal principal
printemps pre^{n}·ta^{n} primavera
prise priz enchufe
prison pri·zo^{n} cárcel • prisión
prisonnier/prisonnière pri·zo·nie/pri·zo·niɛr prisionero/a
privé(e) pri·ve privado/a
prix pri precio
prix d'entrée pri da^{n}·tre precio de la entrada
probable pro·babl probable
problème pro·blɛm problema
prochain(e) pro·shɛ^{n} siguiente
proche prosh cerca
produire pro·düir producir
professeur pro·fe·sœr profesor
professeur (à l'université) pro·fe·sœr (a·lü·ni·vɛr·si·te) profesor de universidad
professionnel(le) pro·fe·sio·nɛl profesional
profond(e) pro·fo^{n}(d) profundo
programme pro·gram programa
programme des spectacles pro·gram dɛ spek·takl guía del ocio
projecteur pro·jɛk·tœr proyector
prolongation pro·lo^{n}·ga·sio^{n} prolongación
promenade prom·nad paseo
promesse pro·mɛs promesa
promettre pro·mɛtr prometer
promouvoir pro·mu·vuar promocionar
propre propr limpio
propriétaire pro·prie·tɛr propietario/a
prostituée pros·ti·tü·e prostituta
protection pro·tɛk·sio^{n} protección
protégé(e) pro·te·je protegido/a
protéger pro·te·je proteger
protège-slips pro·tej slip salva slip
provisions pro·vi·zio^{n} provisiones
prudence prü·da^{n}s prudencia
psychothérapie psi·ko·te·ra·pi **psicoterapia**
public pü·blik público
publicité pü·bli·si·te anuncio
puce püs pulga
puis püi entonces
puissance nucléaire püi·sa^{n}s nü·kle·ɛr potencia nuclear
pull pül jersey
punir pü·nir castigar
pur(e) pür puro/a

Q

quai kɛ plataforma, andén
qualification ka·li·fi·ka·sio^{n} cualificación
qualité ka·li·te calidad

quand ka^n cuándo
quantité ka^n·ti·te cualidad
quarantaine ka·ra^n·tɛ^n cuarentena
quart kar cuarto
quatre katr cuatro
quel(le) kɛl cual
quel/quelle kɛl cual
quelqu'un kɛl·kœ^n alguien
quelque chose kɛlk shoz algo
quelquefois kɛlk·fua a veces
quelques kɛlk algunos
question kɛs·tio^n pregunta
queue kœ cola
qui ki quien, quién
quincaillerie ke^n·kɛy·ri ferretería
quitter ki·te abandonar
quotidien(ne) ko·ti·dia^n /ko·ti·diɛ^n cotidiano/a

R

race ras carrera
racisme ra·sism racismo
raconter ra·ko^n·te contar
radiateur ra·dia·tœr radiador
radical(e) ra·di·kal radical
radio ra·dio radio
raide rɛd empinado
raison rɛ·zo^n razón
raisonnable rɛ·zo·nabl sensible
ramasser ra·ma·se recoger
randonnée ra^n·do·ne excursión
rapide ra·pid rápido
rapport ra·por relación
rapports sexuels protégés ra·por sek·süɛl pro·te·je relaciones sexuales seguras
raquette ra·kɛt raqueta
rare rar raro
rasoir ra·zuar cuchilla
rassis(e) ra·si(z) pasado/a (alimentos)
rat ra rata
rave rav elogio
réalisateur/réalisatrice rea·li·za·tœr/ rea·li·za·tris director (cine)
réaliser rea·li·ze dirigir (una película)
réaliste rea·list realista
réalité rea·li·te realidad
rebord re·bor cornisa
récemment res·ma^n recientemente
receveur res·vœr cobrador (autobús)
recevoir res·vuar recibir
réchaud re·sho estufa
recherches re·shɛrsh investigación
récolte re·kolt cultivo
recommander re·ko·ma^n·de recomendar
reconnaissant(e) re·ko·nɛ·sa^n(t) agradecido/a
reconnaître re·ko·nɛtr reconocer
reçu re·sü recibo
recueil d'expressions re·kœy deks·pre·sio^n libro de expresiones
recyclable re·si·klabl reciclable
recyclage re·si·klaj reciclaje
recycler re·si·kle reciclar
rédacteur/rédactrice re·dak·tœr/ re·dak·tris editor
réduire re·düir reducir
référence re·fe·ra^{n}s referencia
réfrigérateur re·fri·je·ra·tœr nevera
réfugié(e) re·fü·jie refugiado/a
refuser re·fü·ze rechazar
regarder re·gar·de mirar
régime re·jim régimen
région re·jio^n región
règles rɛgl reglas
règles douloureuses rɛgl du·lu·rœz dolores menstruales
reine rɛ^n reina
relation re·la·sio^n relación
religieuse re·li·jœz monja
religieux/religieuse re·li·jiœ/re·li·jiœz religioso/a
religion re·li·jo^n religión
remboursement ra^n·burs·ma^n reembolso
remercier re·mɛr·sie agradecer
remise re·miz descuento
remplir ra^n·plir rellenar
rencontrer ra^n·ko^n·tre encontrar
rendez-vous ra^n·de vu cita

renseignements ra^{n}·sɛñ·ma^{n} información
réparer re·pa·re reparar
repas re·pa comida
repasser re·pa·se planchar
répondre re·po^{n}dr responder
réponse re·po^{n}s respuesta
repos re·po descansar
représenter re·pre·za^{n}·te representar
république re·pü·blik república
réseau re·zo red
réservation re·zɛr·va·sio^{n} reserva
réserver re·zɛr·ve reservar
respirer res·pi·re respirar
ressort re·sor resorte
restaurant res·to·ra^{n} restaurante
rester res·te permanecer
retard re·tar retraso
retrait re·trɛ retirada
retrait des bagages re·trɛ dɛ ba·gaj recogida de equipaje
retraité(e) re·trɛ·te jubilado/a
réussite re·ü·sit logro
réveil re·vɛy despertador
réveiller re·vɛ·ye despertar
revenir rev·nir volver
revenus rev·nü ingresos
rêver rɛ·ve soñar
révolution re·vo·lü·sio^{n} revolución
rhume des foins rüm dɛ fua^{n} fiebre del heno
riche rish rico
rien ria^{n} nada
rire rir reír
risque risk riesgo
rivière ri·viɛr río
riz ri arroz
robe rob vestido
robinet ro·bi·nɛ grifo
rocher ro·she roca
rock rok rock (música)
roi rua rey
roller ro·lœr patín
roman ro·ma^{n} novela
romantique ro·ma^{n}·tik romántico
rond(e) ro^{n}(d) redondo
rond-point ro^{n} pua^{n} rotonda
rose roz rosa
roue ru rueda
rouge ruj rojo
rouge à lèvres ruj a lɛvr barra de labios
rougeole ru·jol sarampión
rougeur ru·jœr sarpullido
route rut carretera
royaume rua·yom reino
rue rü calle
ruelle rüɛl callejuela
rugby rüg·bi rugby
ruines rüi^{n} ruinas
ruisseau rüi·so arroyo
ruse rüz truco
rythme ritm ritmo

S

s'allonger sa·lo^{n}·je tumbarse
s'amuser sa·mü·ze divertirse
s'arrêter sa·rrɛ·te pararse
s'asseoir sa·suar sentarse
s'ennuyer sa^{n}·nü·ye aburrirse
s'habiller sa·bi·ye vestirse
s'inquiéter sɛ^{n}·kie·te estar preocupado
s'occuper de so·kü·pe de cuidar de
sa sa su
sabbat sa·ba Sabat
sable sabl arena
sac sak bolso
— à dos a do mochila
— de couchage de ku·shaj saco de dormir
— à main a mɛ^{n} de mano
saint(e) sɛ^{n}(t) santo/a
Saint-Sylvestre sɛ^{n} sil·vɛstr Nochevieja
saison sɛ·zo^{n} temporada
salaire sa·lɛr salario
salaud sa·lo cabrón
sale sal sucio
salle sal habitación
— d'attente sal da·ta^{n}t sala de espera
— de bain sal de bɛ^{n} cuarto de baño

— de transit sal de tra^n·zit sala de tránsito
salon de beauté sa·lo^n de bo·te salón de belleza
salope sa·lop puta
samedi sam·di sábado
sandales sa^n·dal sandalias
sang sa^n sangre
sans sa^n sin
sans plomb sa^n plom sin plomo
sans-abri sa^n·za·bri sin hogar
santé sa^n·te salud
satisfait(e) sa·tis·fɛ/sa·tis·fɛt satisfecho/a
sauf sof excepto
sauna so·na sauna
sauter so·te saltar
sauvage so·vaj salvaje
sauver so·ve salvar
savoir sa·vuar saber
savon sa·vo^n jabón
scénario se·na·rio guión
scénariste se·na·rist guionista
scène sɛ^n escenario
science sia^{n}s ciencia
science-fiction sia^{n}s fik·sio^n ciencia ficción
scientifique sia^n·ti·fik científico
score skor tanto(deporte)
sculpture skülp·tür escultura
se coucher se ku·she irse a la cama
se décider se de·si·de decidirse
se disputer se dis·pü·te discutir
se laver se la·ve lavarse
se mettre à genoux se mɛtr a je·nu arrodillarse
se mettre en grève se mɛtr a^n grɛv hacer huelga
se plaindre se plɛ^{n}dr quejarse
se raser se ra·ze afeitarse
se rendre compte de se ra^{n}dr kompt de darse cuenta de
se reposer se re·po·ze relajarse
se réveiller se re·vɛ·ye despertarse
se souvenir se suv·nir recordar
seau so balde, cubo
sec/sèche sɛk/sɛsh seco/a
sécher se·she secar
second(e) se·go^n/se·gond segundo/a (lugar)
seconde se·go^{n}d segundo (tiempo)
secret se·krɛ secreto
secrétaire se·kre·tɛr secretario/a
sécurité se·kü·ri·te seguridad
sécurité sociale se·kü·ri·te so·sial seguridad social
sein sɛ^n seno
sel sɛl sal
selle sɛl montura
semaine se·mɛ^n semana
semblable sa^n·blabl similar
séminaire se·mi·nɛr seminario
sensation san·sa·sio^n sensación
sensibilité sa^n·si·bi·li·te sensibilidad
sensuel(le) sa^n·süɛl sensual
sentier sa^n·tie sendero
sentiment sa^n·ti·ma^n sentimiento
sentir sa^n·tir oler
séparé(e) se·pa·re separado/a
sept set siete
septembre sɛp·ta^{n}br septiembre
série se·ri serie
sérieux/sérieuse se·riœ/se·riœz serio/a
seringue se·re^{n}g jeringuilla
séropositif/séropositive se·ro·po·zi·tif/se·ro·po·zi·tiv seropositivo
serpent sɛr·pa^n serpiente
serrer dans ses bras se·rre da^n sɛ bras abrazar
serrure se·rrür candado
serveur/serveuse sɛr·vœr/sɛr·vœz camarero/a
service sɛr·vis servicio
service militaire sɛr·vis mi·li·tɛr servicio militar
serviette sɛr·viɛt maletín • servilleta • toalla
serviette hygiénique sɛr·viɛt i·jie·nik compresa

ses sɛ su
seule(e) sœl solo/a
sexe seks sexo
sexisme sek·sism sexismo
sexiste sek·sist sexista
sexy sek·si sexy
shampooing sha^{n}·puɛ^{n} champú
short short pantalones cortos
si si si
SIDA si·da SIDA
siège pour enfant siɛj pur a^{n}·fa^{n} sillita para niños
siffler si·fle silbato
signature si·ña·tür firma
signe siñ signo
simple sɛ^{n}pl simple
Singapour se^{n}·ga·pur Singapur
singe se^{n}j mono
situation si·tüa·sio^{n} situación
situation familiale si·tüa·sio^{n} fa·mi·lial estado civil
six sis seis
skateboard sket·bord hacer skateboard
ski ski esquí
ski nautique ski no·tik esquí acuático
skier ski·e esquiar
skis ski esquís
slip slip bragas
socialisme so·sia·lism socialismo
socialiste so·sia·list socialista
societé so·sie·te sociedad
sœur sœr hermana
soie sua seda
soigner sua·ñe cuidar de alguien
soigneux/soigneuse sua·ñœ/sua·ñœz cuidadoso/a
soir suar noche
soirée sua·re atardecer, velada
soldat sol·da soldado
solde sold balance (saldo)
soleil so·lɛy sol
solide so·lid sólido
somme som cantidad (dinero)
sommeil so·mɛy dormir
somnifère som·ni·fɛr somnífero
son so^{n} su
sonner so·ne sonar
sortie sor·ti salida
sortir sor·tir salir
sortir avec sor·tir a·vɛk salir con alguien
souffrir su·frir sufrir
souhaiter su·ɛ·te deseo
soulever sul·ve levantar
sourd(e) sur(d) sordo/a
sourire su·rir sonreír
sourire su·rir sonrisa
souris su·ri ratón
sous su debajo
sous-titres su titr subtítulos
sous-vêtements su vɛt·ma^{n} ropa interior
soutien-gorge su·tia^{n} gorj sujetador
souvenir suv·nir memoría • recuerdo
souvent su·va^{n} a menudo
sparadrap spa·ra·dra tirita
spécial(e) spe·sial especial
spécialiste spe·sia·list especialista
spectacle spɛk·takl espectáculo • representación
sport spor deporte
sportif/sportive spor·tif/spor·tiv deportista
stade stad estadio
stage en entreprise staj a^{n} a^{n}·tre·priz experiencia de trabajo
station de métro sta·sio^{n} de me·tro estación de metro
station de taxi sta·sio^{n} de tak·si parada de taxi
station-service sta·sio^{n} sɛr·vis estación de servicio
stérilet ste·ri·lɛ DIU
stupéfiant stü·pe·fia^{n} narcótico
stupéfiant(e) stü·pe·fia^{n}t(t) sorprendente

stupide stü·pid estúpido
style stil estilo
stylo sti·lo bolígrafo
suborner sü·bor·ne sobornar
sucré(e) sü·kre dulce
sud süd sur
suivre süivr seguir
supérette de quartier sü·pe·rɛt de kar·tie ultramarinos
supermarché sü·pɛr·mar·she supermercado
superstition sü·pers·ti·sio^{n} superstición
supplémentaire sü·ple·ma^{n}·tɛr adicional
supporter sü·por·te apoyar
sur sür sobre • encima de
sûr(e) sür seguro
surf (des neiges) serf (dɛ nɛj) hacer snowboard
surfer sür·fe hacer surf
surnom sür·nom mote
surprise sür·priz sorpresa
survivre sür·vivr sobrevivir
synagogue si·na·gog sinagoga
syndicat se^{n}·di·ka sindicato
syndrome prémenstruel se^{n}·drom pre·ma^{n}s·trüɛl síndrome premenstrual
synthétique se^{n}·te·tik sintético
syrop contre la toux si·ro ko^{n}tr la tu jarabe contra la tos

T

ta sg inf ta tu
tabac ta·ba tabaco
table tabl mesa
tableau ta·blo pintura
tableau d'affichage ta·blo da·fi·shaj marcador
taie d'oreiller tɛ do·rɛ·ye funda de almohada
taille tay talla
tailleur ta·yœr sastre
talc talk polvos de talco
tambour ta^{n}·bur tambor
tampon hygiénique ta^{n}·po^{n} i·jie·nik tampón
tante ta^{n}t tía
tapis ta·pi alfrombra
tarif ta·rif tarifa
tarifs postaux ta·rif pos·to franqueo
tasse tas taza
taux de change to de sha^{n}j tipo de cambio
taxe taks impuesto
— à la vente a la va^{n}t sobre la venta
— d'aéroport da·e·ro·por tasa de aeropuerto
taxi tak·si taxi
technique tek·nik técnica
télé te·le tele
télécarte te·le·kart tarjeta de teléfono
télécommande te·le·ko·ma^{n}d control remoto
télégramme te·le·gram telegrama
téléphérique te·le·fe·rik teleférico
téléphone te·le·fo^{n} teléfono
téléphone portable te·le·fo^{n} por·tabl teléfono móvil
téléphone public te·le·fo^{n} pü·blik teléfono público
téléphoner te·le·fo·ne llamar por teléfono
télescope te·les·kop telescopio
télésiège te·le·ziɛj telesilla
télévision te·le·vi·zio^{n} televisión
témoin te·mua^{n} testigo
température ta^{n}·pe·ra·tür temperatura
temple ta^{n}pl templo
temps ta^{n} tiempo
tennis te·nis tenis
tennis de table te·nis de tabl ping pong
tension artérielle ta^{n}·sio^{n} ar·te·riɛl tensión arterial
tente ta^{n}t tienda
terrain te·rrɛ^{n} terreno
— de camping de ka^{n}·pi^{n} lugar de acampada
— de golf de golf campo de golf

— **de jeux** de jœ zona de juegos
— **de sport** de spor polideportivo
Terre tɛrr la tierra
terre tɛrr tierra
terrorisme te·rro·rism terrorismo
tes tɛ tus
test de grossesse test de gro·sɛs test de embarazo
tête tɛt cabeza
tétine te·ti^n chupete
théâtre te·atr drama ·teatro
timbre te^{n}br sello
timide ti·mid tímido
tire-bouchon tir bu·sho^n sacacorchos
tirer ti·re tirar•disparar
tissu ti·sü tejido
toilettes tua·lɛt sevicios
toit tua tejado
tombe tomb tumba
tomber tom·be caer
ton to^n tu
tonalité to·na·li·te signo de marcación
tôt to temprano
toucher tu·she tocar
toujours tu·jur siempre
tour tur torre
touriste tu·rist turista
tourner tur·ne girar
tournoi tur·nua torneo
tous les deux tu lɛ dœ ambos
tous les jours tu lɛ jur todos los días
tout tu todo
— **droit** drua recto
— **le monde** le mo^{n}d el mundo
— **près** prɛ muy cerca
tout(e) seul(e) tu(t) sœl solo/a
toux tu tos
toxicomanie tok·si·ko·ma·ni toxico-manía
traduire tra·düir traducir
trafiquant de drogue tra·fi·ka^n de drog taficante de droga
train trɛ^n tren
traite bancaire trɛt ba^n·kɛr documento bancario
traitement trɛt·ma^n tratamiento
tranchant(e) tra^n·sha^n(t) afilado/a
tranche tra^{n}sh loncha
tranquille tra^n·kil tranquilo
transfert tra^{n}s·fɛr transferencia
transport tra^{n}s·por transporte
travail tra·vaiy trabajo
— **dans un bar** da^n zœ^n bar dentro de un bar
— **intermittent** ɛ^n·tɛr·mi·ta^n temporal
travailler tra·va·ye trabajador
traverser tra·vɛr·se cruzar
tremblement de terre tram·ble·ma^n de tɛrr terremoto
très trɛ muy
tribunal tri·bü·nal tribunal
tricheur/tricheuse tri·shœr/tri·shœz tramposo/a
tricot tri·ko tejer
triste trist triste
trois trua tres
troisième trua·ziɛm tercero
tromper (se) trom·pe equivocarse
trop tro demasiado
trop de tro de demasiado
trou tru agujero
trousse à pharmacie trus a far·ma·si botiquín
trouver tru·ve encontrar
T-shirt ti·shert camiseta
tu tü tú
tuer tü·e matar
tuer (d'un coup de pistolet) tü·e (dœ^n ku de pis·to·lɛ) matar de un disparo
type tip tipo
typique ti·pik típico

U

ultrason ül·tra·zo^n ultrasonidos
un peu œ^n pœ un poco
un(e) œ^n/ü^n un/a
une fois ü^n fua una vez
uniforme ü·ni·form uniforme
union ü·nio^n unión
université ü·ni·vɛr·si·te universidad
univers ü·ni·vɛr universo

urgent(e) ür·ja^{n}(t) urgente
usine ü·zi^{n} fábrica
utile ü·til útil
utiliser ü·ti·li·ze utilizar

V

vacances va·ka^{n}s vacaciones
vaccination vak·si·na·sio^{n} vacuna
vache vash vaca
vagin va·je^{n} vagina
vague vag ola
valeur va·lœr valor (precio)
valider va·li·de validar
valise va·liz maleta
vallée va·le valle
varappe va·rap escalada en roca
végétarien/végétarienne ve·je·ta·ria^{n}/ve·je·ta·riɛ^{n} vegetariano/a
véhicule ve·i·kül vehículo
veine vɛ^{n} vena
vélo ve·lo bicicleta
vélo tout terrain (VTT) ve·lo tu te·rrɛ^{n} (ve te te) bicicleta de montaña
vendre va^{n}dr vender
vendredi va^{n}·dre·di viernes
venimeux/venimeuse ve·ni·mœ/ve·ni·mœz venenoso/a
venir ve·nir venir
vent va^{n} viento
vente va^{n}t venta
vente aux enchères va^{n}t o za^{n}·shɛr subasta
ventilateur va^{n}·ti·la·tœr ventilador
vérifier ve·ri·fie verificar
vérité ve·ri·te verdad
verre vɛrr vaso • copa (de alcohol)
verres de contact vɛrr de ko^{n}·takt lentes de contacto
vers vɛr hacia (dirección)
vers vɛr gusanos
vert(e) vɛr(t) verde
veste vɛst chaqueta
vestiaire ves·tiɛr guardarropa
vêtements vɛt·ma^{n} ropa
veuf vœf viudo
veuve vœv viuda
via vi·a vía
viande via^{n}d carne
vide vid vacío
vie vi vida
vieux/vieille viœ/viɛy viejo/a
vigne viñ viña
vignoble vi·ñobl viñedo
VIH (virus immunodéficitaire humain) ve l ash (vi·rüs i·mü·no·de·fi·si·tɛr ü·mɛ^{n}) VIH
village vi·laj pueblo
ville veel ciudad
vin vu^{n} vino
violer vio·le violar
violet(te) vio·lɛ(t) morado/a
virus vi·rüs virus
visa vi·za visado
visage vi·zaj cara
visite guidée vi·zit gi·de visita guiada
visiter vi·zi·te visitar
visiteur/visiteuse vi·zi·tœr /vi·zi·tœz visitante
vitamine vi·ta·mi^{n} vitamina
vitesse vi·tɛs velocidad
vivant(e) vi·va^{n}(t) vivo/a
vivre vivr vivir
voile vual vela • navegar
voir vuar ver
voiture vua·tür automóvil
voiture de police vua·tür de po·lis coche de policía
vol vol vuelo • robo
volé(e) vo·le robado/a
voler vo·le volar • robar
voleur/voleuse vo·lœr/vo·lœz ladrón/ladrona
volume vo·lüm volumen
vomir vo·mir vomitar
vos vo vuestros
voter vo·te votar
votre votr vuestro
vouloir vu·luarquerer
vous vu vosotros
voyage vua·yaj viaje

voyage d'affaires vua·yaj da·fɛr viaje de negocios
voyager vua·ya·je viajar
voyageur/voyageuse vua·ya·jœr/ vua·ya·jœz pasagero
vrai(e) vrɛ real
vrai(e) vrɛ verdadero/a
vraiment vrɛ·ma^n verdaderamente
vue vü vista

W

wagon-lit va·go^n li coche cama
wagon-restaurant va·go^n res·to·ra^n vagón restaurante
week-end uik e^{n}d fin de semana

Y

yeux yœ ojos
yoga yo·ga yoga

Z

zéro ze·ro cero
zoo zo zoo

Índice

l'indice

Los términos que aparecen reseñados en más de una sección de este libro tienen indicado en negrita el número de la página más relevante.

ÍNDICE

D

E

F

G

10 formas de empezar

¿A qué hora sale (el próximo tren)?	À quelle heure part (le prochain train)?	a kɛl œr par (lœ pro·shɛ^{n} trɛ^{n})
¿Dónde está ...?	Où est ...?	u ɛ ...
¿Dónde puedo (comprar un billete)?	**Où est-ce que je peux (acheter un billet)?**	u ɛs kœ jœ pœ (ash·te ɛ^{n} bi·yɛ)
¿Tiene (un mapa)?	Avez-vous (une carte)?	a·ve·vu (ün kart)
¿Hay (servicios)?	Y a-t-il (des toilettes)?	ya·til (dɛ tua·lɛt)
Querría (un café).	Je voudrais (un café).	jœ vu·drɛ (ɛ^{n} ka·fe)
Querría (alquilar un coche).	Je voudrais (louer une voiture).	jœ vu·drɛ (lu·e ün vua·tür)
¿Puedo (entrar)?	Puis-je (entrer)?	püij (a^{n}·tre)
¿Podría (ayudarme) por favor?	Pouvez-vous (m'aider), s'il vous plaît?	pu·ve vu (mɛ·de) sil vu plɛ
¿Es necesario (reservar)?	Faut-il (réserver une place)?	fo·til (re·sɛr·ve ün plas)